西甲风云

羽则 内德 著

北京出版集团公司
北 京 出 版 社

图书在版编目（CIP）数据

西甲风云／羽则，内德著．— 北京 ：北京出版社，2019.10
ISBN 978-7-200-15056-8

Ⅰ．①西… Ⅱ．①羽… ②内… Ⅲ．①足球运动—联赛—概况—西班牙 Ⅳ．①G843.955.1

中国版本图书馆 CIP 数据核字(2019)第 143203 号

西甲风云
XIJIA FENGYUN
羽则　内德　著
*
北京出版集团公司
北京出版社　出版
（北京北三环中路 6 号）
邮政编码：100120

网　址：www.bph.com.cn
北京出版集团公司总发行
新华书店经销
北京华联印刷有限公司印刷
*
787 毫米×1092 毫米　16 开本　17.25 印张　332 千字
2019 年 10 月第 1 版　2019 年 10 月第 1 次印刷

ISBN 978-7-200-15056-8
定价：54.80 元

如有印装质量问题，由本社负责调换
质量监督电话：010-58572393
责任编辑电话：010-58572417

2003–2004赛季欧冠，拉科鲁尼亚球员毛罗·席尔瓦防守AC米兰的卡卡

【作者】EPA/IC photo

1960年欧冠决赛，皇马7：3击败法兰克福

【作者】AP/IC photo

2001年欧冠决赛，瓦伦西亚点球大战不敌拜仁慕尼黑

【作者】Imago/IC photo

2003年，皇马来中国进行商业活动

【作者】亚东/IC photo

2009年，夺得欧冠冠军的巴塞罗那队被称作“梦三队”

【作者】Imago/IC photo

2014年，埃瓦尔队升入西甲

【作者】EFE/IC photo

巴萨名震一时的“MSN”组合

【作者】ZUMAPRESS/IC photo

银河战舰的缔造者：弗洛伦蒂诺

【作者】GTRES/IC photo

C罗与梅西：绝代双骄

【作者】AP/IC photo

巴塞罗那主场：诺坎普球场全景

【作者】DPA/IC photo

由于塞维利亚在欧联杯上的出色战绩，欧联杯被戏称为“塞维利亚杯”

【作者】DPA/IC photo

弗朗西斯科·佛朗哥

【作者】IC photo

皇马传奇普斯卡什

【作者】EPA/IC photo

西甲赛场上对决的瓜迪奥拉和穆里尼奥

【作者】Imago/IC photo

哈维，足球史上划时代的球员之一

【作者】Imago/IC photo

皇马传奇迪斯蒂法诺与C罗

【作者】ZUMAPRESS/IC photo

罗纳尔迪尼奥和梅西，巴萨的两代球场艺术家

【作者】ZUMAPRESS/IC photo

西班牙足协主席鲁比亚莱斯

【作者】EFE/IC photo

西甲联盟主席：特瓦斯

【作者】EFE/IC photo

克鲁伊夫，巴萨足球哲学的缔造者

【作者】Imago/IC photo

西班牙国家德比，永恒的火爆之战

【作者】AP/IC photo

马德里竞技队新主场：万达大都会球场

【作者】EPA/IC photo

庆祝主队夺得西班牙超级杯的毕尔巴鄂竞技球迷

【作者】EFE/IC photo

20世纪50年代的皇马几乎打遍天下无敌手

【作者】Imago/IC photo

世界知名的巴塞罗那拉玛西亚青训营

【作者】AP/IC photo

伊涅斯塔在南非世界杯决赛攻入制胜球

【作者】AP/IC photo

代表阿尔梅里亚出战西班牙国王杯的中国球员林良铭

【作者】Zumapress/IC photo

西班牙国家队2010年首次夺得世界杯冠军

【作者】AP/IC photo

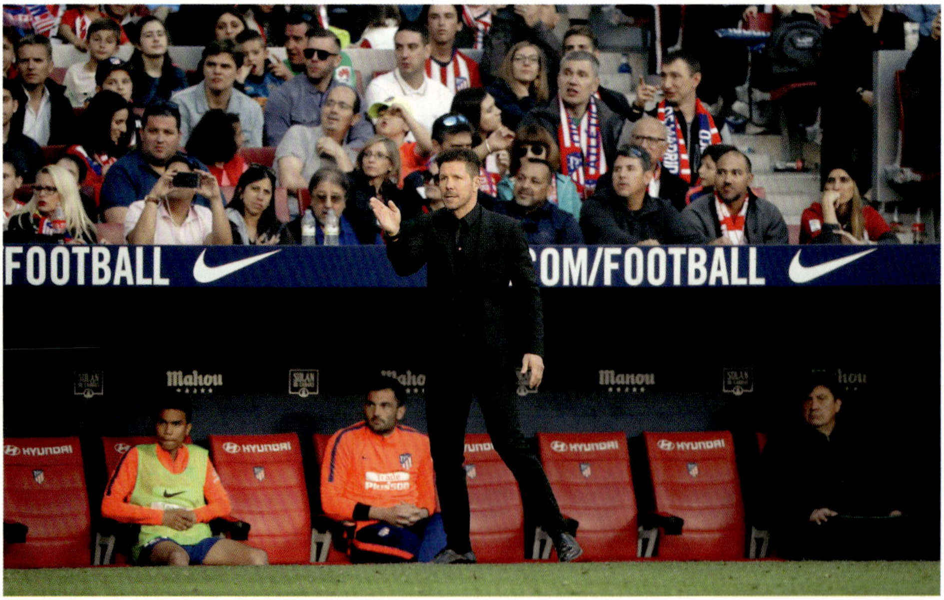

西蒙尼将马德里竞技打造成了一支铁血之师

【作者】Anadolu Agency /IC photo

序　言

某天，我生意上的一个合伙人转了篇微信公众号文章给我："这是我唯一关注的足球账号，居然发了你的采访"。定睛一看：内德羽则说。我关注内德和羽则是在懂球帝上，因为做了足球这一行，关注点和普通球迷不太一样，除了铺天盖地的资讯以外，偶尔看到些有深度的文章都会瞥一眼作者，于是就这么聊上了。

在中国写足球可不容易。为什么，受众面太小了。世界第一运动在中国，只是一个小众娱乐项目，参与者寥寥。就以我们所在的西班牙东南部城市穆尔西亚为例，40万人口，没有西甲西乙球队，两支西乙B球队（占全国1/40）皇家穆尔西亚和武康大学，平均一场球赛近万名现场球迷；五支西丙球队（占全国1/72），也各有数百拥簇；再往下还有西班牙第五级、第六级、第七级联赛队伍。至于青训，男生在6岁到18岁之间，踢球比例应该在90%以上（每周3次训练、1次正式比赛的那种）。两份综合性地方报纸天天贡献四五个版面写当地足球，青年队里的风吹草动也可以做篇文章。在西班牙待久了，尤其是看多了他们对于其他工作的态度，你会觉得看球、踢球才是每个男人的主业。

反观我国，颇有点重文轻武。历朝历代，太平时期文官治国，即便战乱，统帅和军师的智谋也比将军和士兵的武勇更值得渲染。在中国传统教育观念中，体育并非教育不可或缺的一环。我们小时候，体育生便是一个独立的存在，家长必须在孩子读小学时就做出人生抉择——是不是要"放弃读书搞体育"。而像我们大多数人，学校往往严禁足球运动，怕"受伤后家长闹"或"影响学习"。所以别再说什么"14亿人口选不出11个踢球的"，14亿人若有西班牙的足球普及率，拿个世界杯冠军并非难事。

我国体育行业的从业者，往往局限于一个小圈子。而在欧洲，当我们感慨当地的足球文化和底蕴时，不要忘了，那里的每个人都可能是一定程度上的从业者。我们在西丙的那支队伍，历年来聘请过的教练有体育老师、银行行长、抄水表工……至于球员更加五花八门，酒保、街舞艺人、清洁工、厨师、司机……

在国内很多球迷连足球规则都没搞清楚的大环境中，敢于去挖掘90分钟比赛以外的内容，羽则、内德的追求可见一斑。对于我这样的买过《英超风云》的老读者，能在《西甲风云》中看到他俩就另一国的足球话题，从世界运行基础的经济角度出发，延续严谨而轻松的风格，深入浅出地描绘西班牙的风土人情，实乃一桩快事。

拿到样稿后，我迫不及待翻了起来。第一章阅毕，故事虽然久远但依然精彩。进入第二章后更是豁然开朗，中文媒体几乎从未涉及的内容依次展开。借助于“Football Leaks”（足球解密网站）的解密文件（如内马尔转会），再加上作者多年来的深度思考和文笔渲染，一幕幕赛场背后的操作得以还原。有些章节，比如讲税率的部分，甚至可以说比西班牙媒体挖掘得更翔实，因为这在当地是个敏感话题。以我个人同他们打交道的经验，在西班牙有两种人，一种是一辈子都搞不清也不用搞清税率的，一种是想尽办法避税逃税的。

最后，在对各地豪门的盘点中，我又看到了熟悉的拉科鲁尼亚，这是我们进入西班牙足球界的第一站。这座20多万人的海滨城市拥有4万多会员，以一个准西甲配置的班底混在西乙，虽然背负着上亿欧元的债务，分分钟可以被银行宣布破产解散，但俱乐部工作人员和球迷们都保持乐观：“如果最坏状况出现，阿曼西奥会出手相救的。”阿曼西奥是ZARA老板、世界首富的有力竞争者、拉科鲁尼亚本地人，对足球毫无兴趣。

看完这本书，你就会明白西班牙人的逻辑了。

西班牙胡米利亚足球俱乐部主席/西甲欢乐多　李翔

目录

CONTENTS

CHAPTER 1 当足球来到西班牙

瑞士人的巴萨，加泰人的皇马 / 3

内战时期，挣扎而惨烈的西班牙足球 / 11

爱上足球的佛朗哥 / 17

迪斯蒂法诺，巴萨心中永远的痛 / 25

欧冠的起源，皇马的五连冠王朝 / 32

CHAPTER 2 西班牙足球生态圈

西班牙皇家足球协会 / 43

西甲联盟的致富之路 / 51

西甲，为什么没有草根英雄瓦尔迪？ / 60

西超与西甲之间，那条名为转播权的鸿沟 / 68

皇马和巴萨的会员制，究竟有啥与众不同？ / 76

对话李翔：当西乙 B 老板是种什么样的体验？ / 84

CHAPTER 3 西甲秘闻录

卖自己，内马尔的生财之道 / 91
强制违约金的是是非非 / 99
从佣金到签字费，经纪人到底有多肥？ / 106
西甲大佬们的逃税疑云 / 115
为什么南美球员总是情迷皇萨？ / 124
西班牙媒体，是喉舌还是猪队友？ / 134
队徽、绰号、吉祥物，让你一次看个够 / 142

CHAPTER 4 大佬是怎样炼成的

西班牙青训，以及皇马的拉法布里卡 / 153
“皇马五鹰”的过去与未来 / 162
拉玛西亚的成才之路 / 171
有一支宇宙队，叫“巴萨梦三” / 184
弗洛伦蒂诺的是非功过 / 192

CHAPTER 5 那些年我们迷过的足球

铁血军团，马德里竞技 / 209

一身傲骨的巴斯克足球 / 225

超级拉科，十年一梦 / 235

瓦伦西亚的辉煌与癫狂 / 243

格拉纳达的奇葩传说 / 251

火爆德比，不止于皇萨之间 / 259

后记 / 267

CHAPTER 1

当足球来到西班牙

瑞士人的巴萨，加泰人的皇马

在这本《西甲风云》里，我们将为大家带来关于西班牙足球方方面面的知识，其中既有西超①双雄人气爆棚背后的秘密，也有其他球队在足球史上留过的足迹，既有关于西甲在经济、政治、文化方面的详细解读，也有花边、搞笑、奇葩、悬疑的历史故事。总之，我们的目标是为球迷打造一部西甲的百科全书，让您既可以拿来自行科普，又可以用来饭后吹牛。

作为本书的开篇，让我们首先来谈谈足球运动在西班牙的起源。

【活化石塞维利亚】

众所周知，伊比利亚半岛一直是个内乱不断的纷争之地。

高太尉一球成名之时，这里的阿方索一世正在忙着收复失地；英足总诞生之时，这里的人们正陷入“光荣革命”和波旁王朝复辟的旋涡中叫苦不迭；甚至，英足总成立的时候连西班牙这个国家都没有，因为在现代足球诞生6年之后，阿马德奥一世才首次将西班牙（España）作为一个国家的名字写入了历史。在这种情况下，忙着战火硝烟柴米油盐的伊比利亚半岛人民，压根就没精力去追赶现代足球的初创大潮。

因此，英国人在西班牙足球的萌芽期起到了传道授业解惑的关键作用。而他们一开始布道的地方，叫作安达卢西亚。

安达卢西亚是西班牙南部的一个自治区，如果用一个词形容它，那就是“销魂”。这里有龙达小镇，网民叫它“白色的天空之城”，海明威称它为“全世界最适合私奔的地方”；这里有马尔贝拉，各路土豪们的度假胜地，沙特国王还特地在这里修了个夏宫；这两地都属于马拉加，市区、教堂、古堡、港口、海洋应有尽有，还走出了个一般人都看不懂的画家叫毕加索；还有胡斯卡尔，索尼公司当年为了宣传电影《蓝精灵》，把全村涂成了蓝色，宣传完恢复成原样之后，胡斯卡尔村民瞅着自家这白砖外墙咋看咋觉得无趣，最后全村一合计——要不，我们再把墙涂成彩色的吧……

总之，在西班牙其他地方正忙着打仗和政治博弈的时候，只有安达卢西亚人

---

① 西超：球迷对实力强大的皇马与巴萨的戏称。

民还有心情放声歌唱："在山的那边海的那边，有一群蓝精灵……" 于是，足球就来了。

1870 年，加的斯一份当地早报中发出了一条短新闻："今天下午咱们镇有一场足球比赛，欢迎球迷前来观赛。" 这是整个西班牙有记载的最早的一条关于足球的消息。虽说新闻越短事儿越大，但是西班牙人民当时并没有注意到这则新闻。因为那时在安达卢西亚踢足球的，基本上都是英国人，当地的西班牙土著对于足球的认识仅限于它是个球形皮革制品。

不过，这并没有妨碍英国人抱团踢球的热情。比如，在安达卢西亚地区的韦尔瓦省，英国力拓集团的员工们就成立了一个运动俱乐部，把英国的新兴运动全都带了过来，下班之后大家可以一起踢踢足球，打打板球，撞撞橄榄球什么的。后来这个俱乐部里一个叫麦凯的博士决定在韦尔瓦建一个真正的足球俱乐部，为此他邀请了 10 位城市里比较有地位的人士在哥伦布酒店进行了一次亲切而友好的会谈。

会谈的结果，就是 1889 年 11 月 23 日，韦尔瓦足球俱乐部呱呱坠地，这也是西班牙足球史上的第一家俱乐部。值得一提的是，建立俱乐部的这 11 个人中，大多是英国和德国的商界人士，只有两位是当地的西班牙人。

在韦尔瓦俱乐部的历史上，曾经有三次闯入西甲联赛的经历，前两次立刻降级，最后一次则待了 3 年。而它的最高光时刻，是在 2002—2003 赛季闯入了国王杯的决赛。可惜最后的决赛 0∶3 败于马洛卡脚下，对手阵中的埃托奥在那场比赛里梅开二度。至今韦尔瓦足球俱乐部仍然健在，本书完稿的 2018—2019 赛季他们正在西乙 B（也就是西班牙的第三级别联赛）的第 4 小组中打拼。

不过，足球是一项一个巴掌拍不响的游戏。在 100 多年前的西班牙，只有一个韦尔瓦显然是踢不了什么正式比赛的。因此，热情的安达卢西亚人很快就在他们的首府建立了西班牙的第二个足球俱乐部，叫塞维利亚。是的，就是塞维利亚杯的那个塞维利亚。

1890 年 1 月 25 日，一群年轻的英国人和西班牙人在狂欢之后写下了一份这样的协议："6 个多星期以前，一些热心的英国年轻人在咖啡厅里举行了会议，决定成立一家以强身健体为目的的足球俱乐部。今天，我们趁着酒劲儿向大家宣布：塞维利亚足球俱乐部正式成立。本俱乐部实行混血所有制，一半属于英国人，一半属于西班牙人。但无论户口本上写着哪个国家，我们都将在英足总的足球规则下进行比赛。"

在这张带着酒精含量的协议达成之后，安达卢西亚就有了两家足球俱乐部，万事俱备只欠约战。1890 年 3 月 8 日，两支球队第一次对垒，塞维利亚 2∶0 击败了韦尔瓦。这是西班牙足球史上第一场有组织、公开、正式的足球比赛。

虽然当时的两支球队加起来一共只有 4 名西班牙球员，剩下的都是英国人，但这并不重要。因为足球的星星之火已经在安达卢西亚地区越烧越旺，不仅参与的人越来越多，俱乐部也越来越有影响力。然而英国人觉得好东西还是要继续分享下去，于是他们决定走出安达卢西亚，带其他地区一起玩。

具体咋传播呢？当然是，沿着海路走。

【不甘落后的巴斯克地区】

在那个年代，海洋是贸易的最佳通路，无论是吃的用的还是其他新奇的玩意儿，都首先出现在港口城市，其中就包括了足球。因此，和安达卢西亚相似，同为沿海地区的巴斯克与加泰罗尼亚也很快迎来了足球的洗礼。

巴斯克地区第一次出现关于足球的消息是在1892年，和安达卢西亚一样，这里的报纸记载了英国公司的员工在下班后建立了小型运动俱乐部，并踢起了足球。到了1894年，球场上第一次出现了当地人的身影，热爱运动的巴斯克人组成了一支球队，和英国工人之间展开了第一次“跨国”切磋，然后畅快淋漓地输了个0∶5。没办法，那个时候的英国人走到哪儿都是无敌舰队般的存在，统治地位大概相当于我中华民族的乒乓球。

然后，西班牙徒弟和英国师傅继续在巴斯克地区发展“下线”。1898年，一群从英国留学归来的西班牙海归创立了竞技俱乐部，整支球队基本上都由巴斯克人组成，只有一名非西班牙国籍的外援。1900年，英国造船厂和矿场的工人兄弟们组建了毕尔巴鄂俱乐部（以下简称“毕巴”），成员自然都是英国人。在成立之后，这两家俱乐部在对抗中相爱相杀，互相切磋互相提升。

到了1902年，两家俱乐部联合组队参加了加冕杯（国王杯前身）的比赛，并在决赛中击败了巴塞罗那（以下简称“巴萨”）夺冠。此后，两支球队之间的友情愈发深厚，最终决定——正式合体。1903年，凭借着巴斯克学生在此前比赛中的神勇，竞技俱乐部彻底吞并了“毕巴”，成了西班牙足球早期的一大劲旅。

当时的竞技俱乐部有多强呢？他们在合并之后没怎么磨合就立刻参加了第一届国王杯，然后在决赛中击败了马德里俱乐部夺冠。嗯，这个马德里俱乐部就是后来的皇马。算上之前的加冕杯，现在的西超双雄最初都是巴斯克人的手下败将。

大约40年之后，这家俱乐部为了更加体现地方特色而更改了名字，成了我们今天熟悉的毕尔巴鄂竞技。

在巴斯克地区，足球运动的发展如火如荼，工业最为发达的加泰罗尼亚又怎能屈居人后？于是，加泰罗尼亚也开始组队了。

【起源于瑞士人的巴萨】

和巴斯克地区一样，加泰罗尼亚第一次出现关于足球的新闻报道，也是在

1892 年。当地的一家游艇俱乐部组织了加泰罗尼亚地区的第一场足球比赛，对阵的双方分别是英国人以及在英国留学过的加泰罗尼亚人。听起来是不是和巴斯克的故事一模一样?

接下来的几年，一些小规模的俱乐部纷纷出现却又很快消失不见。1898 年，在加泰罗尼亚北部海岸的赫罗纳出现了帕拉莫斯 FC，这是加泰罗尼亚地区第一家正式注册的足球俱乐部，目前还征战在第四级别的西丙联赛中。

到了 1899 年，一位瑞士人彻底改变了加泰罗尼亚的足球。这位名叫汉斯·甘伯的商人本来打算去非洲倒卖砂糖，因此顺路拜访了住在巴塞罗那的叔叔。于是，叔侄在共话亲情之中产生了如下的对话。

第一天。

甘伯：叔儿，我准备去非洲卖糖，这是我爹让我带的瑞士土特产。

甘伯叔：好侄儿，不着急上路，这几天先在巴塞罗那玩玩吧。

第三天。

甘伯叔：好侄儿，你打算什么时候去非洲?

甘伯：我爱巴塞罗那，从此“乐不思非”。

甘伯叔：……

总之，对于巴塞罗那一见钟情的甘伯决定不去做非洲人的生意，而是选择了留下。甚至，他还把自己的名字改成了加泰语的胡安·甘伯。

在定居巴塞罗那之前，甘伯曾经在瑞士担任过巴塞尔俱乐部的队长，所以他一直琢磨着把自己热爱的足球事业也带到新的城市。于是 1899 年 10 月 22 日，甘伯在当地报纸上刊登了一则广告，宣传他成立足球俱乐部的计划。同年的 11 月 29 日，响应甘伯计划的 11 名瑞士、英国和西班牙人在一个体育馆内举行了会议，巴塞罗那足球俱乐部正式诞生。

虽然新俱乐部的红蓝相间代表色传承于甘伯的家乡球队巴塞尔，但甘伯却把主席的位置让给了英国人沃特·维尔德，因为那时候的甘伯才刚刚 22 岁，相对于无聊的管理层职位，他还是希望自己有更多的精力好好踢球。

在为巴萨出战的 4 年时间里，甘伯在 48 场比赛中打入了超过 100 粒球，并且在队中担任着队长、董事会成员、“首席技术扶贫员”等多个角色。作为核心球员，他帮助球队获得了队史的第一个冠军，也是加泰罗尼亚地区第一项正式足球比赛的冠军——马卡亚杯。他还率领球队参加了加冕杯，不过如前文所言，在决赛中输给了毕尔巴鄂和竞技联队。

为了纪念这位传奇的创始人，直到现在巴萨还会在每个赛季开始之前组织名为“甘伯杯”的比赛。这项赛事也继承了甘伯当年的奉献精神，在 2017 年的甘伯杯中，巴萨邀请了前一年遭受空难的沙佩科恩斯。尽遣主力的巴萨最终以 5∶0 取得胜利，来到现场的沙佩科恩斯球员和球迷则举起了感谢巴萨的横幅。

不过，100多年前的加泰罗尼亚并不是巴萨一家独大。当巴萨1899年创立之后，加泰罗尼亚的足球俱乐部如雨后春笋般纷纷冒了出来，其中有一支“血统纯正”的球队必须单拎出来说说。这支球队创立于1900年，创立时甘伯原本想着加入其中并成为发起人之一，但是却被球队其他创始人无情拒绝了。拒绝原因是：我们是支土著队，而你是个外国人。

于是，这支球队就成了整个西班牙第一支完全由本国人创立的足球俱乐部，也因此被创始人骄傲地命名为——西班牙人。

同样在1900年，加泰罗尼亚足球协会在“双11”那天正式成立，这是西班牙境内的第一家足球协会。加泰足协随即开始组织马卡亚杯等赛会制比赛，该比赛也成了西班牙最早的正式足球锦标赛。

大概所有的足球青年都有着一腔传播足球文化的热血。眼瞅着自己家乡的足球运动逐渐发展壮大，加泰罗尼亚人决定开始掺和其他地区的足球事业。比如，首都马德里。

【怎么能少了马德里】

和上面那些西班牙港口城市类似，马德里的足球最初启蒙也是来源于英国人。一群牛津和剑桥的毕业生一起组成了自由民主主义学院，他们在马德里组织了最早的一系列足球比赛。为了有个固定的球队可以随时约战，他们在1897年创立了首都的第一家足球俱乐部，名叫天空足球（Sky Football）。当然，它跟天空体育没啥关系，虽然听起来觉得分分钟要官宣的样子。

后来，天空足球的成员之间发生了一些理念上的严重冲突，并且最终导致球队在1900年进行了一次“分裂繁殖”。“咔嚓”一个惊雷劈下来，天空足球变成了马德里新足球和马德里西班牙两家俱乐部。其中，马德里西班牙俱乐部有三位创始人——天空足球的原成员朱利安·帕拉西奥斯，以及一对来自加泰罗尼亚的兄弟胡安·帕德罗斯、卡洛斯·帕德罗斯。1902年3月6日，该俱乐部正式改组为马德里足球俱乐部，胡安·帕德罗斯担任主席，英国人阿瑟·约翰逊则成了球队的第一任主教练。

瑞士人创立巴萨，加泰罗尼亚人创立皇马，历史果然比小说还有趣。

马德里足球俱乐部成立之后飞速发展，很快就成了首都足球界的龙头老大。然后为了方便其他球队“拜码头”，马德里足球俱乐部开始扩大自己的影响。

其一，在俱乐部诞生的第二年，卡洛斯·帕德罗斯牵头成立了马德里俱乐部联盟，负责操办首都大小球队之间的较量。其二，马德里俱乐部开始牵头组织各种跨地区和全国性的比赛，将足球的种子播撒到西班牙的各个角落。

到了1920年，为了表彰这家俱乐部为首都足球做出的卓越贡献，当时的西班牙国王阿方索十三世权杖一伸，将皇家（Real）头衔赐予这家俱乐部，皇家马德里从此得名。

相比于“黄马褂加身”的皇家马德里，他们的同城对手马德里竞技就没有这么走运了。

1903 年，也就是马德里足球俱乐部成立的第二年，居住在马德里的三名巴斯克学生会见了来自家乡的竞技俱乐部的代表，然后决定以竞技俱乐部马德里分部的形式成立马德里竞技队（以下简称马竞）。由于其卫星俱乐部的特殊身份，马竞在创立之初一直被禁止参加国王杯的比赛。直到 1907 年，这支首都球队才从他们巴斯克的母公司里独立出来，从此得到了代表自己参加全国比赛的机会。

说到这里，大家明白马竞和毕巴的球衣、队徽以及名字为什么这么像了吧？因为他们原本就是一家啊。

值得一提的是，毕巴和马竞最初的球衣都是蓝白套装，这是因为他们长期都从英国直接购买布莱克本的球衣参加比赛。然而在 1911 年的时候，被马竞派往英国替两家俱乐部买衣服的这个董事会成员……是个路痴。这位老兄没有找到布莱克本的销售点，但又不能空手而归让球队裸奔，所以不得不买了一堆南安普顿的红白球衣凑数。从此，毕巴和马竞的上衣都变成了红白间条衫，而马竞同时还保留了布莱克本的蓝色球裤。

总之，马德里竞技“床单军团”的外号，其实是来源于一次失败的采购……

【国王杯的诞生】

有了这么一大批俱乐部之后，互相约战显然不能满足群众日益增长的切磋需求，全国性“跨服”PK 的呼声开始变得越来越高。

1902 年，为了庆祝国王阿方索十三世的加冕，马德里足球俱乐部的创始者之一（就是那个加泰罗尼亚人）卡洛斯·帕德罗斯提议举办一项全国性的足球赛事，并且就事论事地把这项杯赛命名为加冕杯。正如前文所说，来自巴斯克的竞技与毕尔巴鄂联队在决赛中击败了巴萨，带走了加冕杯的奖杯。

这项赛事刚开始时属性极不稳定，基本上西班牙国内出点儿大事儿就得跟着改名。第二年，这比赛改名为马德里市议会杯，然后改成阿方索十三世杯，第二共和国成立之后改名为共和国总统杯，佛朗哥执政期间又改名为大元帅杯，最终才演变成了今天的国王杯。

至今，毕巴仍然把加冕杯视为自己获得的第一项重要冠军，奖杯也保留在俱乐部的博物馆中。不过，足协官方并不承认他们的这个冠军头衔，强调国王杯的历史是从 1903 年才真正开始算起。

想知道这是为什么吗？

“因为加冕杯比足协前身马德里俱乐部联盟成立得还早啊，没有官方的组织，你们私下搞的任何杯赛都不能算国家级荣誉啊！”——这就是西班牙足协的骄傲。

的确，国王杯的初期运营基本上都由各家俱乐部共同维持。1909 年，又是在卡洛斯·帕德罗斯的组织之下，马德里俱乐部联盟进化成了西班牙足球俱乐部联盟，开始接过全国性比赛的主办权。不过，由于马德里、巴斯克和加泰罗尼亚之间的各种矛盾，这个联盟的成员俱乐部几乎每年都在变动，离开者还另起炉灶搞出了一个西班牙皇家足球俱乐部联盟。

经过几年的斗争之后，两个联盟终于在 1913 年达成了共识，合并为皇家西班牙足球联盟，也就是我们今天看到的西班牙足协。有了国家代言人，西班牙足球也得以进入世界足坛的大家庭，开始组队参加国际赛事。

【西班牙国足的神奇初始化】

1920 年安特卫普奥运会，是西班牙国家队第一次出现在世界大赛的舞台上。那届奥运会的足球比赛里，发生了很多神奇的故事。比如，决赛的对阵双方是比利时和捷克斯洛伐克，在第 31 分钟比利时打入了第二粒进球以 2∶0 领先对手，但捷克斯洛伐克球员认为此球严重犯规。抗议无效之后，愤怒的捷克斯洛伐克人放弃比赛离开了球场，比利时直接拿到了金牌。

但是，那银牌怎么办呢？总不能直接颁给罢赛的捷克斯洛伐克吧？

于是，赛会决定让止步半决赛的荷兰和法国再打一场比赛，来决定银牌和铜牌的归属。荷兰队表示飞来的银牌机会不要白不要，法国队却表示这算啥，俺们不稀罕。赛会一看法国人这德行，只好又做出了新的决定：让止步 1/4 决赛的四支球队意大利、挪威、西班牙、瑞典捉对厮杀进行淘汰赛，胜者和荷兰进行“银牌决赛”。

最终笑到最后的，正是第一次出征世界大赛的西班牙队，他们连赢三场拿到了来之不易的那块银牌。啊对了，西班牙在当时的第二轮附加赛中以 2∶0 击败了意大利。这成了他们在国际赛场上对意大利的首胜，那么第二次胜利是什么时候呢？

相信老球迷都还记得，2008 年欧洲杯 1/4 决赛卡西利亚斯扑出了德罗西和迪纳塔莱的点球，西班牙以点球大战 4∶2 的比分击败了对手，这是他们第二次在大赛中战胜意大利人。距离第一次，相隔了整整 88 年。

1920 年的那次奥运会银牌，也让整个西班牙沸腾了，毕竟“我们的国足第一次出国征战就获得了世界第二”！也正因为此，西班牙群众对于足球运动的热情空前高涨，更多的人走上了球场，更多的足球新闻出现在报端，这些都给西班牙足球的腾飞提供了充足的动力。

1925 年，西班牙足球正式完成了职业化改革，比中国足球早了 67 年（所以我们真的还需要更多的时间和耐心）。

【西甲联赛来了！】

1928 年 11 月 23 日，各家俱乐部和西班牙足协通过会议建立了联赛体系，顶级联赛的参赛者被定为 10 支球队。具体名额分配如下：

A. 6 支此前拿到过国王杯冠军的球队，皇马、巴萨、毕巴、皇家社会、格乔阿雷纳斯、皇家伊伦联。

B. 3 支此前最好成绩是国王杯亚军的球队，马竞、西班牙人、CE 欧罗巴。

C. 1 支通过预选赛成功入围的球队，桑坦德竞技。

这 10 支球队，有 2 支来自马德里、4 支来自巴斯克、3 支来自加泰罗尼亚，这三个地区占据了西甲元老院中 90% 的席位，足见他们的足球实力有多么强大。

直到今天，这些球队仍然活跃在西班牙各级联赛之中，皇马、巴萨和毕巴是其中当之无愧的活化石。一是因为这哥仨目前仍然是仅存的 3 支一直在踢甲级的球队；二是因为在联赛成立的前 8 年里，西甲并没有形成双雄争霸的局面，而是由这哥仨共同瓜分了其中的 7 次冠军。

那么问题来了，既然化石有三块，为啥最终只有皇马和巴萨之间形成了世仇呢？

事实上，巴萨在 1902 年 5 月 13 日凭借外籍球员的帮助以 3∶1 击败当时还叫马德里俱乐部的皇马之后，双方的仇恨之果就已经埋下。而历史上两队最早的大规模冲突发生于 1916 年，曾经效力马德里和巴萨的贝拉昂多作为裁判执法了两队之间的国王杯半决赛，双方进行了两场附加赛才决出胜负（注：当年的国王杯没有引入净胜球的制度）。

重赛第一场，双方打成了 6∶6。重赛第二场，马德里 4∶2 击败了巴萨。比赛中，巴萨球迷和马德里球员之间发生了严重的冲突。从那以后，两队的交锋就再也没有摆脱过争议和骚乱。

不过，那时候双方之间的斗争充其量也就是街头掐架的级别。然而，在西甲联赛成立的第 9 年，西班牙内战开始了。正是在内战期间，一个把西班牙足球和政治经济文化捆绑销售，并且最终使皇马、巴萨不共戴天的大咖走上了历史舞台。

他就是——弗朗西斯科・佛朗哥。

内战时期，挣扎而惨烈的西班牙足球

英国人把足球带到西班牙之后，经过国王杯的前期探路和顺利的职业化改革，1928 年西甲联赛正式开打。那个时候，西班牙足球的格局并不是皇马与巴萨的“楚汉争霸”，而是“三国鼎立”。在联赛成立的前 8 个赛季里（1928—1936），皇马、巴萨和毕尔巴鄂竞技瓜分了其中的 7 次冠军。当所有人都觉得这哥仨将在未来继续相爱相杀地刷冠军时，一切却戛然而止。

1936 年 7 月，西班牙内战开始了。一个月后，巴萨主席何塞普·索诺尔被枪杀。

【战争啊，残酷啊】

首先和大家简单扯两句西班牙内战的背景知识。

所谓西班牙内战，是一场西班牙左翼势力和右翼势力互怼的战争。代表左翼的是共和军，他们身后站着苏联大哥和美利坚大鳄；代表右翼的是国民军，他们身后站的是希特勒和墨索里尼两位法西斯头子。自打 1931 年西班牙国王阿方索十三世流亡海外，这两股势力就开始通过选举轮流坐庄，而内战开始时恰好是左翼掌权。

因为左翼对右翼的一系列打压政策，1936 年 7 月 17 日，右翼将领佛朗哥揭竿而起，率领着他手下驻扎在摩洛哥的西班牙殖民军队造反了。很快，国内叛军也相继入伙，并且一路拿下塞维利亚、萨拉戈萨这些我们熟悉的足球城市。最终，枪口直指首都马德里。

由于战事进展得太快，每天都有人挂白旗投降，也有人收复失地，根本没人能说得清某个山头今天姓左还是姓右。1936 年 8 月 6 日这天，巴萨主席何塞普·索诺尔很不幸地恰好走到一个右翼国民军刚刚占领的山头——马德里附近的瓜达拉马山。更不幸的是：

A. 他是个左翼，还曾经当过共和党的议员。

B. 他那天乘坐的车，是共和党军方借给他的。

C. 他以为占领瓜达拉马山的是自己人，所以下车之后他对着国民军士兵说的第一句话是：“共和国万岁！”

于是，索诺尔被当场击毙。

其实，早在内战开始之前，索诺尔就被列入了右翼的黑名单，因为他是一名坚定的左翼共和党成员。从 1928 年加入巴萨董事会到 1935 年当选巴萨主席，索诺尔一直是政治、体育双栖领导人，他甚至在此期间创办了一份名叫《兰布拉大道》的左翼报纸，反复宣传加泰罗尼亚主义、自由主义、体育和公民权等一系列概念。对于加泰罗尼亚人来说，索诺尔是独立和自由的领路人，这也是巴萨球迷至今仍然怀念他的原因。而对于右翼国民军来说，索诺尔则是个百分之百毫无杂质的眼中钉。

所以，悲剧就这么发生了。在国民军开枪的那一刻，没有人听索诺尔的解释，因为他当天出现在马德里附近的目的并不单纯：一是去皇家奥维耶多考察一个名叫兰加拉的前锋，巴萨想买他；二是去慰问参加马德里保卫战的加泰罗尼亚纵队，说白了就是犒军。

事实上，索诺尔被杀并没有受到佛朗哥的直接授意，毕竟当时佛朗哥还不是右翼的领袖。然而当内战结束佛朗哥上台的时候，他并没有给索诺尔平反。因为在佛朗哥眼中，索诺尔打着体育的幌子去推动加泰罗尼亚民族主义，绝对是属于严打那一挂的。于是佛朗哥给索诺尔追加了反政治责任罪，还给扣上了一顶“共产主义者”的大帽子，一边宣布“索诺尔就是该死”，一边要求“巴塞罗那俱乐部应该对他们的反西班牙行为负责”。

这样一来，巴萨就被放在了政府的对立面上，并且彻底和加泰罗尼亚政治绑在了一起。而加泰罗尼亚，恰恰是佛朗哥政府最不待见的地区。

【加泰罗尼亚为啥不受待见】

提到这个，我们又要从加泰罗尼亚的历史开始说起。是的，你在这本书里看到的绝对不只是足球。

加泰罗尼亚地区的历史，充满着各种被占领的血泪。最早被罗马帝国占领，公元 409 年被哥特人占领，公元 712 年被摩尔人占领，8 世纪末被纳入法兰克王国，12 世纪巴塞罗那的贝伦格尔伯爵四世与阿拉贡女王贝特隆尼拉联姻，加泰罗尼亚并入了阿拉贡王国，然后 15 世纪卡斯蒂利亚公主伊莎贝拉和阿拉贡王子费迪南联姻，加泰罗尼亚跟着并入了西班牙。

从进入西班牙大家庭开始，加泰罗尼亚就一直在闹分家。原因主要有两点：

其一，加泰罗尼亚早年虽然被人占领来占领去，但这些占领国基本对加泰地区都是放养的，给了其高度的自治权。直到现在，加泰罗尼亚也有自己的语言、自己的旗帜、自己的“国歌”什么的。

其二，加泰地区比较富裕，他们用约占西班牙 16% 的人口贡献了西班牙 20% 的 GDP，但西班牙政府却只给加泰地区 14% 的财政拨款。

总之，我祖上很富，我祖上自己是老板，我现在仍然很富，那我凭什么给西班牙政府打工？于是，要自由，要独立，要自己赚钱自己花。

这种政治诉求本身没啥问题，问题在于，哪个西班牙领导人乐意把自己最富裕的地区给分割出去呢？因此，在追求独立的道路上，加泰罗尼亚人民总是站错队。

在 1923—1930 年德里维拉独裁统治时期，加泰罗尼亚便站错了队。1925 年 6 月 14 日，因为巴萨球迷在赛前奏国歌《皇家进行曲》的时候喝倒彩，主场被政府勒令关闭 6 个月。然后佛朗哥造反的时候，加泰罗尼亚又站错了队。他们组织了加泰罗尼亚国际纵队阻击佛朗哥大军，于是主席索诺尔又撞枪口上了。

那么大家又要问了：为什么加泰罗尼亚站错队，巴萨会遭殃？

原因很简单。当你没办法公然反抗王权或者独裁统治的时候，你就会寻求其他隐性的发泄渠道。在黑暗的年代里，巴萨就是加泰人民的旗帜、呐喊，是加泰罗尼亚自由、民主、平等精神的象征，而且加泰罗尼亚人民一直对这种信念坚定不移。

直到现在，你仍然经常能看到诺坎普球场有同时挥舞着巴萨队旗和加泰罗尼亚旗帜的球迷，这在其他国家是不可想象的。前巴萨主席加斯帕特曾经说过："巴萨不仅仅是一家足球俱乐部，它还是一个国家的护卫队，保护着一种文化、一种语言。"博比·罗布森在当巴萨主帅的时候也说过："如果加泰罗尼亚是一个国家，那么巴萨就是他的军队。"

问题是，加泰罗尼亚真正的军队却战败了。1939 年 1 月 26 日，佛朗哥的国民军攻陷了巴塞罗那，这一战成为整个内战的转折点。从此以后，共和军再也没有翻身的机会了。为此，国民军在巴塞罗那吃着火锅唱着歌，把大街小巷的加泰罗尼亚"国旗"摘掉，一律换成"西红柿炒鸡蛋"的西班牙国旗。而在这支庆祝的军队中，有一名跟着换国旗的下士，他的名字叫圣地亚哥·伯纳乌。对，就是伯纳乌球场的那个伯纳乌。

不过，这时候的伯纳乌还是个跟皇马主席没一毛钱关系的大头兵，而当时担任皇马主席的拉斐尔·桑切斯·格拉，却面临着一场牢狱之灾。

没想到吧，在这场内战中，就连皇马的主席也没能幸免。

【那时，大家都是受害者】

拉斐尔·桑切斯·格拉是在 1935 年登上皇马主席大位的。说起这位皇马主席，他本来可以有个辉煌的政治前途。年轻的时候，他在北非战场和佛朗哥一起扛过枪，还吃过枪子儿，跟这位后来的独裁者一直保持着良好的战友之情。但他俩是"好基友"那会儿，西班牙正好是德里维拉独裁统治时期，然后他拜的码头不对，因此被下了大狱。

1931 年他出狱时正赶上德里维拉下台、国王流亡海外，于是他加入了左翼共和派，还曾经一度坐到了临时共和政府副国务卿、总统秘书长等宰相级的职位。然而佛朗哥最终赢了内战，又让格拉下了大狱……

从索诺尔到格拉，在当时的政治环境下，谁和佛朗哥唱反调，谁就没好果子吃。无论你姓皇还是姓萨，只要你身上带着类似“左翼”“民族”“反法西斯”的标签，佛朗哥就带着他的爪牙把你抓走。而这种独裁统治具体落到足球上，花样就更多了。

比如，所有非西班牙语的俱乐部名称都得换成西班牙语，巴萨的加泰语名字变成卡斯蒂利亚味儿，毕尔巴鄂竞技由 Athletic 改成了 Atlético，皇马的名称后面加了个西班牙语的 Club de Fútbol 做尾巴。一些纯英国足球术语也接上了西班牙的地气，refrí（裁判）变成了 árbitro，offside（越位）变成了 fuera de juego，córner（角球）变成了 saque de esquina，本来一个单词就能解决的，通通都变成了名词解释。

又比如，虽然你是踢球的，但是你要时刻铭记西班牙有且只有一个中央政府。巴萨队徽中代表加泰罗尼亚“国旗”的四道杠被砍掉了两道杠；有一半以上的球场内都建了国民军阵亡的纪念碑；球员想踢球必须持政府的良民证（许可证）才能参赛，而要申请这证必须要宣誓对佛朗哥的政府效忠。还有，一切要以党政军为尊。球员工资比军官还高？不行！规定任何球员的收入都不能高于上校。记者赛后喷裁判？不行！因为裁判在球场上相当于佛朗哥在西班牙，一定拥有着最高的权威……

这还让不让人活了？

没办法，这就是独裁统治。佛朗哥这套手段表面上类似于秦始皇的“书同文，车同轨”，实际上要达到的目的就是让西班牙那些不安稳的地区逐渐忘掉自己的家乡，忘掉自己的乡音，然后绝对服从佛朗哥的独裁政府。

那么不服从的咋处置？很简单，审查、禁赛，毁掉你的职业生涯。

【面目全非的西班牙足球】

1937 年年初，为了躲避内战，巴萨全队曾经去墨西哥踢了一个月的友谊赛。但佛朗哥政府认为“这次友谊赛带着反法西斯的政治意味”，所以内战打完之后，所有参加墨西哥“一月游”的巴萨球员都被禁赛两年。

1939 年，因为皇马曾经在内战期间把球场借给共和政府放东西，所以战后整个董事会都接受了审查，那些看起来大概可能也许有问题的球员通通被驱逐。1936 年内战开始前夕，皇马还有 20 名球员。战后审查完毕，他们只剩 4 个，连踢五人制足球都凑不齐人。

在内战期间，巴萨会员从战前的近8000名锐减到2500名。索诺尔被枪杀后，1936年到1939年巴萨连个主席都没有，一直由联合委员会代管。直到1940年，曾在佛朗哥手下当兵的恩里克·皮涅罗才走马上任……

这种人人自危的白色恐怖统治了西班牙很多年。甚至在索诺尔去世60年后，时任巴萨主席努涅斯仍然反对俱乐部给这位惨死的前主席立碑。虽然纪念碑最终还是立在了索诺尔被枪杀的瓜达拉马山，但碑上写的名字是西班牙语的“Sunol”（索诺尔），没有用加泰罗尼亚语的“Sunyol”（索约尔）。而反对用加泰语的，正是索诺尔的儿子。因为在内战结束后，索诺尔家族为了自保和拿回被没收的财产，已经从左翼“跳槽”去了右翼，他们并不想再去多惹麻烦。

在1996年6月4日为索诺尔纪念碑揭幕的那一天，努涅斯没有参加，他只派了个巴萨执委和官方历史学者出席仪式。而在揭幕仪式上，在场的加泰罗尼亚人自发唱起了加泰罗尼亚“国歌”。在歌声响起时，你会明白努涅斯的良苦用心——无论在什么时候，巴萨和政治绑在一起，都是个危险的信号。

努涅斯主席尚且可以主动带着巴萨远离政治，但内战时期那些被折磨、被改造的西班牙俱乐部却没有别的选择。不服从，就毁灭，所以只能默默承受。1939年4月，皇马的查马丁球场被征用为公审政治犯的法庭。到1940年西甲联赛重新开踢的时候，大家发现查马丁球场已经是断壁残垣，连看台都被当作柴火烧了。修球场至少要30万比塞塔，而球队根本出不起这钱。怎么办？足球这是要亡啊！

于是，许多俱乐部决定：顺应政治潮流，找个大腿抱上。

【抱大腿的岁月】

首先找到大腿的是马德里竞技。1939年夏天，马德里竞技决定和空军合作，首先把自己的俱乐部和佛朗哥军队下属的国家空军足球俱乐部（Aviación Nacional）合并，然后把俱乐部的名称带上空军的名号。就这样，马德里竞技摇身一变成了马德里航空竞技（Atlético Aviacion de Madrid），我们可以简称它为——马航。

基于这次合作，马德里航空竞技得到了很多好处。比如，他们可以使用军事车辆，远征客场的租车费解决了；又比如，他们可以享受燃料折扣，那时候全国的燃料都处于短缺状态；更重要的是，他们得到了空军的直接投资，有足够的钱去签更好的球员。于是，抱大腿的威力立竿见影。内战结束后的前两个赛季，也就是1939—1940赛季和1940—1941赛季，马德里航空竞技都拿到了西甲联赛冠军。

看着同城对手这么风光，皇马有点儿坐不住了。要知道，空军最开始想合作的俱乐部其实是皇马，但是因为空军提出把皇马的队名改成皇家航空马德里，以及把球队的主色改成天空蓝，皇马董事会觉得太伤自尊于是就拒绝了。

但是，自尊并不能当饭吃啊，别忘了内战结束后皇马只有4个球员和一座需要30万比塞塔才能修好的球场。于是，董事会开始四处找钱。他们首先去寻求会员的赞助，筹到了最初开工的钱。然后又去找马德里当地财政的支持，好歹凑齐了一支球队。但是这些零散的钞票，显然并不足以支撑皇马重回巅峰。

这时候，一个海军高层军官找到皇马董事会，说："空军有马竞了，俺们也想有支官方合作球队。"皇马高层一拍大腿，啊哈！海军也是军队！海军并没提出改队名！而且海魂衫还是白色的，和我们的队服很配！很好，就是你们了。

于是从1943年起，皇马开始和海军合作，代价仅仅是出让了查马丁球场训练场的部分使用权。然后，尝到甜头的皇马又联系了陆军，从1944年起，马德里步兵营也可以每周三次使用皇马的训练场。拿到了钱的皇马迅速开始重建，伊皮加西亚、埃斯皮诺萨、巴里纳、赫苏斯·阿隆索等一批强力新援逐渐加入球队。到了1940—1941赛季，皇马已经升到了联赛第4位，并且在1940年和1943年两次打入国王杯决赛。

就这样，皇马在军方的帮助下，重新回到了强队行列。

说到这里，让我们喘口气。看过《英超风云》的朋友都知道（没看过的快点儿去看）：英格兰足球的发展主要是英足总、联赛管理委员会、俱乐部三方之间的瞎折腾。而西班牙足球的成长，则充斥着政治斗争和淋漓鲜血。在西班牙，俱乐部不仅是俱乐部，更是一方政治立场的象征。

对于巴萨球迷来说，巴萨对阵皇马的国家德比，是政治投射在球场上的倒影，象征着加泰罗尼亚民族对中央政府的反抗。这不仅是因为皇马曾经得到海军和陆军的帮助，更因为从1943年起，那个把西班牙足球折腾得半死不活的佛朗哥，开始站到了皇马身后……

爱上足球的佛朗哥

内战时期西班牙足球被折腾得不轻，巴萨主席被害、皇马主席入狱，不仅球场受损球员流失，而且象征着球队的名称、队徽也都被迫改来改去。内战结束后，随着佛朗哥统治逐渐稳固，足球比赛也开始恢复了。然后在1942年的国王杯上，大家惊恐地发现佛朗哥竟然出现在了决赛的看台上。哎？你不是对足球没兴趣吗？难道又要搞什么幺蛾子？

让大家没想到的是，这回佛朗哥是来扶持足球的。

【号外！号外！佛朗哥突然爱足球了！】

佛朗哥这一生，独裁统治让他非议无数，但是他却有着最牛的站队技能。每次在世界政治、经济、军事发生大地震的前夕，他总能带着西班牙跳上那条“正确”的船。如果想知道他来看1942年国王杯决赛的原因，就必须和当时的国际形势联系在一起。

1942年发生了什么？希特勒的军队陷在斯大林格勒（今名伏尔加格勒）出不来，墨索里尼正率领着意大利军队满世界卖萌，先是在顿河河畔被苏联伏击了一下就扔下所有装备跑了，然后又在罗马尼亚被人家的小米加步枪打了个半死。而在世界的另一边，26个盟军小伙伴一起签署了《联合国家宣言》，反法西斯统一战线正式建立。在这种情况下，佛朗哥就琢磨着掉转船头，抛弃纳粹，转投盟军。

然而，在二战开始初期英法两国其实是拉拢过佛朗哥的，甚至给西班牙提供了许多经济援助。但佛朗哥觉得德国是个钱多装备好一进战场就能秒杀对手的VIP玩家，不仅拒绝了英法，还暗地里组织“蓝色师团”穿上德国士兵的衣服进军了苏联。作为一个交友史上有重大污点的人，现在佛朗哥又想回到反法西斯大家庭？盟军当然对他很反感。戴高乐将军甚至说过：“佛朗哥是全世界的隐患。”

于是，佛朗哥就决定采取迂回的战术，先改变一下西班牙的国际形象。比如，他在1942年取消了对加泰罗尼亚语的禁令，大家终于可以说方言了；又比如，他对政治犯的打击从公开的地上转到了暗里的地下；再比如，他开始加强对西班牙文化艺术的宣传，用这些国际通用语言去融化盟军那颗嫌弃他的心。

其中，足球是重点的外交项目。因为大家都知道英国人对足球的热爱，法国人也从1932年就开始组织起了联赛。关键是足球这玩意儿不只可以挂在墙上看照片，还能和盟军小伙伴约战啊。一来二去，大家的友谊不就从场上发展到场下了嘛！

不过要扶持足球，首先要在体育界扶植一个自己的人。佛朗哥在“好基友”里挑来挑去，最后选择了莫斯卡多将军。内战时期，佛朗哥唯一一次带兵撤离马德里，就是去托莱多城堡解救被1000多个共和军士兵围困的莫斯卡多将军，可见他俩有多么深厚的感情。而佛朗哥给莫斯卡多的职位有三个：奥委会主席、国家体育协会主席，以及国防部长。这下，体育和政治彻底变成了连体兄弟。

有了自己人操办这事儿，下一个目标就是扶持一家能代表西班牙良好形象的俱乐部。这时，皇家马德里进入了佛朗哥的视野……

【为什么选择皇家马德里】

如果你翻开西班牙地图，就能看到加泰罗尼亚、安达卢西亚、加利西亚、巴斯克这些大的行政区划，这些地方大区都是西班牙足球最初兴起的地方。但对于佛朗哥来说，这些地方性代表队都各有各的缺点。

作为要民主、要独立的象征，佛朗哥很讨厌巴萨身上带的那股浓重的加泰罗尼亚味儿；一看到毕尔巴鄂竞技那红白间条衫，就想起巴斯克同样配色的旗帜，而且倔强、彪悍的巴斯克人民总是让人觉得不服管束；而代表加利西亚的拉科鲁尼亚当时还是西甲西乙升降机，没有足够的硬实力；塞维利亚所在的安达卢西亚又太过浪漫慵懒，不符合西班牙想向国际社会展现的积极向上的良好形象。

更重要的是，佛朗哥对中央政府爱得深沉，所以他一直想在首都马德里找一支重点照顾的球队。而相比当时首都成绩最好的马航（马德里航空竞技，也就是现在的马竞），皇马有三大优势。

其一，皇马和马竞一样，早早就傍上了军队，而且海军陆军“双修”。其二，皇马董事会中有几个亲佛朗哥的董事。其三，皇马一直积极放出舆论，在报纸上营造出对佛朗哥的绝对忠诚。

虽然皇马在内战过程中帮助过共和政府，并且还因此受到过佛朗哥政府的审查，但是在内战结束后，皇马的报纸一直致力于洗白自己和共和政府的关系。他们不断纪念里维拉和阿吉雷两位董事，因为这二人是在共和政府控制的地区被杀害的。但对于他们被佛朗哥政府扔进监狱的格拉主席，却选择了遗忘。不仅如此，当时的管理层还利用《马卡报》等喉舌报纸重塑皇马形象，把皇马形容为高贵、优雅、绅士的象征，这形象恰恰和佛朗哥想给盟军展现的一样。

于是，皇马赢了。伯纳乌球场的看台上开始出现佛朗哥政府的高级领导人和军队将领，这些人的观赛镜头还经常登上报纸，以显示政府和皇马的亲密关系。

以前的国王杯决赛总是全国巡回当主场，而从1942年开始一直到独裁统治结束，每年的国王杯决赛都被放在马德里进行。因为，佛朗哥要亲临现场看比赛。

1943年，佛朗哥正式调整外交政策，宣布西班牙由“非交战国”恢复成完全的“中立国”，然后下令召回在苏联作战的“蓝色师团”。而同样在1943年，国王杯历史上最诡异、神秘、充满戏剧性的比赛发生了——国王杯半决赛第二回合，皇马对阵巴萨，比分最终定格在11∶1。

【国家德比中的最大悬案】

谈到这场比赛，我们要从两队第一回合的比赛说起。

1943年6月6日，两队的首回合比赛，巴萨以3∶0的比分主场战胜了皇马。但是皇马对这个比分意见很大：比如第一球，巴萨分明是犯规在先；比如第二球，这个点球根本不该判；比如第三球，巴萨进球队员早就越位了……

总之，皇马觉得巴萨这仨球没一个进得光彩，巴萨能赢全靠当值主裁何塞·丰博纳眼瞎。而且，巴萨球迷整场比赛都在吹口哨，还在现场爆发了巨大的嘘声。当时的《天主教日报》形容那场比赛巴萨主场大教堂球场就像一口“沸腾的大锅”。于是，赛后有人向西班牙足协举报：“这不是一场简单的比赛，现场的嘘声都是加泰罗尼亚球迷在嘘佛朗哥！”

这下，事儿闹大了。

巴萨官方赶紧给西班牙足协写信，说明我们没有针对领袖啊，球迷嘘声只是针对皇马球员球风太过粗野啊。好在，这乱扣的帽子倒也没有影响到西班牙足协，巴萨只是因为球场混乱、组织不力收到了一张2500比塞塔的罚单。但是罚款交了，事情却远没有结束。皇马仍然觉得自己受到了不公正的待遇，现场球迷的这些嘘声就算不是影射政府，那也吓到了裁判。于是皇马在第二回合决定以彼之道还施彼身——把自己的主场也变成一口“沸腾的大锅”。

赛前，舆论已经把第二回合的比赛炒得非常可怕，当时的巴萨主席恩里克·皮涅罗甚至亲自写了封信给皇马：“皇马你们冷静哈，巴萨首回合那些口哨真的只是球迷们的庆祝，不是故意搞你们的。第二回合，请皇马球迷向巴萨球迷展现绅士风度。”

但是，一切为时已晚。在前往马德里之前，安全问题已经是巴萨关心的头等大事。为了球迷的安全，俱乐部劝巴萨球迷别去客场助威；为了球队的安全，巴萨没有入住皇马主场附近的酒店，而是住在了马德里南部的阿兰胡埃斯。

这时的皇马，也正在营造气氛的准备活动中。一种说法是，在赛前凡是去埃尔俱乐部酒吧（皇马球迷经常聚会的酒吧）的球迷都可以领到一个哨子；另一种说法是，在皇马主场取票的时候也可以领到一个哨子。但不管怎么说，反正这些免费的哨子，把每一个皇马球迷都武装成了加强版的呜呜祖拉。

于是，巴萨球员顶着巨大的噪声进了球场。开场半小时，皇马就连进3球，把两队主客场比分拉平。但让人没想到的是，巴萨在被进第三球后，在上半场剩下的比赛中突然以自由落体般的速度垮掉了……

第33分钟、第35分钟、第39分钟、第43分钟、第44分钟，巴萨在15分钟之内连丢5球，这还不包括皇马被吹了越位的另两个进球。半场8∶0的比分，导致皇马现场负责翻记分牌的工作人员非常尴尬。因为没想到会出现这么大的比分，所以他在赛前挂记分牌的时候只带了1到5。最终，皇马在下半场又进3球，巴萨在比赛终场前一分钟扳回一球，比分定格在11∶1。给巴萨点个蜡。

赛后，这场比赛引起了巨大争议，最流行的说法是有人在中场休息时进了巴萨的更衣室，恐吓了球员。至于是谁进了更衣室，说法就五花八门了。

有的说是警察进去了，警告巴萨球员不准退赛，赶紧输掉比赛；有的说是国民警卫队的官员进去了，对巴萨球员说“这球你们赢不了”；还有的说佛朗哥军队进了更衣室，然后殴打了巴萨球员。总之是，越传越玄乎。不过，由于当时没有留下任何影像资料，所以这些说法的真实性无法考证。而且最大的疑点在于，上述说法都是中场休息时巴萨更衣室中发生了不可描述的事件，但是巴萨上半场已经落后8球了啊……

后来，在西班牙体育历史方面威信极高的萨拉泽尔采访了当年打满全场的何塞·伊斯科拉和多明戈·巴尔曼亚，他俩都说那场比赛自己没受到过军、政、警方面的威胁，但是现场噪声巨大，耳膜都快被震破了。而现在唯一健在的当事人——当年只有16岁的巴萨门将阿希拉也证实，当年虽然有个警察进入更衣室，但他只是提醒巴萨球员说：“由于政局紧张，这场比赛不能出任何状况。”

这场比赛之所以被妖魔化，一方面是因为以讹传讹，官方又没有一个巴萨球迷认可的可靠说法；另一方面是因为，比赛结束之后佛朗哥政府还做了一些让人浮想联翩的事。

其一，巴萨主席恩里克·皮涅罗在这场比赛结束后提出辞职。这位主席是佛朗哥政府安插在巴萨的，却以这种最极端的方式表达了不满。

其二，比赛结束后，皇马也以组织不力为由被西班牙足协处以2500比塞塔的罚款。但与巴萨不同的是，政府发出通告，禁止任何报纸再去评论这场比赛。

其三，一位《消息报》的记者顶风作案发表了一篇关于这场比赛的评论文章，文章中质疑裁判见风使舵，抨击皇马主场的噪声污染。写完这篇文章之后，他被西班牙新闻业驱逐，在之后的10年里再也没能公开发表过任何文章。后来，这名记者当选了国际奥委会主席，他就是萨马兰奇……嗯，这其实是个励志故事。

总之，这场历史大悬案就这样结束了，留给各类纪录片和影视剧无限的发挥空间。也正是那场比赛，使巴萨和皇马之间的关系从互相看不顺眼正式升级为血海深仇。

比赛结束一周后皮涅罗正式辞职，然后新主席约瑟普·文德雷尔走马上任，他是佛朗哥在内战时期的亲信之一。比赛结束 70 天后，皇马宣布：圣地亚哥·伯纳乌成为皇家马德里的新主席。

在西班牙足球史上，那真是个分水岭般的夏天。

【伯纳乌，一个传奇的名字】

有一点毫无疑问，伯纳乌是佛朗哥的人。

他参加了内战，是个右翼的国民军战士，在攻破巴塞罗那时他也是佛朗哥军队中的一员。他还在战争中屡立战功，战后得到的军功十字勋章、战争十字勋章、坎帕纳十字勋章等一箩筐军功章挂满了外套。在担任皇马主席期间，他把佛朗哥好友爱德华多任命为皇马的名誉主席，还在董事会中安排了佛朗哥军方的人。

但有一点更加毫无疑问，伯纳乌这些所有带有政治色彩的行为都是为了皇马着想。而如今看来，没有伯纳乌就没有皇马的今天。

伯纳乌上任之后面对的第一个难题，就是：缺钱。没办法，伯纳乌就领着球队到处打友谊赛、表演赛、商业赛，把每个比塞塔都花在买球员身上，自己又俭朴又抠门。这种感觉很像是我们玩 FM（Football Manager，足球经理人）带低级别球队的感觉，攒钱，把好的球员留下，然后再攒钱，去买更好的球员。

是的，伯纳乌在买好球员方面从不抠门。他曾经在火车上看报纸的时候，发现一条巴萨想从马里诺俱乐部签下球员莫罗尼的新闻。莫罗尼恰好也是皇马的菜，于是伯纳乌立即下火车给俱乐部打电话，让俱乐部火速派人去银行取了 1000 张面值为 100 的钞票，然后以最快的速度把钱砸到了马里诺俱乐部面前。当巴萨的谈判团到达马里诺俱乐部时，被告知：“此球员已经是皇马的人了。”

对于伯纳乌来说，这些都是小伎俩。而他的大目标是什么呢？上一章提到过，内战结束后皇马的主场已经是断壁残垣，之后都是在修修补补中凑合着用。所以伯纳乌心中一直有个梦想，就是为皇马盖一座球场，一座豪华、结实、能容纳 10 万人的大球场。

然而，当他把这个计划告诉董事会时，董事会成员都沉默了，他们看着伯纳乌，然后头顶浮出一条条弹幕：“主席，你有病”“谁带药了”“简直是傻瓜”……

是的，在那个年代看伯纳乌的计划，真是病得不轻。一来皇马没有那么多钱盖球场，二来皇马在 1942—1943 赛季的主场查马丁的上座率平均只有一万六千人，你盖个10万人的球场，给谁坐？剩下的8万个座位留给鸽子？

但伯纳乌坚持自己的意见："盖，必须盖。如果今年不盖的话，马德里竞技就会盖新球场。到时候，他们将成为首都第一大俱乐部，我们再也没有翻身的可能了。"董事们摇摇头，主席这么坚决，那就盖吧……

事实证明，这是一项多么高瞻远瞩的决策！当然，伯纳乌面对的难题仍然是：缺钱，而且缺口高达300万比塞塔。咋办？四处化缘吧。

首先，伯纳乌去找了马德里政府，马德里政府说："我也很穷啊，你一开口就建10万人大球场，让我去哪儿找钱？"最后讨价还价，马德里政府只出了5%的建筑款。然后，伯纳乌又跑去银行。经过协商，他让皇马成为西班牙工业商业银行的合作伙伴，以此拿到了一大笔担保贷款。接着，伯纳乌又向球迷发行债券，老会员们从牙缝里又挤出些钱给了心爱的球队。

但是，以上这些算下来还有100万比塞塔没着落，伯纳乌使出撒手锏：去求佛朗哥。最后，国防部出了98万比塞塔，购买了球场的债券。

钱终于凑齐了。1944年10月，新球场破土动工，担任工程总监督的，是负责给佛朗哥建陵墓的工程师佩德罗·穆古鲁萨。1947年12月，新球场竣工，球场揭幕战之前负责祷告的，是佛朗哥的御用神父。

在新球场建成后3个月内，皇马新增了8000名会员；一年后，皇马的会员达到了43000名，是内战时期的10倍；1955年1月4日，球场正式命名为伯纳乌球场。直到今天，这座球场还是沿用着伯纳乌的名字，依然是皇家马德里的骄傲。

【皇马这么忙，巴萨在干啥呢？】

如果你翻翻皇马的历史，会发现他们虽然有了佛朗哥的帮扶，但在内战结束的14年里只拿到过两次国王杯冠军，在联赛方面并没有冠军入账。

是的，有了新球场新会员的皇马并没有一步登天。相反，巴萨倒是在这14年里拿到了5个西甲冠军。这一方面是因为巴萨在战后的实力本身就比皇马强，另一方面是因为巴萨在1950年签下了一个能扛着全队跑的"大腿级"球星——库巴拉。

说起库巴拉，身世那叫一个传奇。他出生在艺术气息浓厚的匈牙利，不过父母都在斯洛伐克当泥瓦工。库巴拉的父亲认定这小家伙应该有着优秀的文艺细胞，所以父亲送给库巴拉小朋友一把小提琴。然后发现，小提琴很快就被库巴拉当成了门柱。

没办法，库巴拉的母亲只能认可儿子的"抓周"结果，然后用纸板和报纸给儿子做了个足球。那时候和库巴拉一起踢球的有两个小伙伴：一个叫柯奇士，后来入选了匈牙利国家队；另一个叫普斯卡什，嗯，皇马传奇。不过，库巴拉与他们相比并不落下风，而且他很快就证明，自己是可以用脚拉小提琴的……

11 岁时，他就为当地的工厂球队效力；15 岁时，他被费伦茨城签下；18 岁，加盟首都布达佩斯的萨斯队。不过，在他签约萨斯队的第二年，匈牙利劳动人民党开始照搬苏联老大哥的发展模式，库巴拉因此接到了一张兵役通知书。为了延续自己的职业生涯，库巴拉决定逃跑。他混了套军装，爬上了一辆苏联的卡车，就这么偷渡到了意大利。

库巴拉一开始加盟的是当时称霸亚平宁的都灵，加盟不久都灵全队就准备去里斯本踢拉丁杯。本来想带着库巴拉一起去的，但库巴拉要等着他正在偷渡途中的老婆孩子，因此并没有随队前往葡萄牙。然而，队友这一去却再也没回来。1949 年 5 月 4 日，踢完拉丁杯的都灵队坐飞机返回意大利时遭遇了恶劣天气，飞机撞上了苏佩加山。机上 32 名乘客全部遇难，其中包括都灵队的 18 名球员、教练和工作人员。都灵全队只有三人侥幸逃过此劫，其中就包括库巴拉。

面对几乎全军覆没的都灵队，库巴拉只能选择离开。他很快加盟了意甲的普罗帕特里亚队，但噩耗又一次传来：匈牙利足协把他告了。罪状包括对萨斯队的违约、对祖国的背叛、对兵役的逃跑。然后国际足联裁决，库巴拉禁赛一年。就当库巴拉以为事情不可能更糟糕时，匈牙利足协不依不饶地追到国际足联继续闹，国际足联又给库巴拉增加了一年禁赛期……那时的库巴拉，已经身无分文。

没办法，库巴拉只能和一群流亡国外的匈牙利球员组了个队，到处踢商业比赛养家糊口。而当这支游击队晃悠到西班牙时，他们和皇马进行了一场友谊赛。比赛中，库巴拉梅开二度，伯纳乌仿佛看见了五彩光芒。就是他，我们一直在等待的巨星，签下他！

当时，皇马面临的最大问题就是库巴拉还背着两年的禁赛，就在伯纳乌到处请客送礼想把库巴拉救出“球监”时，报纸上刊出一则爆炸新闻：官宣！库巴拉加盟巴萨！

关于这桩离奇的签约有两种说法：一种说法是巴萨在酒吧把库巴拉灌醉，然后拿出一张合同告诉他这是皇马的合同，于是库巴拉就签了；另一种说法是巴萨在火车上把库巴拉灌醉，忽悠他说这车开往马德里，等到库巴拉酒醒了，发现自己已经到了巴塞罗那。不管哪种说法是真的，在这桩转会中，头功都应该记在酒精身上。

1950 年 6 月，库巴拉正式签约巴萨，他拿到 1200 比塞塔的月薪外加 3800 比塞塔的生活补助，这两项都是西甲的顶薪。至于禁赛……没关系，为了签约这个世界级的球星，佛朗哥决定这次站在巴萨一边。于是，他亲自开绿灯给库巴拉办理了政治难民，然后又免除了一系列程序，直接让库巴拉加入了西班牙国籍。这样一来，库巴拉理论上就是个西班牙人了，可以不再受匈牙利足协的管辖。

好吧，佛朗哥你赢了。

就这样，库巴拉在1951年4月29日上演了自己在巴萨的处子秀，并且第一个完整赛季就帮助球队拿到了五冠王。甚至库巴拉还导致了巴萨提前开启了新球场的建设计划，因为想看库巴拉踢球的球迷太多，之前的大教堂球场已经不够用了。

就在巴萨一切都蒸蒸日上的时候，皇马开始坐不住了。毕竟，皇马球场也建了，贷款也欠了，但是还是没能走向西班牙足球的巅峰。于是，皇马开始满世界找巨星。终于，一个阿根廷人出现在了皇马面前……

他就是，迪斯蒂法诺。

迪斯蒂法诺，巴萨心中永远的痛

原本被皇马看上的库巴拉最终被巴塞罗那截和，给加泰罗尼亚足球带来了一个五冠王。皇马每次想起这事儿，都跟吃了苍蝇一样。毕竟，西班牙内战结束的14年里，巴塞罗那5夺联赛冠军，马德里竞技4夺联赛冠军，就连瓦伦西亚、塞维利亚也先后加入了联赛冠军俱乐部……而皇马，作为一家身边有政府帮衬、头上有御赐“皇家”顶戴的VIP玩家，在此期间账本上竟然只登记着两座国王杯！这事儿不讲究，太不讲究了！

于是，皇马高层开始寻找一个能像库巴拉一样撑场子的巨星。与此同时，巴萨的日子也不太好过，因为库巴拉加盟的第三个赛季（1952—1953赛季）患上了肺结核，被迫去一个小山村疗养。离开巴萨的库巴拉，体重掉了6公斤，肺活量下降了近1/3；而缺了库巴拉的巴萨，赛季过半竟然只在联赛中排到了第15名。所以，巴萨也琢磨着找个能代班库巴拉的新核心。

就这样，西班牙足球的两大巨头开启了全世界海选之路。好消息是，这个世纪大彩票很快就出现在了两家俱乐部的视野里。坏消息是，他们两家看上的是同一个人——

阿根廷人，迪斯蒂法诺。

【一个球员，两个东家】

1952年，皇马迎来了建队50周年的大日子。为了给皇马祝寿，来自哥伦比亚的百万富翁队来到新查马丁球场（1955年开始改名为伯纳乌球场）和皇马踢了一场友谊赛。在那场比赛里，迪斯蒂法诺不仅梅开二度而且展现了极为精湛的球技：行动敏捷、脚法秀丽、想象力十足、跑动一个顶仨、几乎能胜任场上任何位置。迪斯蒂法诺的表现像一桶行走的荷尔蒙点燃了整个看台，所有人都为他如醉如痴。其中，就包括坐在贵宾席上的皇马主席伯纳乌和巴萨主席卡列托。

于是，足球史上最复杂、隐秘、奇葩、让人哭笑不得的转会大戏开始了。这出戏的开局并不顺利，因为大家发现迪斯蒂法诺的身份特殊——他同时隶属两支球队，哥伦比亚的百万富翁队，以及阿根廷的河床队。啊哈？竟然还有这种操作？是的，还真有。

这事儿还要从1929年的全球经济大萧条说起。那次严重的危机导致阿根廷的经济局势出现了断崖式下降，国内各种罢工也跟着波涛汹涌。二战开始之后，随着阿根廷往欧洲的农产品出口被切断，国内经济形势更是雪上加霜（此处省略一千字，总之就是很惨）。等到二战结束，一切才回到正常的轨道。1946年阿根廷总统庇隆开始实施国有化改革，到了1947年7月政府骄傲地宣称，阿根廷已经偿清了所有外债。然后政府开始给民众发放胜利果实：在1946年至1950年，劳工工资在国民总收入中的比重增长了25%。

然而，在国民工资收入普涨的情况下，球员工资却一直没怎么涨。球员们表示这事儿实在不公平，所以1948年阿根廷球员工会就组织球员们进行了一次大规模的集体罢工。联赛停摆，球队闲置，大批没球可踢的阿根廷球员纷纷选择加盟哥伦比亚等邻国的联赛。当时效力于河床队的迪斯蒂法诺也是背井离乡讨生活的球员之一，而他选择的下家，正是哥伦比亚的百万富翁队。

于是，问题来了。由于哥伦比亚当时还不是国际足联成员，哥伦比亚联赛也没得到国际认证，所以并没有什么官方交易和转会证明。再加上迪斯蒂法诺是自己单方面决定离开河床的，所以他这个操作到底是转会还是租借根本就是笔糊涂账。

面对这种情况，作为母队的河床当然不乐意，一纸诉状把迪斯蒂法诺连同百万富翁队一起告到了国际足联。国际足联本着能和稀泥就绝不得罪人的原则，做出裁决：迪斯蒂法诺可以暂时效力于百万富翁队，但他的所有权将在1954年10月15日那天自动归还给河床。这裁决一出，百万富翁队也不乐意了：“迪·斯蒂法诺是自己愿意来的！我们又没有违规操作！我们还提前支付了他4000美元的薪水！退钱！退钱！”

在这场拉锯战中，迪斯蒂法诺逐渐变得里外不是人，各种来自故乡的和异乡的咒骂让他仿佛时刻都身处于“键盘侠”的包围之中。就在去皇马主场秀脚法之后不久，身心疲惫的迪斯蒂法诺做出了一个惊人的决定：退役！

然后皇马和巴萨表示：别啊……

【退役干什么，好日子才刚开始呢】

为了把迪斯蒂法诺从提前退休的泥潭中拯救出来，巴萨主席卡列托先动手了。他派出两名巴萨高层兵分两路去阿根廷，一路去找迪斯蒂法诺，劝他“太阳每天依旧要升起，希望永远种在你心里”；另一路直接杀到河床总部，以400万比塞塔（约合10.33万美元）的价格谈妥了迪斯蒂法诺的转会费。

球员谈妥，河床谈妥，万事俱备只欠百万富翁队点头。而在巴萨眼里，搞定百万富翁队那压根就不是事儿。毕竟房主和房子都同意了，你一个租客还能作什么妖！于是，信心百倍的巴萨高层支票一挥把400万比塞塔打到了河床账户上，然后在 1953 年 5 月 22 日这天把迪斯蒂法诺和他的老婆孩子一起接到了巴塞罗那，并向媒体宣布球员即将加盟的消息。

就这样，迪斯蒂法诺如愿以偿地和巴萨新队友见面，合练，参加了三场友谊赛。然后，就没有然后了……因为，百万富翁队始终没点头。虽然巴萨派出一名叫特里亚斯·法里斯的律师去哥伦比亚和百万富翁队谈判，但是他谈了仨月，愣是没谈成。

其实，并不是法里斯业务不精，而是遇到了咱们“路人局”经常碰见的场景。最开始百万富翁队向巴萨要 4 万美元的转会费，法里斯愣是给人家一路砍价砍到了 2.7 万美元。然而正当双方就要达成协议的时候，一名“猪队友”加入了战队，他就是巴萨主席卡列托。

就在双方签合同的关键时刻，卡列托亲自飞到了哥伦比亚拒绝了这笔交易。他的理由是：“到了 1954 年 10 月 15 日那天迪斯蒂法诺就要归还给河床了，所以我们可以耗他 16 个月，等到他回归河床之后再直接跟河床交易，根本没必要给百万富翁队这 2 万多。”现在要是让一个顶级球星歇个一年半载，恐怕无论是出钱的俱乐部还是球员自己都不得不妥协。但在二战还没过多久的那个贫乏年代，巴萨这位主席宁愿让“救世主”主动禁赛一年多，也想从牙缝里省下尽量多的资金。

眼瞅这交易要告吹，百万富翁队也着急了。他们名字虽然叫百万富翁，但并不代表着就能衣食无忧快乐潇洒一辈子啊。更何况，当年迪斯蒂法诺来的时候就纳了个投名状，没花球队一分钱的转会费，现在人反正是留不住了，他们当然想能赚一个算一个。于是，百万富翁队开始和卡列托讨价还价。

百万富翁队：算你狠！转会费给我们 1 万美元行不行?

卡列托：不行。

百万富翁队：（咬牙）我们不要转会费了，你把我们给迪斯蒂法诺预支的 4000 美元工钱结了行不行?

卡列托：不行。

百万富翁队：我们啥也不要了，让我们和巴萨打场友谊赛，收入归我们，这总行了吧?!

卡列托：不行。

百万富翁队：那……我们和皇马签约了。

卡列托：啥?

这下，巴萨傻眼了。

【皇马？你们什么时候来的?】

——据国际足联官网后来的文章披露，皇马主席伯纳乌在那场和百万富翁队的友谊赛之后，就将迪斯蒂法诺视为“皇马必须在圣诞节得到的玩具”。

——据 1953 年 4 月皇马董事会的会议记录：“皇马无法容忍自己在错失库巴拉之后继续错失迪斯蒂法诺，所以要竭尽全力签下这名球员。”

也就是说，皇马早在巴萨把迪斯蒂法诺带到西班牙之前，就已经对这张已经刮出了“等奖”俩字的大彩票虎视眈眈，并且开始行动了。后来，时任百万富翁队主席的阿方索・西尼尔告诉记者：“我们和巴萨谈判时，皇马派人对我们说，他们愿意为迪斯蒂法诺开出任何报价。”而这一切，巴萨高层浑然不知，他们还在忙着和百万富翁队为了那仨瓜俩枣的费用讨价还价。

于是，在短短三个月之间，巴萨和皇马都宣布了迪斯蒂法诺的加盟，巴萨是从河床队买的，皇马是从百万富翁队买的，一个河床和富翁共有的球员现在变成了巴萨和皇马共有……原本就在“忠臣不事二主”的旋涡里挣扎着想要退役的迪斯蒂法诺，这下跳进了一个死敌之间更大更激烈的旋涡，心理阴影面积呈几何倍数增长。

更关键的问题是，一个人真的没办法掰成俩，所以迪斯蒂法诺无法为任何一支球队效力。眼瞅着迪斯蒂法诺再不签合同就要被遣返回国了，巴萨想出了一个折中方案：“把迪斯蒂法诺卖给尤文图斯！”（尤文：啥？原来天上真的会掉馅饼?）然而，斯蒂法诺现在是皇马巴萨共有的球员，巴萨想卖就要征得皇马的同意。显然，皇马不同意。

第一个方案不成，巴萨很快又想出了另一个折中方案：“那球员我就不要了，我和河床解除合同，我只想要回自己那 400 万比塞塔的预付款。”然而，河床也不同意。

心累。

很明显，在这出闹剧中，巴萨是更想抽身离开的那一方。经过内德和羽则同学的讨论，以及大量英文、西班牙文书籍的考量，认为这其中或许有下列三个原因：

其一，巴萨不想折腾了。几个月的糟糕操作已经导致巴萨高层的派系之争彻底公开化，法里斯指责卡列托搅黄了一切，巴萨副主席卡雷拉斯甚至想抛开卡列托和百万富翁队重启会谈。要想大家都安分下来，最好就是不要再蹚这趟浑水。

其二，在转会进入胶着状态时，他们的台柱子库巴拉已经治好了结核病，并且把半程只位居第 15 名的巴萨重新又带成了冠军队（论“大腿”的不可替代性）。这时候，他们已经不那么迫切地想得到迪斯蒂法诺了。

其三，在整个转会进程中，巴萨似乎又在皇马身后隐隐约约地看到了佛朗哥的影子……

【足球，再一次上升到了政治高度】

在事情过去很多年后，有不少当时的巴萨高层出来为卡列托的愚蠢行为辩白。据时任巴萨副秘书长佩尔蒙耶尔的儿子说："卡列托受到商务部的威胁，让他退出斯蒂法诺的争夺战，还有一些巴萨董事会的成员遭到了跟踪和窃听。"巴萨的前主管何塞普·米古艾拉说："卡列托的朋友透露，当时卡列托接到了政府的电话，威胁他如果不放弃斯蒂法诺就要去调查他的资金来源和在摩洛哥的产业。"

但是，这些都属于巴萨高层的单方言论，时至今日已经无法证实。如今有充足史料证明的只有三点。

第一，巴萨在签下迪斯蒂法诺之后，西班牙仲裁局曾经宣布："迪斯蒂法诺留在巴萨并不合法。"第二，皇马上下奔走，已经为迪斯蒂法诺在西班牙国家体育仲裁局争取到了新赛季的出场许可，为谁效力则另外再议。第三，2012 年 5 月，一个当年编号为 51/19035、封面有长枪党（佛朗哥的政党）标识、名称为"迪斯蒂法诺"的档案盒被神奇的媒体公之于众。

档案里，存放着时任西班牙足协主席的乔·达维拉、时任长枪党秘书长的雷蒙多·费尔南德斯和当时在佛朗哥政府中负责体育事务的何塞·莫斯卡多将军三人之间的书信版聊天记录。这些未清除的聊天记录里记载着：由于国际足联已经开始介入此事，再继续调查下去会影响西班牙的国际形象，所以当局决定发布一条禁令，去彻底结束这场迪斯蒂法诺的抢夺大战。

于是，1953 年 8 月 24 日西班牙国防部（注意，是国防部而不是足协）宣布：从即日起，西班牙俱乐部禁止签约任何外国球员。好吧，让你们闹，现在大家都别玩了。

这回，着急的可不只是皇马和巴萨了。首先是西班牙人和巴拉多利德向西班牙足协和国防部递交了解封申请："警长乱抓好人，他俩犯事儿，我们为什么跟着被关小黑屋！"然后其他俱乐部也陆续要求解除禁令，以便继续引援。

最后，皇马和巴萨也头一回站在了一起，这哥俩儿一起致信前面提到的莫斯卡多将军，请求解除转会禁令，并且言辞极为恳切："我们深知您的公正和仁慈，相信您会为西班牙足球考虑。谢谢您，我们感激您对西班牙足球的付出。"

当局和足协一看大家都服软了，就决定趁火打劫，哦不是，趁热打铁，给大家指出一条解决迪斯蒂法诺问题的"康庄大道"：既然大家都不能完全得到斯蒂法诺，那你们两家就共享吧。

你看，现在的共享单车、共享汽车、共享充电宝都不算什么，人家西班牙政府早在 60 多年前就搞出共享球员了。

【一项脑洞大开的解决方案】

1953 年 9 月，西班牙体育部部长亲自出面，把一份迪斯蒂法诺的共享协议摆在了皇马和巴萨的面前。协议规定：迪斯蒂法诺在 1953—1954 赛季去皇马效力，1954—1955 赛季去巴萨效力，1955—1956 赛季再为皇马效力，然后 1956—1957 赛季再为巴萨效力……也就是说，迪斯蒂法诺每年都要在马德里和巴塞罗那之间搬一次家，每个赛季都要重新适应球队和新旧队友，每次参加国家德比之前都要看一下自己身上球衣的颜色才能决定把球传给谁。

为了让这共享协议更加美好和谐，协议的最后一款还写着："两位主席共同承诺，将尽最大努力巩固和发展体育友谊。"至于共享完这四年之后迪斯蒂法诺究竟归谁，西班牙足协表示——今日事今日毕，四年之后的事你问我作甚。

就这样，足球史上最奇葩、脑洞、精神分裂的转会方案诞生了！它是足球界的走婚政策，它是交易界的麻将轮庄，它用一名球员的回合制①效力，为两支不共戴天的球队搭建了一座充满想象力的友谊桥梁！观众朋友们，让西班牙听到你们的掌声！为这一极具前瞻性、开创性、革命性的跨时代发明鼓掌！

反正在当时，尽管这份共享方案十分荒唐，但皇马和巴萨还是接受了。因为面对政府的干预时，他们全都没有选择。1953 年 9 月 15 日，两家俱乐部一起在协议上签字，国防部随即宣布解除转会禁令，大家又可以开心地签外援了。

在协议签订一周后，卡列托辞去了巴萨主席的职务。因为这表面上公平的共享，在巴萨高层和球迷看来是一份彻头彻尾的不平等条约。毕竟，迪斯蒂法诺已经在巴塞罗那待了接近 4 个月，还穿上了巴萨球衣踢了三场友谊赛。而现在，他们却要和皇马共享这名球员，而且还是皇马先坐庄。

于是，在卡列托辞职之后，巴萨董事会临时搭的那个草台班子立刻就做出了一个半抗议半赌气的决定：他们把迪斯蒂法诺的另一半所有权也卖给了皇马，售价为 440.5 万比塞塔。最终，皇马一共向横跨大西洋的三家俱乐部支付了 575 万比塞塔，约合 14.84 万美元，以创当时世界足球转会纪录的价格签下了一个完完整整的迪斯蒂法诺。在卡列托辞去主席的第二天，也就是 1953 年 9 月 23 日，迪斯蒂法诺抵达了马德里，从此再也没穿上过巴萨的球衣。

迪斯蒂法诺签订完正式合同的 3 天后，他迎来了自己在皇马的第一场比赛。最终，他梅开二度帮助皇马以 5∶0 的比分战胜了"短期老东家"巴萨。对于那场比赛，当时的报纸开启了疯狂的"迪吹"模式："整个球场都装在他的鞋中，从他的脚下发芽生长。他在两翼间换位，在两个球门间不停奔跑，他用足球改变

① 回合制：一种游戏进行的方式，当一方行动完毕后再轮到另一方行动。

着节奏，既能闲庭信步，又能衔枚疾走。他高昂着头，放眼整个球场，如疾风般突进，不断撕开对手的防守空当……”

不是针对谁，如今的大部分“罗吹”和“梅吹”，其实都没半个多世纪之前的老前辈们吹得溜。

而当时的迪斯蒂法诺，确实配得上一切华丽辞藻的吹捧。在迎来迪斯蒂法诺的第一个赛季里，皇马拿下了西甲的冠军奖杯，打破了长达21年的联赛冠军荒。从此之后的11年时间里，迪斯蒂法诺在396场比赛里打入了308球，帮助皇马赢得了5座欧洲冠军杯、8座西甲冠军杯、1座国王杯和1座洲际杯。

因为迪斯蒂法诺的签约，白衣军团进入了一个崭新的时代。而在5年之后，另一位世界足球史上的传奇前锋同样加盟了皇家马德里，并和“金箭头”组成了当时欧洲最犀利，甚至可能是史上最恐怖之一的锋线组合。

他就是“飞奔的少校”——普斯卡什。

欧冠的起源，皇马的五连冠王朝

事实证明，皇马在迪斯蒂法诺身上付出的所有努力都是值得的，这是一条货真价实的好“大腿”。他共代表皇马出战了 396 场比赛，攻入 308 球，扛着球队 11 年夺得 8 次西甲冠军，后来什么欧洲金球奖、世纪最佳球员、皇马百年历史最佳球员、FIFA 名人堂球员等个人荣誉摆了一墙，队史进球纪录一直保持了近半个世纪才被劳尔打破……

只可惜，虽然迪斯蒂法诺在俱乐部层面俯视苍生，国家队却成了他永远的痛处。他出生于阿根廷，代表阿根廷国家队踢过 6 场比赛，但 1950 年世界杯阿根廷弃权，1954 年世界杯阿根廷没能取得参赛资格；后来他漂泊在哥伦比亚，代表哥伦比亚国家队踢过 4 场比赛，但哥伦比亚当时还没加入国际足联大家庭，所以他的出场被定性为“非正式”；1956 年，迪斯蒂法诺正式加入了西班牙国籍，这次终于为国征战了多达 31 场，然而 1958 年世界杯西班牙在预选赛被淘汰，1962 年他又因伤错过……

总之，在那个国际足联还没搞出球员和国家队“一夫一妻制”的年代，迪·斯蒂法诺曾经为三支国家队征战过，却从来没参加过世界杯。这大概就是传说中的——八字不合。那么问题来了，在那个各路媒体都不发达的时代，既然迪·斯蒂法诺压根没能出现在世界杯的舞台上，那么他为啥却像贝利、贝斯特、贝肯鲍尔等贝式球星一样被世界熟知呢？

因为在 1955 年，欧冠诞生了。

【欧冠，不是一天建成的】

欧洲冠军杯，又名欧洲“捞钱杯”，如今在世界足坛可以说是最受广大人民和赞助商热爱的俱乐部杯赛。别看大耳朵杯现在这么受欢迎，当年这项杯赛刚刚萌芽的时候，其实并不受国际足联和欧足联待见。因为，这杯赛当初并不是官方组织的。

故事的开头就像大部分竞技体育的发展史一样：足球越来越受欢迎，各国都逐渐有了自己的联赛、自己的冠军、自己的明星，那么到底谁家的俱乐部更强呢？虽然两支俱乐部之间可以进行友谊赛分个强弱，但没有一个官方的比赛把所有强队召集到一起，就没办法看出自家俱乐部在全欧洲的名次。假设巴萨 3∶1

赢了拜仁，拜仁 2∶1 击败了尤文，尤文 2∶0 完胜阿森纳，阿森纳 1∶0 绝杀巴萨，你告诉我到底谁最牛谁最菜？

于是二战结束后，欧洲足球的主要矛盾，就变成了落后的对战平台和人民群众日益增长的“跨服 PK”需求之间的矛盾。

那么，这事儿为啥国际足联不帮忙解决呢？

其实早在 1924 年，奥地利足协主席迈斯尔就向国际足联提出了组织一帮国际俱乐部团战的伟大构想。但这个想法并没得到国际足联的认可，因为国际足联觉得：“国家队无小事，俱乐部无大事。所以，俺们并不想承接俱乐部赛事这种小单子。”

眼瞅着国际足联指望不上，迈斯尔只能自己动手丰衣足食。1927 年，迈斯尔代表奥地利足协联络了捷克斯洛伐克、匈牙利、南斯拉夫三位中欧兄弟，共同创办了米特罗帕杯（又称中欧杯）。米特罗帕杯每年举办一次，由 4 个创始国分别派出两支俱乐部参赛。后来意大利、罗马尼亚和瑞士等国家先后抵达战场，每个国家派出的俱乐部也增加到了 4 支，这使得米特罗帕杯逐渐成了当时欧洲影响力最大的俱乐部杯赛。

后来，第二次世界大战开打了，米特罗帕杯停办了。二战结束之后，中欧兄弟们元气大伤，直到 1951 年才恢复举办米特罗帕杯。然后大家发现，东欧和西欧、华约和北约，这些政治因素搅在一起谁都感觉不自在。于是，法国、意大利、西班牙和葡萄牙四国足协决定共同搭建一个新的对战平台——因为四个创始国同属拉丁语系，所以被称为拉丁杯。

由于当时各家俱乐部都不富裕，组织方又不能提供路费报销、食宿全免等优惠政策，所以拉丁杯本着节俭办赛的原则制定了两项规则：A. 减少轮次，四国只能派出本国联赛的冠军球队参加比赛；B. 减少交通支出，比赛采取赛会制，由四国轮流当东道主，所有球队在东道国完成比赛。

除了每届比赛决出俱乐部排名之外，拉丁杯还会计算各个国家的总成绩。每届比赛的前四名依次获得 4、3、2、1 个积分，然后以 4 年为一个周期，对各个国家所获得的总分进行统计，从而评选出最出色的联赛。这赛制很有创意是不是！初版欧战积分服不服！

一切准备就绪，首届拉丁杯于 1949 年在西班牙开打。巴萨作为西甲冠军代表西班牙出战，他们一路过关斩将，最终在决赛中以 2∶1 战胜里斯本竞技（现在应该统一叫葡萄牙体育）夺得冠军。更让巴萨球迷开心的是，这届杯赛的决赛场地正是皇马的主场查马丁球场，没有什么比在死对头的地盘上捧起王中王奖杯更爽的事儿了。

虽然拉丁杯总算解决了伊比利亚半岛和法意两国的俱乐部约战问题，还在 1950 年首创了“金球制胜”这种突然死亡规则，但这项杯赛其实和米特罗帕杯一样都有局限性。

其一，拉丁杯只是四国大战，参加的国家太少。

其二，拉丁杯也没有得到国际足联的官方认可，性质还是属于野战 PK。

其三，英格兰人拒绝参加。

哎？第三点是什么情况？

【必须要在英国人身上找到突破口】

其实，第三点对于当时的世界足坛来说非常重要。

从现代足球 1863 年诞生一直到 1929 年，英格兰国家队从来没有输掉过任何一场比赛，绝对是世界足坛的霸主级人物。后来，因为和国际足联之间在要不要给球员发工资这事儿上发生巨大分歧，所以英足总从 1920 年至 1924 年、1928 年至 1946 年两次退出国际足联。由于他们拒绝参加国际足联举办的任何活动，因此也就错过了 1930 年、1934 年和 1938 年的世界杯，变成了一支“圈地自萌”的神秘之师。

然而，就像我们对电影上映版的被删节部分总是抱有巨大兴趣一样，英格兰人虽然退出了江湖，但江湖上还流传着他们的传说。毕竟他们退隐之前是足坛的扛把子，所以大家都觉得：“只要邀请不到英格兰人，任何杯赛的冠军都不能算顶级！”（当然，很快这么想的只剩下英格兰人自己了。）

这时，一个想组织全欧洲范围内俱乐部赛事的人出现了，他的名字叫加布里埃尔·哈诺特。哈诺特当时是法国著名足球媒体《队报》的编辑，他这辈子为世界足球干了两件大事。

A. 1954 年，他提出了欧洲冠军杯的构想。

B. 1956 年，他发起了金球奖的评选。

嗯，这辈子值了。

当然，哈诺特在提出举办欧洲冠军杯这一想法时也面临着邀请英格兰人的战略性难题。只不过突然间，这个难题似乎有了转机。首先是 1950 年英格兰首次跑到巴西参加了世界杯，战胜智利之后以两个 0∶1 分别输给了美国和西班牙，小组赛惨遭淘汰。然后是 1952 年匈牙利在赫尔辛基奥运会上拿到了金牌，曾经拒绝和匈牙利进行友谊赛的三狮军团终于回心转意：好的，你有资格跟我交手了。

——1953 年 11 月 25 日，温布利大球场，在当时被誉为“世纪之战”的这场比赛中，匈牙利以 6∶3 的比分战胜了英格兰，英格兰的 WM 阵型被匈牙利的 3－2－3－2（你也可以称作 MM 阵型）打得落花流水。

为了证明自己并没有走下神坛，骄傲的英格兰人决定在俱乐部上找回尊严。

1954 年 12 月的一场友谊赛，狼队以 3∶2 的比分战胜了匈牙利的冠军球队洪韦德队。英国媒体立刻一拥而上，把狼队称为“世界冠军俱乐部”。看到英国媒体的报道，哈诺特眼前一亮：“啊哈，拉英格兰人入伙的机会来了！”

于是，他立刻在《队报》上撰文激将：“只有等狼队造访布达佩斯和莫斯科之后，我们才能宣布他们是世界冠军。因为他们还要击败其他出色的俱乐部，比如米兰和皇马。”然后，自傲的英格兰人立刻就上钩了，国内媒体和球迷群情激奋，到处回响着“谁怕谁啊！”“跟他们干啊！”的呼声。

哈诺特微微一笑：很好，可以办比赛了。

【来啊，团战啊】

1954 年，哈诺特向欧洲多家著名俱乐部发出了共同办比赛的倡议，各国反响不一。有些球队觉得这杯赛好啊，怎么到现在才组织呢？比如，安德莱赫特。也有球队觉得这种大范围杯赛是在增加球队负担，而且球员工资咋算，来回的火车票谁给报了？比如，巴塞罗那。

其实，在哈诺特发出倡议时，他在西班牙最初想邀请的就是巴萨，因为巴萨既是 1952—1953 赛季的西甲冠军，也是 1952 年拉丁杯的冠军。然而，当哈诺特派《队报》驻西班牙记者卡洛斯·帕尔多联系巴萨时，巴萨高层却表示——不感兴趣。

于是，帕尔多的媳妇建议他再去找皇马问问。结果，皇马副主席萨波塔马上发现了这项杯赛之中潜藏的机遇，并且邀请帕尔多第二天坐飞机来马德里详谈。当帕尔多到达马德里的机场时，看到了皇马派来接他的专车。而当帕尔多坐车到达查马丁球场时，看到了三个迎接他的人——皇马副主席萨波塔、皇马总经理卡尔德隆，以及皇马主席伯纳乌。

会谈过程中，皇马三巨头高度赞扬了这项杯赛的伟大构想，会谈后伯纳乌主席还亲自给哈诺特写了一封表扬信，表达了皇马参赛的积极态度。而会谈的结果很明显：皇家马德里，最终得到了这张首届欧洲俱乐部杯赛的邀请函。

1955 年春天，根据各支球队的综合实力和反馈情况，哈诺特和《队报》总编费朗、执行董事戈代共同拟定了一份包括 18 支俱乐部在内的比赛邀请名单。其中，既包括皇家马德里、安德莱赫特、维也纳快速等当时欧洲足坛的劲旅，也包括 1954—1955 赛季英格兰甲级联赛的新科冠军切尔西。

邀请函的内容是：1955 年 4 月 3 日到 4 日，请大家到巴黎开个会，共商杯赛大业。

反馈的结果令人欣喜，这 18 家俱乐部有 16 家都派人去巴黎开会了。缺席的只有两家：一是苏格兰的爱丁堡爱尔兰人队，他们虽然没派人参加会议，但他们同意参加新赛事；另一家没来的是苏联的莫斯科迪纳摩队，他们的理由是俺们那旮旯天太冷了没法出门……

当然，最奇葩的又是英格兰人。由于时任英足总主席的斯坦利·劳斯明确反对“非国家非城市之间进行的比赛”，以及“不由我们主办的杯赛算什么最高级别杯赛”，所以切尔西虽然同意参赛也派人去巴黎开会了，但是蓝军还是没能参加第一届的比赛。(对英足总有意见的切尔西球迷，请让我看到你们的双手。)

尽管有这么多奇葩，不过并没有影响巴黎会议的胜利召开。在这次会议上，各家代表将新杯赛命名为“欧洲俱乐部冠军杯”，并且讨论确定了赛制、比赛时间、比赛场地、收入分配等各项事宜。会议成立了欧洲俱乐部冠军杯执行委员会，其中，伯纳乌当选为委员会的第一副主席。

会后，委员会写了一封关于会议的总结，把开会的情况分别报告给了国际足联和欧足联。但对于这份报告，两个足联有了不一致的意见。

【国际足联和欧足联的分歧】

当接到这份报告时，欧足联完全没把这项新杯赛放在眼里，既不认可欧洲俱乐部冠军杯执行委员会搭的这套草台班子，也不认为欧洲俱乐部冠军杯能在未来取得成功。

因为，当时欧足联正在全身心地酝酿着自己组织的一项杯赛——国际城市博览会杯。这项赛事的特点是：参赛者代表的是某个城市而不是某个俱乐部，性质上有点儿类似于我们的全运会。

虽然欧足联的态度很傲慢，但对于法国人组织的这个“欧洲俱乐部冠军杯”，国际足联却有不同的看法。这主要是因为，1954 年的瑞士世界杯赛首次进行了电视转播并且大获成功，让国际足联看到了俱乐部赛事暗藏的商机。

所以，作为开源道路上的“老司机”，国际足联建议欧足联：“你们应该亲自组织欧洲俱乐部冠军杯，这个聚宝盆跑了你要悔一辈子的!”欧足联琢磨着总得给国际足联面子啊，所以就勉强接受了上级的建议。

于是，1955 年 5 月欧足联在巴黎召开会议。会上，欧足联宣布接管“欧洲俱乐部冠军杯”，并将这项赛事改名为“欧洲冠军杯”，要求所有球队都要经过本国足协的批准才能参赛。就这样，欧洲冠军杯从民兵部队正式整编成了正规军。

不过，欧足联这时候仍然心心念念惦记着自己的亲儿子——国际城市博览会杯。为了给博览会杯嫡长子的地位，欧足联特地安排国际城市博览会杯提前 3 个月进行了揭幕战，然后第二场比赛开始和欧洲冠军杯基本同步，这完全就是为了保证亲儿子先出生。

1955 年 6 月，首届国际城市博览会杯率先开打，巴塞尔、法兰克福、伦敦、莱比锡等 12 座城市参加了比赛，巴塞罗那也派出了主要以巴萨球员为班底的“巴塞罗那 11 人队”（整支球队只有一人来自西班牙人队，其他球员都来自巴萨）参加。

1955 年 9 月，首届欧洲冠军杯也正式开赛，皇马凭借着迪斯蒂法诺的优异表现，一路击败了塞尔维特、贝尔格莱德游击队、AC 米兰以及兰斯队，于 1956 年 5 月捧起了足球史上第一座欧冠冠军杯。

1958 年 3 月，“巴塞罗那 11 人队”在决赛中击败了伦敦联队，捧得了首届国际城市博览会杯冠军。而这时候，距离皇马首次拿欧冠冠军已经过去了将近两年……

啥？博览会杯不是亲儿子吗？到底发生了什么？

事情很简单。因为博览会杯的设计初衷是给国际贸易展览会捧场，所以赛制也是配合着展会进程设计的。结果一帮老官僚展会期间举行的大小会议没完没了，导致展会一开就是 3 年，所以比赛也只能跟着踢了 3 年。

——皇马夺得首个欧冠冠军的时候，博览会杯的小组赛才打了一半。

——皇马夺得第二届欧冠冠军的时候，博览会杯刚刚结束小组赛。

——皇马第三届欧冠都打到半决赛了，博览会杯终于决出了首届冠军！

来，让我们呱唧呱唧。

虽然巴萨成了继皇马之后第二支拿下欧洲冠军的球队，但经过 3 年的拖沓，欧洲冠军杯的地位已经蹿升至欧洲之巅，皇马也因为连续 3 年的夺冠成为名副其实的欧洲俱乐部之王。而另一边，博览会杯也一直举办着。直到 1971—1972 赛季，这项杯赛正式被更名为欧洲联盟杯，也就是欧联杯的前身（然而欧足联一直都不承认）。

唉，巴萨心里苦，巴萨没法说。

说到这里，大家可能会有个疑问：既然欧冠影响力越来越大，博览会杯的赛制又如此松散，为啥巴萨不改道也去参加欧冠呢？

这主要是因为，欧冠除了首届是邀请赛之外，之后几届参赛队都必须是各国的联赛冠军或者是欧冠的卫冕冠军。而在首届博览会杯的那三年里，巴萨并没有联赛冠军入账，所以也就没有资格参赛。唯一有机会参赛的首届欧冠，前面提到了，巴萨高层把“邀请码”扔给了皇马。

终于，到了 1958—1959 赛季，巴萨看到了把皇马拉下马的机会。一是因为这赛季他们拿到了阔别 6 年的联赛冠军，有了参加征战下赛季欧冠的资格；二是因为皇马的核心迪斯蒂法诺这一年已经 32 岁了，已经快到了状态走下巅峰的年龄。

而恰恰在这个赛季，皇马迎来了一个新球员的加盟。这个球员已经 31 岁了，而且还是个超重的胖子，他的名字叫：普斯卡什。

【飞奔的少校】

普斯卡什之所以被称为“飞奔的少校”，是因为他当时效力的洪韦德是一支匈牙利军队旗下的球队，类似于我们曾经的八一队。因此，这支球队的球员是会被授予军衔的。不过，“飞奔的少校”这一名号，早在他加盟皇马之前就已经在世界足坛打响了。

这一方面是因为他在效力匈牙利国内联赛期间，11 年里在各种比赛中打进了 512 球，到现在仍然是匈牙利历史上的最佳射手。另一方面，是因为他所在的匈牙利国家队战绩显赫。前面提到了，1953 年 11 月匈牙利在温布利球场以 6∶3 的比分战胜了英格兰，结束了英格兰队在本土 90 年不败的神话。后来英格兰人很不服气，第二年就主动和匈牙利约战想找回场子。结果，匈牙利在主场把英格兰灌了个 7∶1。

那可是现代足球开天辟地的一代宗师英格兰啊！匈牙利人竟然主客场两回合把英格兰人踢了个 13∶4 啊！这下，全世界都震惊了。

在这种背景下，匈牙利队顶着“世界最佳球队”的光环参加了 1954 年的瑞士世界杯。他们在首场比赛中以 9∶0 的比分狂胜韩国队，在第二场比赛中又以 8∶3的比分战胜西德队。然而，普斯卡什在这场比赛中却被西德队的后卫踢伤下场，错过了对阵巴西和乌拉圭的两场比赛。

虽然普斯卡什在决赛带伤复出并且攻入一球，但他明显脚步沉重，行动迟缓。最终，匈牙利在两球领先的情况下被西德队逆转，痛失冠军。赛后，匈牙利媒体围绕普斯卡什口诛笔伐：“有伤为啥还要上场？”“拖累球队了吧！”“为了自己拿到世界冠军不顾球队利益！”“球霸！球霸！”

这下，普斯卡什彻底心凉了。这一凉不要紧，等到普斯卡什第二次参加世界杯时，他身上穿的已经变成了西班牙国家队的战袍……

等等，我们错过了什么？

时间调回到 1956 年。那一年，匈牙利十月事件爆发。事件发生时，普斯卡什正代表洪韦德队和毕尔巴鄂竞技踢欧冠。赛后，由于国内形势混乱，普斯卡什和一些队友拒绝回国。“你作为‘八一队’的一员竟然拒绝回国？”匈牙利足协一怒之下把普斯卡什告到了欧足联。欧足联裁决：普斯卡什禁赛两年。

在这两年期间，普斯卡什无球可踢，成了史上最牛的待业青年。咱们都知道，如果你心情郁闷又没有工作，那多半对食物是没什么抵抗力的。于是，等到他重新出现站上绿茵场时，大家惊讶地发现，“飞奔的少校”已经默默“发育”成了一个“跑不动的胖子”。一上体重秤，他比两年前重了 18 公斤。

31 岁的年龄，接近 40 斤的肥肉坠在身上，这种球员谁还敢要？

结果，皇马主席伯纳乌大手一挥："我要!"皇马董事会成员面面相觑，喷出一口老血，想现场给主席表演个胸口碎大石。然后，伯纳乌默默地看完了董事会的表演，再一次——就像当年执意建球场一样，不顾董事会的反对，坚决地以1.6万美元的签字费签下了普斯卡什。

事实证明，伯纳乌又一次做出了明智的选择。

据普斯卡什当时的皇马队友阿曼西奥回忆说："普斯卡什胖得像个孕妇，而且只在自己位置的5米范围内活动。"如今我们会把这样的球员称为懒蛋、散步侠，但当年普斯卡什的队友却必须选择原谅他。因为，普斯卡什就在自己那半径5米的黄金圈里，踢出了不可思议的数据。

在效力皇马8年期间，普斯卡什出场262次打入242球，39场欧冠一共进了35球，4次夺得西甲最佳射手。而且，他还是著名的大场面先生，两次在西班牙国家德比中上演帽子戏法，至今仍是唯一一位在伯纳乌球场和诺坎普球场都上演过帽子戏法的皇马球员。迪斯蒂法诺说："只要把球传给普斯卡什，你就可以欢呼进球了。"

此外，普斯卡什为人和善，是个不折不扣的暖男，又在加盟皇马的前6个赛季里年年进球20+。所以短短几年时间，从队友到球迷，全都对普斯卡什从不信任变成了花样吹。不变的只有普斯卡什自己，他依然是个胖子。

1960年，33岁的普斯卡什迎来了人生中的最高光时刻。带着被巴萨夺去联赛冠军的郁闷，作为欧冠卫冕冠军参赛的皇马在1959—1960赛季的欧冠半决赛中成功淘汰了巴萨。在决赛中，法兰克福开场就先进一球而且还打中了一次横梁。而之后的比赛，就在齐达内后来上演天外飞仙的苏格兰汉普顿公园球场，皇马开始了自己的表演。

赛后，《法兰西晚报》把这场比赛比喻成一台"芭蕾舞剧"。当时年仅19岁的弗格森在现场看了比赛，后来他回忆说："那是我这辈子看过的最精彩的比赛。"最终皇马7:3战胜法兰克福，迪斯蒂法诺进了3球，普斯卡什进了4球，皇马成就了欧冠五连冠!

虽然如今仍有许多人觉得皇马的前五个欧冠冠军含金量不够，比如当时只有联赛冠军能参加，所以很多高水平球队被拒之门外，比如当时的足球强国苏联因为政治因素没有派队参加前五届欧冠……但我们回过头来再看这段历史，会在皇马的手下败将里看到兰斯（曾经是大巴黎加强版）、佛罗伦萨（单赛季不败获得意甲冠军）、AC米兰、曼联、巴萨、马竞这些伟大的名字，还有方丹、老马尔蒂尼、瓦瓦、皮安托尼、荣凯、拉马列茨、柯奇士、库巴拉这些著名的球星。

更重要的是，在这五年里，欧冠逐渐从后妈养的孩子变成了欧洲足球俱乐部公认的最高荣誉。而皇家马德里的名号，也因为这无与伦比的五连冠，永远铭刻在欧洲冠军杯之上。

CHAPTER 2

西班牙足球生态圈

西班牙皇家足球协会

主队输球之后，很多球迷都要找个渠道来发泄一下心中的怨气。那么，枪口对准谁呢？一般情况下，球员发挥不佳骂球员，教练谜之布阵骂教练，高层瞎折腾的骂高层。但由于大家对足球的理解各不相同，无论是骂哪个都容易受到“人蜜”① 的反击，还动不动就受到“你行你上”主义者的谆谆教诲。

因此，根据我们潜伏在各大主流足球媒体评论区中多年的观察与总结，最安全且最容易引起共鸣的办法是：骂足协。现在，就让我们走近西班牙足协，来深入了解一下这个被各路西甲球迷轮着骂的神秘组织。

【主席有风险，请揣好良心】

西班牙皇家足球协会，位于马德里附近的拉斯罗萨斯市，全称为 Real Federación Española de Fútbol，简称 RFEF，国内俗称为西足协。等等，放下枪！西足协名字里真的自带“皇家”二字，我们真的没有别的意思。

说到西班牙足协，先得介绍一下他们的生平简历。西班牙足协 1909 年呱呱诞生，同年开始管理西班牙境内的足球比赛，1904 年加入国际足联，1954 年加入欧足联开始正式管理西班牙各级别的国家队。等等，放下你们打算吐槽的念头！因为西班牙足协的部分创始成员代表西班牙足球界参与了国际足联在巴黎的诞生，所以现在各大官网上记载的他们加入国际足联的时间比自己的诞生时间还要早五年，可以算是在娘胎里就加入了国际足联大家庭。

这么一个历史悠久、权力不小、皇家冠名的机构，自然有很多人盯着足协主席的宝座。从西班牙足协 1913 年开始设立这个最高职位以来，前 75 年的时间流水般走过了 22 位主席，最长的一位任职了 9 年，而大多数人都只待了 1 年到 2 年，连屁股还没坐热就被人挤下了台。主席像走马灯一样换来换去，导致西班牙足球从大政方针到职员更替都缺乏长期连续的计划，这曾经被很多人视为西班牙足球天才辈出，国家队却始终没什么好成绩的重要原因之一。

不过，1988 年上任的比拉尔改变了这一切。这位土生土长的巴斯克人从小加入了毕尔巴鄂的青训营，后来作为主力中场代表巴斯克雄狮参加了 291 场正式

---

① 人蜜：喜欢球星个人超过球队的球迷。

比赛并有8粒进球入账，还在西班牙国家队有过22次出场经历。

和大部分退役后想要当教练写专栏的球员不同，比拉尔有着“从CCTV5走向CCTV1”的远大目标。所以，他在职业生涯的最后几年一直在研读法律专业，还参与了1978年西班牙球员工会的创立全过程，从知识武装到政治资本，很快都攒满了经验值。退役后，他经过地方足协的磨炼并被推荐到了西班牙足协工作，最终于1988年成为了第23任主席。然后，一当就是29年。先辈在上，皮主席①请加油。

【比拉尔的功过是非】

在任职的近30年时间里，比拉尔做出了很多让人称道的决定。

其一，抓青训。作为毕尔巴鄂竞技球队的名宿，比拉尔整个球员生涯都目睹了球队满世界地寻找会踢球的巴斯克孩子，所以没有哪个官员能比他更了解发展青训的重要性。于是，他上任之后立刻加大了足协对于青少年足球赛事的投资，也让西班牙国家队在世界杯上的成绩从小组赛到此一游的水平逐渐稳定到了淘汰赛阶段。

其二，发奖金。参与球员工会创立的经历，使得他在给国家队球员发赢球奖金时从不吝啬，经常突然大开钱包满地撒钱，这一点受到很多明星球员的欢迎。

其三，润滑剂。职业球员的出身让他在圈内收获了广阔的人脉，比如博斯克就曾说“比拉尔是我最好的朋友和同事之一”。而且，受惠于毕巴名宿的身份，他在皇马与巴萨的激烈竞争以及尖锐矛盾中，数次起到了缓冲层的关键作用。

以上这些功绩使得比拉尔被誉为“西班牙足球教父”，国家队在2010年前后统治世界足坛更是让他饱受赞誉。眼瞅着退休临近，等待比拉尔的将是著书立说树碑授奖然后把自己的名字永远镌刻在西班牙足球的荣誉册上……

然而，他被警察叔叔抓走了。

是的，自古政坛多陷阱，权力越大，诱惑也就越大。或许是因为功成名就之后的自我膨胀，让比拉尔的身边出现了无数关于受贿的传闻。2012年，西班牙国家队某个赞助商因为资金困境终止了赞助协议，结果却是足协率先违约支付了2000万欧元的违约金，让这个赞助商得以全身而退。很多人都认为，这就是比拉尔在背后搞鬼。

而比拉尔的儿子戈尔卡，也同样加入了“薅羊毛”的队伍之中。他以国际著名律师的身份先后成了3任南美足联的法律顾问，正是借着这层关系，西班牙国家队在2010年拿下世界杯冠军之后，数次来到美洲参加各种友谊赛和商业活

---

① 皮主席：指皮克，因为经常发表管理方面的言论，被球迷戏称为皮主席。

动。据说，比拉尔和他的儿子在这一过程中收取了价格不菲的“介绍费”，甚至有媒体把西班牙国家队形容为“比拉尔的家族生意”。

2017 年 7 月，西班牙最高法院发起打击贪腐专项行动，国民警卫队逮捕了比拉尔和他的儿子、足协副主席巴德隆、特内里费地方足协秘书长埃尔南德斯。就这样，比拉尔 29 年的主席生涯宣告终结，这时候距离他最近一次连任成功才过去了短短两个月的时间。

有句经典名言怎么说来着？莫伸手，伸手必被抓。

不过，比拉尔的一系列罪名基本都是中饱私囊的经济犯罪，并没有传出什么影响西班牙足球竞技水平的暗箱操作。因为在西班牙足协，关键操作是大家一起说了算的。

【没了主席，还有议会】

虽然主席是西班牙足协的最高领导人，但他并没有一手遮天的权力。因为西班牙足协作为一个协调全国足球事宜的民间组织，足协大会才是他们的最高管理和代表机构。这就意味着，比较重大和严肃的事情都得通过集体的民主投票来做出决定。那么，怎么获得这宝贵的投票权呢？

方法一，自带尊贵出身。就像很多创业公司的老臣都有干股一样，在西班牙足协创立时就参与其中的 20 个初始成员始终保持着自己的席位。还记得本书开篇中提到的卡洛斯·帕德罗斯吗？作为建立皇马的加泰两兄弟之一，他在西班牙足协的成立过程中起到了组织串联的关键作用。正是由于帕德罗斯的特殊贡献，让皇马如今还手捧着足协大会这 20 个铁饭碗之一。

方法二，想投票先参选。足协大会剩下的 120 个席位，通过每四年一度的非公开投票产生。西班牙足协官方明文说明：“大会的选举时间要和奥运会举办的年份保持一致”，这是什么个道理？

足协大会选举出来的 120 个席位分为五个大项：地区足协、俱乐部、球员、裁判、教练。除了地区足协之外的每个大项再分成职业与非职业两个小项，每个小项之间分别展开竞争决出金牌，持有金牌的就可以拿到一个大会席位。好吧，他们可能就是这么和奥运会联系在一起的。

在目前的西班牙足协大会成员中，通过投票选出的职业俱乐部代表包括巴塞罗那、马德里竞技、拉科鲁尼亚、马拉加、拉斯帕尔马斯等。再加上皇家马德里等足协的创始成员，实际上所有的西甲俱乐部都按照惯例在大会的成员之列。也就是说，巴萨球迷完全不用担心皇马在足协的铁帽子亲王地位能给他们带来什么不可告人的优势，除非巴萨自己降级……

而在西班牙足协大会的职业球员代表中，也有一些我们熟悉的名字。和西甲俱乐部直接赢在起跑线上不同，这些球员真的是因为人品和智商得到了普遍的好评，才通过投票占到了坑位。比如塞尔塔前锋阿斯帕斯，以及毕尔巴鄂竞技后卫德马科斯。又比如前塞维利亚队长伊沃拉，没错，他已经在 2017 年夏天转会去了英超的莱斯特城，但他依然还是足协大会的成员之一。不过在大会真的需要投票表决时，估计这票肯定是弃权了。

当然，这个成员大会显然是在重要的时刻才会发挥作用，比如足协主席大选、确定每年的财政预算、修改国王杯的赛程或者规则，还有在给西班牙国家队找主帅时能够提供什么水平的薪水，等等。如果要决定一些简单的日常事宜，还要把这 140 个成员及其代表都叫到马德里郊外拉斯罗萨斯的足协总部——未免也太不绿色经济环保了。

为了大会不必集齐 140 个成员就可以随手解决一些鸡毛蒜皮的小事儿，足协大会还会选出一个由 12 名成员组成的执行委员会，来负责临时修改比赛日程以及决定给足协食堂的厨子开多少钱。这 12 个席位 1/3 归各大区足协主席，1/3 归职业和非职业俱乐部，最后 1/3 分给球员、教练和裁判。顺带一提，在 2017 年的大选中，马拉加俱乐部成了西甲各俱乐部在执行委员会中的唯一代表。然而这并没有起到什么积极的作用，第二年他们就降级了……

【职业和青训两手抓】

主席有了，议会也有了，终于可以开始干正事儿了。在西足协下属有多个专门的委员会，分别负责西班牙足球各项工作的具体落实。

第一，国家队管理委员会，顾名思义就是组织和管理各个级别男女国家队的委员会。比如主帅的人选和友谊赛的对手，就由足协主席提出建议之后再由这个委员会讨论通过，这就是前面提到的比拉尔捞金的渠道。又比如，委员会要根据主教练的要求制定和征召每次国家队比赛日的集训大名单，毕竟从本质上说球员们参加集训是向足协而不是主教练报到。

此外，为国家队的集训与比赛安排好交通、住宿、训练场地等后勤保障，甚至协调不同地区、不同俱乐部球员之间的关系，都是这个团队必须完成的工作。在皇马和巴萨矛盾如此激烈的情况下，拉莫斯和皮克在俱乐部互相攻击，到了国家队却能其乐融融无缝连接，除了拉莫斯和皮克等人以集体荣誉为重的大局观之外，足协在这项工作上付出的努力也必须给个好评。

除了为国争光的男足之外，西班牙足协近些年对于女足的重视也在逐渐提高。虽然西班牙女足目前还没有在国际大赛上取得太好的成绩，但这些年轻的姑娘们已经在欧洲和世界舞台上展现出不输给男足的优秀潜力。

在 2014 年到 2017 年的这四年间，西班牙青年女足在 U19 欧青赛上先是拿到三连亚，然后终于在2017年媳妇熬成婆登顶冠军，在U17欧青赛上同样拿到了3个亚军和1个冠军，在2014年和2016年的U17世青赛上分别收获了亚军和季军。假以时日，来自伊比利亚半岛的石榴花或许也将像他们的男足一样冲出世界走向宇宙。

第二，赛事管理委员会，顾名思义就是负责管理西班牙国内的各项全国性足球赛事的委员会。由于西班牙职业足球在1984年完成了全面改革，因此西甲和西乙联赛在那之后由西班牙职业联盟负责管理和运行，西足协只起到一定程度的协助作用。具体这个协助是什么，我们暂且按下不表，请您往后看。

除了西甲和西乙，其他所有大规模足球比赛都由西足协及其下属足协一肩挑。比如，从西乙B往下的所有低级别联赛，都由西班牙足协下属的地区足协分别组织。又比如，西班牙足协自己要亲自主办四项重要赛事：国王杯、西班牙超级杯、西班牙足协杯、欧洲地区杯西班牙赛区。

【活跃在西班牙的杯赛们】

国王杯是西班牙历史最悠久的赛事，目前西甲、西乙的所有球队，以及成绩较好的西乙B和西丙球队都有资格参加这项杯赛。西班牙超级杯大家都懂的，上个赛季的联赛冠军对阵国王杯冠军，如果有人双冠王，那么对手就是国王杯亚军。

你说国王杯什么的都是职业球队群雄逐鹿的战场，普通大众很难参与其中？好吧，有意思的来了。

西班牙足协杯，所有没有获得国王杯资格或者在第一轮被淘汰的球队，都将参加这个“平民版”的国王杯，对于半职业俱乐部来说这里就是他们展现自我的最佳舞台。还有欧洲地区杯的西班牙赛区比赛，所有业余球员都可以报名参加当地代表队，经过层层淘汰后的优胜队伍将代表西班牙参与第二年欧足联举办的欧洲地区杯。

而欧洲地区杯，就是草根足球的欧冠。2017年7月，代表西班牙出战的卡斯蒂利亚－莱昂自治区队在欧洲地区杯小组赛中1胜1平1负没能出线，来自克罗地亚的萨格勒布代表队最终捧起了冠军奖杯。

这四项全国性比赛还远远不是西班牙足协旗下比赛的全部。他们还负责组织了三项女足赛事：女子西甲、女子西乙，以及女子国王杯。此外，还有一大堆各种各样的非职业青年比赛。别忘了，还有十一人制大场、五人制室内、沙滩足球这三个项目。这些项目每年都会有U18、U16、U14三个级别的全国大赛，而且全都有着对应的女子比赛。参加这些比赛的球员并非来自职业俱乐部的青训营，只要你是青少年的足球爱好者，就来参赛吧。

2017 年夏天，在 U18 女子十一人制和 U18 女子五人制比赛中，加泰罗尼亚代表队和马德里代表队分别捧得了冠军奖杯。这两个地区的足球氛围，真的是让人羡慕不已。

当然，对于一个国家的草根足球和青训培养来说，光是组织全国性赛事是远远不够的。硬件设施的提升和维护，也是足协应尽的责任之一。

【啊，那些让我们羡慕嫉妒的场地】

在马德里足协 2016 年的官方报告中，整个大区内有足协登记在册的 473 块足球场，其中的 64 块球场属于“Tierra 球场”，也就是咱们国内俗称的“土场”。这种泥土球场，大家都知道的——替补席就是两条长长的石凳，门柱早已锈迹斑斑，场边只有免费提供的冷水淋浴，晴天时会尘土飞扬，踢完球身上带回两斤土，雨天时因为没有排水系统处处都是积水，踢完球身上带回五斤泥……

然而，“Tierra 球场”依然是很多十几岁孩子享受足球的乐土。每个周末，很多孩子都会在这里展示自己刚学到的野球技巧，磨炼着足球技术，希望有朝一日能踏上职业足球的舞台。实际上，真的有球探会来到这里寻找好苗子，也有孩子从这里走进了职业俱乐部的青训营。

不过，这样恶劣的条件显然不利于孩子们足球水平的提高，也增大了他们受伤的风险。因此，马德里足协开始着手进行一项惠民工程：翻新所有的“Tierra 球场”。

从 2017 年起，马德里足协管理的每一个“Tierra 球场”将依次进行现代化改造。泥土场地将铺上人工草皮，下面增设排水系统，替补席变成塑料板凳，每天的特定时段也会免费给孩子们提供淋浴的热水。

功德无量有没有！利在千秋有没有！这意味着马德里大区 8028 平方公里的土地上（相当于北京市面积的一半）有 473 块铺着草皮的足球场！更值得称道的是，在西班牙足协的整体规划中，其他地区的足协也会逐渐跟随马德里足协的脚步，逐步给全国的孩子们提供更好更先进的野球场。

所以说，西班牙年轻人对于足球的热情这么高涨，优秀的年轻球员层出不穷，西班牙足协在青少年足球培养方面下的功夫绝对值得我们点赞，也值得很多国家好好借鉴。等等，这一篇的开头不是说要吐槽西足协吗？前面怎么好像洗白了半天……

叮咚，你们等待已久的西足协黑点，下面即将登场。

【背锅功能上线】

除了国家队和全国赛事的管理工作之外，西足协还要负责全国足球比赛的纪律管理工作。有这么两个委员会，一个叫裁判委员会，另一个叫上诉委员会。嗯，很多球迷一看到这俩名字估计就已经准备去拖意大利炮了。

裁判委员会负责裁判的管理和培训，而上诉委员会负责处理球员和俱乐部对于不满判罚的上诉。他们的工作成果如何呢？

这么说吧，每个联赛的球迷几乎都会对裁判有着不小的意见，比如英超著名的“神奇四瞎”，又比如五大联赛经常上演的“盲人执法”。但至少英格兰和意大利等国的裁判近年来依然得到了足球界内部的认可，经常在世界杯、欧洲杯和欧冠的关键比赛里看到这些名哨的身影。那么问题来了，为啥那些名哨里很少有西班牙人呢？

答案是，因为人人都对他们不满意。

就在2016年和2017年这短短两年的时间内，西甲裁判收获了下面这一堆评价。

皇马主帅齐达内：“与球员一样，裁判的水平真的也需要提高。”

巴萨后卫皮克：“我们都知道是怎么回事，我们想好好踢球，前提是裁判也要进步。”

塞维利亚门将里科：“看起来有人不想让塞维成为积分榜首位。”

马竞主帅西蒙尼：“这就是为什么我们在欧冠比西甲和国王杯更有机会。”

拉科主帅加里塔诺：“好像皇马不进球比赛就不被允许结束一样。”

皇家社会中场伊利亚拉门迪：“如果梅西穿的不是巴萨球衣，他早被罚下了。”

奥萨苏纳官方：“我们不是来自马德里或者巴塞罗那，但我们需要同样的尊重。”

其他人说裁判照顾皇马巴萨，皇马巴萨觉得裁判照顾对方。据说“昏哨”的最高境界就是人人都骂他，西甲裁判你们做到了！

而在裁判的背后，西班牙足协对于裁判糟糕的管理实在是难辞其咎。在英超，裁判委员会每周都会讨论之前执法中出现的争议，每个月都会组织裁判开会共同提高，表现实在太次的更会被降格去吹低级别联赛。而在西甲，对于出现严重误判的裁判，足协下达的处罚基本上只有“这个赛季里你就先别吹××队的比赛了”……

你跟我说这个叫处罚?!

更神奇的是，人人都在骂裁判，裁判还在骂足协。2008年元旦刚过，一名50岁的裁判在吹罚一场地区联赛的比赛中突然摔倒在地，虽然被及时抢救，但还是在送往医院的途中不幸辞世。这场悲剧，将裁判的健康问题暴露在了舆论的视野以内。

之后，一位不愿意透露姓名的西甲裁判向媒体爆料，西班牙足协安排裁判进行体检的次数很少，至于所谓的体检经常就是敷衍了事，他们只顾着西甲联赛表面的光鲜，完全不管幕后工作者的辛勤付出。什么培训调研，什么奖金津贴，我们西班牙裁判比欧洲其他同行差的不是一星半点，水平差不光是我们裁判的问题，是足协没教好！

2017—2018 赛季的西甲联赛里，裁判的执法再度出现了不少的争议。比如，在首轮联赛的 10 场比赛中，就出现了 7 次疑似误判的关键判罚。揭幕战里莱加内斯 1∶0 击败阿拉维斯的制胜球实际上已经越位，皇家社会 3∶2 击败塞尔塔的绝杀点球其实犯规地点在禁区之外，马竞的格列兹曼禁区内被绊倒反而被吹假摔，讨要说法的格子还因此被红牌罚下，让你深刻怀疑裁判在吹哨的一瞬间是不是去了哈利·波特的平行时空……

对于这些争议判罚，看惯了西甲的球迷表示内心毫无波动，甚至有点想笑。而包括《马卡报》在内的一众西班牙媒体都表示，西甲裁判目前的水平远远低于咱们“第一联赛”的诉求，德甲和意甲的视频裁判很好啊，不应该拿来用吗？

仿佛是为了加速视频裁判的引进，西甲裁判在此后的数轮联赛中继续上演了多起“盲人执法”的事故。于是，在舆论漫天遍野的吐槽声中，西班牙足协于 2017 年 11 月正式在官网宣布，2018—2019 赛季开始西甲将引入 VAR（视频回放技术），用于点球、红牌、越位等关系到比赛胜负的重要判罚。

你看，虽说槽点不少，但西班牙足协好歹也在进步，再加上前面说过的那些国家队和草根足球方面的努力，他们也并非十恶不赦。然而说了这么多，为什么我们觉得西班牙足协的罪状远不止这些呢？

那些年欧战成绩那么好却赚得不如英超多，足协你不应该负责吗？那些年西甲糟糕的转播权分配导致小球队举步维艰，足协你不应该负责吗？

不过，这些还真就不是西班牙足协负责，而是另一个神秘组织——西甲联盟。

西甲联盟的致富之路

前篇说到，西班牙足协在国家队和草根足球方面做出了许多值得称道的贡献。那么，为什么大多数西甲球迷都对这些贡献视而不见，一有不顺心立马就开始骂足协呢？其实，除了浑身都是槽点的裁判问题之外，球迷给西班牙足协安上的许多罪状并不属于足协管辖，他们实际上是给西甲联赛真正的组织和运营者背锅。

而这个幕后的组织和运营者，就是西甲联盟。

【什么是西甲联盟?】

读过《英超风云》的各位朋友应该都会记得（京东、当当等各大电商均有销售，请各位读者拉帮结伙拖家带口去支持），1991 年各家英甲俱乐部组团吃了个饭，饭局上决定第二年他们将从英足总和联赛委员会那里独立出来，于是就有了现在大家熟悉的英超。而这个代表着各家俱乐部联合运营英超的组织，就是英超联盟。

虽说英超联盟一步步把英超变成了全世界最吸金的足球联赛，但如果追根溯源，他们在俱乐部自己运营联赛这个思路上并不是第一个“吃螃蟹”的人。因为早在 8 年之前，西班牙人就已经开过荒了。

1983 年 12 月 30 日，西甲和西乙各家俱乐部的主席齐聚一堂，开了个小会。会议的主要议题就一个——为了深度挖掘西班牙职业联赛的商业潜力，西甲和西乙应该从足协的管理里面独立出来。

“我们的口号是：自己赚钱自己花，自己的联赛自己开发！”

“我们的目标是：把西甲打造成为全宇宙第一联赛！”

由于立意深远、“钱”途喜人，各家俱乐部对于这个议题一拍即合，当即选举产生了一个管理联赛事宜的董事会。经过了半年多的前期准备，1984 年 7 月 26 日，西班牙职业足球联盟（Liga de Fútbol Profesional，LFP，国内俗称西甲联盟）正式得到法律认可宣告成立，1984—1985 赛季成了西甲和西乙独立之后的第一个赛季。在那个赛季中，巴萨以 34 轮积 53 分（当年每场胜利积 2 分）的成绩领先第二名马竞 10 分，顺利地拿下了那个赛季的西甲冠军。

啥？就这么简单？

没错，就这么简单。熟悉英超的朋友都知道，英超的诞生过程中牵扯到了足总、联赛管理委员会以及俱乐部之间的三方矛盾，还上演了各种各样的“宫斗”和“反水”神剧情，最终才有了英超联盟的崛起。

而西甲联盟的诞生，既没有无间道，也没有血与泪，西班牙足协在职业足球的大局面前选择了放手，将西甲和西乙的经营权拱手让给了这个俱乐部合体组成的西甲联盟。对于擅长描写“宫斗”剧情的羽则和内德来说，这真是一大悲剧。不过对于西班牙足球来说，少了那些“狗血”的争夺，理论上说应该算是一件好事。

只不过，30 多年过去了，那些西班牙人真的把西甲打造成世界第一联赛了吗?

【一张贫瘠的工资单】

从竞技角度来说，或许西甲成功了。皇马、巴萨，以及最近几年崛起的马竞、塞维利亚等队都在欧战中有着出色的发挥。2014—2016 年的三年，西甲垄断了欧冠、欧联、欧超、世俱杯等所有俱乐部洲际赛事的冠军奖杯，后来皇马又完成了欧冠改制后的三连冠霸业。在这几年中，西甲球队举杯举到手软，欧战积分一骑绝尘，西甲联盟在球场上的成功毋庸置疑。

但在经济方面，西甲联盟交出的成绩单却远远没有俱乐部在球场上表现得那么辉煌。德勤会计师事务所每年公布的俱乐部营收报告中，皇马和巴萨长期在前 5 名中占有两席之地。然而，如果放眼欧洲排名前 30 位的土豪俱乐部，你就会发现西甲除了皇萨之外，基本上只有马竞能挤进榜单，而且还是在 10 名到 20 名浮浮沉沉。前 30 名只有 3 支球队入榜的成绩，甚至比少有外来投资的德甲、屡被吐槽经济不景气的意甲还要惨淡。至于英超——这个商业怪物每年给联赛“吊车尾”发放的转播费分成，放到西甲都可以排到皇马和巴萨之后的第三名，而中游如水晶宫的转播收入甚至几乎是马竞和塞维利亚两支球队的总和。所以，说到整个联赛的商业开发和吸金能力，英超早已经把西甲远远地甩到了十几条街之外。

那么问题来了，西甲俱乐部的实力这么强大，西甲联盟又比英超联盟虚长了好几岁，为什么在创收能力上却比海对面的岛国差那么远呢?

答案是多方面的。比如，相比于西甲自带的西班牙语，英语简直就是英超 BUG 级别①的天赋技能，由于会说英语的人太多，所有电视、广播、广告商都可以用英语无缝接入。又比如，为了缩小时差障碍，讨好美洲和亚洲观众，英超很

---

① BUG 级别：网络用语，指强大到几乎被视为漏洞。

早以前就经常把强强对话安排在艳阳高照的下午一点——虽然这事儿一直遭到英超球员和教练们的疯狂吐槽。

更重要的是，相对于英超联盟的积极进取，西甲联盟混吃等死了好多好多年。是的，英超联盟从呱呱坠地之后就一直没闲着，他们立马就和天空体育联手把自己打造成了超级富二代。而相比之下，西甲联盟在成立初20来年间的主要工作都只是排排赛程这样的日常事务，在商业开发上几乎就是个游手好闲的没落贵族。

要和电视台谈转播费？俱乐部你们自己去吧。要找厂商拉赞助？俱乐部还是你们自己去吧。至于什么安排去亚洲踢商业比赛或者照顾海外观众更改比赛时间，找俱乐部沟通好麻烦啊，利益分配好头疼啊，算了还是在家歇歇吧……

就连关键的主席人选，西甲联盟在前30年都始终沿用着一个非常省心且省钱的方法：由某个俱乐部主席兼任。

于是在这30年间，先后有来自希洪竞技、西班牙人、皇家社会和塔拉萨（来自加泰罗尼亚的一支球队，目前征战西丙）的5位高层担任过西甲联盟的主席，既不用到处贴招聘启事，也不用由大家来分摊职业经理人的工资，真是经济又环保。然而，人无远虑必有近忧，这种兼职主席也给西甲联盟带来了许多烦恼。

【兼职主席麻烦多】

对于掌控职业足球整体的组织来说，雇个懂体育产业还对足球门儿清的掌舵者其实是件很必要的事情。只不过，这类人才往往都在商界甚至政界摸爬滚打了很多年，已经积累了一定的地位和财富，想要请他们基本上得开出薪金比较诱人的条件。

而西甲联盟的这些个兼职主席虽然很省钱，但最大的问题就是他们必须用有限的精力同时照顾好俱乐部和西甲联盟，因此经常出现力不从心的情况。比如，在2004年到2013年期间出任西甲联盟主席的阿斯蒂亚萨兰。

阿斯蒂亚萨兰出生于墨西哥的墨西哥城，身上流着巴斯克人的血脉。小时候跟随父母回到西班牙之后，他加入了皇家社会的青训营，后来还转会去了毕尔巴鄂竞技。不过在这两支球队中，他都是忠实的饮水机守护神①。退役之后，阿斯蒂亚萨兰通过了司法考试，成了西班牙体育界的著名律师，然后回到母队皇家社会成了一名董事兼俱乐部的法律顾问。后来，他一路高升，2001年出任俱乐部主席，2004年被选为西甲联盟主席，这走上人生巅峰的剧情，是不是和西足协

① 饮水机守护神：指根本上不了场的球员。

前主席比拉尔很像?

不过问题来了，阿斯蒂亚萨兰在职业生涯中只在体育和法律专业方面积累了经验值，又要同时兼顾一家俱乐部和西甲联盟的经营，这使他根本没精力也没有能力点亮商业开发的技能。于是，2005 年，阿斯蒂亚萨兰不得不辞掉了皇家社会的主席，离任时还给俱乐部留下了 1000 万欧元的债务，导致皇家社会后来在每一次西甲联盟主席大选中都给他投出了反对票，对这位兼职主席的怨气堪称此恨绵绵无绝期。

兼职主席的另一个问题，在于他们管着大锅饭的同时毕竟还任职于某一家特定的俱乐部，难免被人怀疑是不是在做整体决策时会倾向于自家俱乐部的利益。想象一下，如果西甲联盟的主席同时也是巴萨或者皇马的主席，每一句话是不是都会引起腥风血雨?

因此，阿斯蒂亚萨兰等兼职主席之所以被投票为西甲扛把子，一方面是因为他们确实有不错的声誉和威望，另一方面也是因为希洪竞技或者皇家社会这样的俱乐部并没有直接竞争联赛前几位的实力。即使是这样，这些来自中小球队的兼职主席也会被人质疑，外界常会猜忌他们会不会想要打压大俱乐部的利益，从而给包括本队在内的小俱乐部更多的好处。没错，当你位高权重时，不管是什么背景做什么决定，想针对你的人总是能找到黑点。

于是，2013 年的主席大选中，哈维尔·特瓦斯成了西甲联盟历史上第一个非俱乐部相关人员的当选者。撒花！鼓掌！放炮！

那么，这个特瓦斯又是谁呢?

【咳咳，主席是个铁杆皇马球迷】

出生于哥斯达黎加的特瓦斯很早就跟随家庭移居到了西班牙，并在萨拉戈萨获得了法律学位。他先后任职于 11 家西班牙低级别联赛俱乐部，特别擅长拯救濒临破产的球队以及让俱乐部管理正规化。看起来，这是个引领西甲联盟进行商业大开发的最佳人选。唯一的问题是 2015 年 11 月，特瓦斯在接受《阿斯报》采访时透露了自己其实是一个疯狂的“美凌格”……

他是这么说的：“如果我说不支持皇马，那我就是个骗子。想象一下，假如我说自己热爱所有球队，然后被人翻出我从小就是皇马球迷，去现场看过 27 场国家德比，经常在酒吧和朋友庆祝皇马的胜利。你觉得结果会怎么样?”特瓦斯随后补充道：“不过，我可以保证皇马球迷的立场不会影响我的中立和公平。”

等等，你补充的那句，有人会信吗?

终于，西班牙球迷从前的担心变成了现实。且不论特瓦斯到底公正与否，皇马球迷的身份已经使得他的一举一动都会引发无限的遐想，尤其是当他谈论巴塞罗那或者加泰罗尼亚的时候。2016 年 10 月，在巴塞罗那客场挑战瓦伦西亚的比赛中，第 92 分钟时梅西利用点球机会完成绝杀，巴萨球员围在主场球迷的看台下进行庆祝，内马尔还和蝙蝠军团的球迷发生了一些争吵。后来，有球迷从看台扔下了一个水瓶，砸倒了不少巴萨球员。

作为西甲联盟主席的特瓦斯在接受采访时发表了这么一段言论："看起来巴萨球员的反应就像打保龄球一样，其实他们大部分人只不过是被水溅到了。假如我的孩子们看到我这样表演的话，我也会因此感到丢人。"

不作死就不会死。

这样的一席话引发了巴萨俱乐部上下的强烈不满。巴萨主席巴托梅乌公开宣称"特瓦斯说话不动脑子"，前主席加斯帕特呼吁特瓦斯"道歉"或"马上辞职"，队内球员拉菲尼亚更是明确表态："作为西甲联盟的主席，他明明应该保护球员的。如果这样的话，那干脆以后巴萨就再也不庆祝进球了。"

正所谓无巧不成书，西甲联盟和《马卡报》每年会联合举办西甲联赛的颁奖典礼，2015—2016 赛季的仪式恰好就安排在这次争议逐渐白热化的几天之后。更巧的是，当年的公平竞赛奖得主，正是西甲联盟主席特瓦斯。

于是，巴萨官方发言人公开宣布："巴萨本来准备去参加颁奖仪式，但我们不能接受特瓦斯获得公平竞赛奖，所以球员都不会去了。"结果，包括最佳射手得主苏亚雷斯在内的巴萨球员没有一人出席，磨不开面的俱乐部主席巴托梅乌作为巴萨唯一的代表去凑了个数。

丢了面子的西甲联盟为了挽回面子，决定强行新增一条规定："强制要求获奖球员未来必须参加每年的颁奖典礼。"然而，这条规定却没能通过内部的投票。接着，更丢面子的西甲联盟又做了一个破罐破摔的决定：既然你们这些人都不来，那么 2016—2017 赛季的西甲颁奖仪式干脆不办了！

主席大人，您的嘴炮一时爽，却把堂堂西甲联赛的官方颁奖给整没了啊……

常言道，吃一堑长一智。经过这一折腾，特瓦斯学会谨言慎行了吗？然而，并没有。

2017 年，在加泰罗尼亚公投的争议愈演愈烈之时，特瓦斯再度不甘寂寞地在第一时间就表态："假如加泰罗尼亚独立，那么包括巴萨在内的加泰球队都绝对不能再参加西甲。"然后，他还来到巴塞罗那街头，披着西班牙国旗参加了反加泰独立游行。

特瓦斯表示，作为一个爱国者，这一行为没有什么需要避讳的。但对于巴萨俱乐部和球迷来说，其作为西甲联盟主席的特殊身份似乎已经没有什么中立性可言了。更让巴萨绝望的是，在 2016 年 10 月的西甲联盟主席大选中，特瓦斯依然表现强势，其他参选者因为看不到胜算而全部退出了竞选。于是，特瓦斯作为唯一参选者成功连任，将在接下来的四年里继续担当西甲联赛的领头人。而那个时候，距离他公布自己是铁杆皇马球迷已经过去了接近一年的时间。

那么问题来了。为什么特瓦斯这么作死，西甲和西乙的大多数俱乐部还会支持他呢？难道他们不怕特瓦斯未来会在关键时刻偏向于皇马吗？

答案非常简单又非常现实，因为他很会挣钱。

【西甲的商业大跃进】

特瓦斯在2013年首次出任西甲联盟主席之后，对整个组织进行了一次长期且卓有成效的改良。在特瓦斯的领导下，西甲联盟一改之前的懒汉作风，先后设立了大数据管理部、全球商业发展部、媒体管理部、数字化战略管理部、法律事务部等多个部门，雇用了大约100位全职员工。

重组了管理结构之后，西甲联盟在继续完成西甲和西乙联赛日常维持工作的同时，终于在商业开发领域迈出了追赶英超的步伐。

第一，西甲实现了“均贫富”的转播权分配政策。从前，和实行“大锅饭”的英超德甲等联赛不同，西甲各家俱乐部是自己去和电视台谈转播权的。因此，有着巨大号召力的皇马和巴萨常年拿着笑傲整个欧洲的转播分成，而西甲的中下游球队却一直在温饱线上挣扎。

在2016年，特瓦斯终于完成了众多前任心心念念记挂的整体出售转播权的改革。从2016—2017赛季开始的3年间，西甲每年从西班牙国内的3家媒体可以获得大约10亿欧元的转播收入，另有5亿欧元左右的全球转播收入。虽然这样的数字和英超的近30亿还有不小的差距，但比起此前的6亿欧元可以说已经是巨大的进步了。

在具体分配方面，身为土豪的皇马和巴萨基本上没有受到什么影响，但从塞维、毕巴这样的中游球队到莱万特、埃瓦尔这样的小球队的转播收入都实现了激增，增幅可以达到50%左右，大大缓解了他们的生存压力。

而且，在这次改革的过程中，西甲联盟的态度相当强硬，甚至不惜和皇马打了一场官司。至少在这个关键时刻，特瓦斯还是没有偏向心中主队的。

第二，西甲多了很多赞助商。从特瓦斯上任开始，他和西甲联盟其他职员一起为西甲和西乙联赛拉来了一大堆整体赞助。其中包括耐克、EA体育、三星、马自达、安联等不少国际著名公司，涉及服装、金融、游戏、食品等多个领域，合作方式从拍摄广告、球星代言到开发小游戏，可谓是五花八门。无论从联赛的赞助商数量，还是总体赞助金额方面，西甲已经逐步上升到了欧洲第二位，排在前面的只有那个疯狂的英超。

此外，西甲和西乙从2016—2017赛季开始将3年的冠名权出售给了桑坦德银行。这个在全球有着1.21亿客户、世界500强榜单里排名稳居前100位的老牌金融机构，将和西甲联盟展开包括冠名在内的一系列深度合作。西甲联赛正式更为名“西甲桑坦德”（Liga Santander），如果桑坦德竞技杀回西甲，那将会出现“西甲桑坦德的桑坦德竞技”这样的绕口令解说。

更奇葩的是，在西甲联赛正式更为名“西甲桑坦德”之后，西乙联赛正式更名为“西乙1 | 2 | 3”（Liga 1 | 2 | 3）。之所以有个这么奇怪的名字，是因为桑坦德银行从2015年开始推出了一个明星理财产品，叫作Cuenta 1 | 2 | 3。其核心内容是你去开个银行账户，每个月工资都打到这张卡上，今后缴纳的地税可以返还1%，支付的水电煤气费可以返还2%，交给学校和幼儿园的教育支出可以返还3%……真是把广告都做到骨髓里了。

第三，西甲多了一堆App（应用程序）。首先是西甲官方新闻App和西甲直播App（收费），这不奇怪，很多联赛都有。其次是西甲竞猜App以及和《马卡报》合作的梦幻足球App，竞猜大家都懂，梦幻足球也就是你组建自己的阵容，然后根据联赛真实表现每周计算积分。最后是西甲官方推出的两个游戏App，“Head Soccer”（头脑足球）以及“Head Soccer Heroes”（头脑足球英雄）。

这个，就有意思了。

“Head Soccer”，是一个自己组建西甲明星队然后进行比赛的游戏。只不过，两支球队之间的较量在这里是双方各派一名球员进行一对一的PK，然后球员可以升级提升能力，还有专属技能，玩起来比足球更像是格斗。好吧，开心就好。

“Head Soccer Heroes”，是个西甲版的消消乐游戏。三个巴斯克斯连成一个C罗，三个丹尼斯·苏亚雷斯连成一个路易斯·苏亚雷斯，三个马塞洛连在一起会因为头太大而死机……

开个玩笑，其实这个游戏和一般的消消乐也差不多，同种颜色的三个图案连起来就会消掉，而消到一定程度你拥有的西甲球星会发动技能，对对方造成伤害，最终破门得分。想玩上面两个游戏，请自行前往西班牙区的App Store（应用商店）和Google Play（谷歌应用商店），本书并不提供二维码直通车。

第四，西甲开始走向世界。还是从2013年特瓦斯上任开始，西甲联盟在阿联酋、南非、尼日利亚、美国、中国、印度等地先后开设了海外办公室，全面负责推进西甲在当地的球迷活动与商业推广。

其中，西甲联盟2016年年底还在上海设立了全球第一个西甲官方球迷俱乐部。西甲联盟主席特瓦斯、西甲中国区经理托伦斯、上海市体育总会领导悉数到场，皇马、巴萨、马竞、瓦伦西亚和塞维利亚的球迷受邀参与，还请来了退役后成为西甲大使的莫伦特斯和萨尔加多。

在发布会上，西甲联盟与中国合作方共同宣布，除了筹建一座兼顾博物馆和游戏区的西甲足球娱乐体验中心之外，还要开发足球主题的影视IP。当时宣布的项目有两个：一部名为《遇见百分百男孩》的电视剧（村上春树：什么?），讲的是4个性格不同的男生追求足球梦想的故事；一部和芒果娱乐合作出品的真人秀《星球战队》，计划由国内著名教练带领11位娱乐圈明星前往西甲俱乐部进行拍摄，预计在2017年6月至9月播出。

嗯，你没看错，原本计划播出的时间现在早就过了，然而不管是电视剧还是真人秀我们都没有看到，甚至连消息都没了。看起来，想在中国市场大展宏图，西甲还需要做出更多的努力。

不过，这个西甲官方球迷俱乐部也并不是完全没有进展。2017年5月1日，他们在上海举办了兼顾娱乐和教育的西甲非凡训练营。除了有一些亲子的足球娱乐项目之外，西甲还请来了一些持有欧足联教练证书的西班牙教练，让中国的孩子们体验了一把欧洲青训营启蒙教育的感觉。

这样的体验活动，正是西甲联盟“西甲世界挑战”宏大计划的一部分。

【无处不在的西甲挑战】

这个“西甲世界挑战”，是西甲联盟从2014年开始进行全球推广的一系列活动的总称。而在这个推广过程中，西甲联盟还得到了来自西班牙政府、国家体育议会、西班牙外贸协会的大力支持。

“西甲世界挑战”包括下面5个组成部分。

第一，西甲世界挑战。每个赛季的休赛期，由西甲球队前往世界各地，与当地俱乐部打打友谊赛，来提升西甲在各个国家的知名度和粉丝热度。以往，这些商业比赛都由各个俱乐部自己组织自己谈判，而现在西甲俱乐部们可以在西甲联盟的组织之下抱团参加。比如，就在2016年8月初，马竞前往意大利和克罗托内踢了场友谊赛，瓦伦西亚飞去尼日利亚和当地全明星队打了个擂台，贝蒂斯则在瑞士和卡塔尔国家队进行了跨界切磋，这些都在西甲联盟的世界挑战之内。

第二，西甲承诺挑战。和西甲世界挑战相同，这是西甲俱乐部内部，以及和国外俱乐部之间的较量。不同的是，这次上场的是青年队。

首先，已经举办了超过20届的西甲承诺杯被纳入了该计划之内。这是一项每年在西甲各俱乐部U12梯队之间举行的赛会制杯赛，偶尔还会邀请其他联赛的梯队。伊涅斯塔、皮克、托雷斯、法布雷加斯、马塔，甚至托马斯·穆勒都在青少年时期参加过这个杯赛。2017年6月，巴萨U12梯队拿下了第26届西甲承诺杯的冠军。

其次，还有西甲承诺杯国际赛。这是一项西甲联盟来到海外举行的青年队比赛，参赛者包括西甲、其他欧洲国家以及当地俱乐部的U12梯队。同样在2017年6月，第三届西甲承诺杯国际赛在美国新泽西举行，除了皇马、巴萨、马竞等西甲球队之外，还有墨西哥美洲、纽约城、国际米兰、本菲卡等来自世界各地的队伍。最终，上面提到的那支巴萨 U12 梯队，在本土捧起西甲内部赛冠军的一周之后，又在新泽西的国际赛上再度夺冠。前途无量啊，前途无量！

第三，西甲女子挑战。这次，出访世界各地的换成了各支西班牙女子甲级联赛的参赛球队。比如，2016 年 8 月马竞女队就曾经造访过瑞典，与当地的两支球队进行了友谊赛。值得一提的是，她们在瑞典的首场友谊赛还被写入了足球转播的历史。在那场比赛中，马竞女队的门将和另外一名球员的衣服被装上了摄像头，观众可以通过这个视角获得类似于场上球员的比赛观感，这也是可穿戴式摄像头和职业足球的第一次接触。

第四，西甲冠军展示。是指将西班牙足球获得的各项荣誉在全球范围进行展览，并且通过图文与视频资料向世界各地传播他们的成功经验。

第五，西甲经验展示。是指通过一系列商业和文化活动，同步配合足球比赛来进行与其他国家之间的深度合作，就像前面所说的上海西甲官方球迷俱乐部那样。

目前，西甲的商业开发确实还和英超有着很大的差距。2014—2015 赛季，西甲的经营总收入为 20.52 亿欧元，还不到英超 44 亿欧元的一半。但啃老了几十年的西甲联盟总算是已经迈出了第一步，“西甲世界挑战”计划实行的第一年就在超过 30 个国家吸引了超过 20 万的观众和参与者。

未来，这个计划究竟能为西甲带来多少新的粉丝，以及什么规模的商业收入呢？还记得本篇开头提到的那个“把西甲打造成为全宇宙第一联赛”的目标吗？

让我们拭目以待。

西甲，为什么没有草根英雄瓦尔迪？

西甲联盟经过了几年的不作为之后，逐渐带着西甲球队走上了一条共同富裕的道路。经过了几年的发展，各家俱乐部仓里有粮心里不慌，开始买装备、升级设备，过上了“人民币玩家”的好日子。

更可贵的是，为了实现可持续发展，西甲各家俱乐部都在梯队建设上花足了心思，“小妖们”如雨后春笋般噌噌噌往外冒。比如奥德里奥索拉，一年之内实现了从代表皇家社会 B 队征战西乙 B 到代表国家队征战世界杯的火箭式飞跃；又比如我们熟悉的徐新，之前只用了 5 年时间就从马德里竞技的青年 C 队跳到了成年 B 队……

说到这儿我已经听到了各路球迷的喊杀之声：“这一堆甲乙丙 ABC 到底是什么鬼？”好吧，今天就和大家聊一聊西班牙联赛的分级。

【西甲和西乙，是 3 个级别】

说起联赛分级，世界上分类最细致的莫过于英格兰。英足总官方认可的联赛共有 24 个级别，当年瓦尔迪出道的第 8 级别联赛还远远不到草根的最底层。而西班牙在这方面就正常多了，他们的全国联赛只有 4 个级别，各地区联赛最多有 5 个级别，因此加起来一共有 9 级联赛。

第一级别的大佬当然是西甲联赛（La Liga，现在冠名为 La Liga Santander），归西甲联盟管辖，由 20 支球队组成。按照欧足联新版欧战名额分配制度，2018—2019 赛季开始，西甲前 4 名直接晋级西超联赛，哦不是，是可以直接参加下赛季的欧冠小组赛。第 5 名和第 6 名，再加上国王杯的冠军，去参加著名的“塞维利亚杯”。

当然，传统意义上的英西德意四大联赛 2018 年开始都会有这种优等生待遇。不过，真正受惠的还是此前为了第三争来争去的英超和意甲。而对于长期稳居欧战积分第一的尖子班西甲来说，考试形式变来变去又有什么区别呢？

不过，尖子班也不是个个都是天才。其中的学霸出征欧战为国争光，学渣则只能被淘汰去普通班。因此，联赛排名榜末的 3 支球队将降到第二级别联赛。

第二级别称为西乙联赛（La Liga 2，现在冠名为 Liga 1 | 2 | 3），归西班牙足协管辖，共由 22 支球队组成，升降级规则是升 3 降 4。联赛的前两名拿到直通西

甲的绿色通道晋级卡，第 3 名到第 6 名滚入附加赛奖池。然后，第 3 名和第 6 名、第 4 名和第 5 名分别进行主客场两回合的附加赛，胜者进入终极 PK，决出最后一个升级名额。而联赛榜尾的 4 支球队则直接降入第三级别，没有任何挣扎的机会。

如果你打开 2017—2018 赛季西乙的积分榜，会发现奥萨苏纳、萨拉戈萨、皇家奥维耶多等熟悉的名字，还有个巴塞罗那 B 队。啥？B 队？

没错，和大部分欧洲国家都是一线队下面挂各年龄段的青年队不同，西班牙俱乐部除了一线队（A 队）之外还有 B 队和 C 队。这个 B 队和 C 队并不是青年队，而是成年组的二线队和三线队。再加上青训营里的一大堆小天才，因此会出现成年 A 队、成年 B 队、成年 C 队、青年 A 队、青年 B 队、青年 C 队等各种绕死人的名号。现在，明白为什么徐新能 5 年连跳 5 个级别了吧？

同时，为了让那些暂时不能进入成年 A 队的球员在过了 18 岁之后继续打怪升经验，西班牙足协允许 B 队和 C 队都可以参加全国联赛系统，因此才有了巴萨 B 队出现在西乙这样的神剧情。劳尔、古蒂、卡西利亚斯、马塔都经历过皇马 B 队（卡斯蒂利亚）的历练，普约尔、哈维、梅西、皮克等人也在效力巴萨 B 队时走进了球迷的视线。

除了可以与成年球员踢正式比赛之外，B 队方方面面的待遇也比青年队要更好一些，比如在国家队比赛日前后巴萨 B 队都是和 A 队一起训练的。想亲自试试自己能不能防住梅西？只要先进入 B 队，机会就在眼前。

值得一提的是，西班牙足协还有这样一条规定："同一级别的联赛，不允许拥有两支球队来自同一家俱乐部。"也就是说，巴塞罗那 B 队就算在西乙夺冠也是无法升级的。

除非，独立出去。啥？加泰闹独立已经满城风雨，你俩还想巴萨内部也闹独立，其心可诛啊！等等，先别开枪，因为这种放飞自我的事历史上真的出现过啊……

1951—1952 赛季，瓦伦西亚 B 队参加了西乙升级附加赛并笑到最后，这是西班牙足球历史上第一次 B 队"升入西甲"，却因为 A 队已在西甲而被按回了西乙。1952—1953 赛季，同样的事情在巴萨 B 队身上重演。

到了 1955—1956 赛季，巴萨 B 队再度通过了升级附加赛的考验，然后为了"人不能两次踏进同一条河流"而毅然决定：咱们独立！于是，他们舍弃了"巴塞罗那"的名字而改名为 CD Condal，然后昂首参加了接下来的西甲联赛。

历史书告诉我们，凡是冲动的独立通通都叫耍流氓。一年之后，CD Condal 降级了……十年之后，他们重回巴萨怀抱，最后慢慢演变成了现在的巴萨 B 队。吃一堑长一智的西班牙足协后来堵上了这个漏洞：现在，假如 B 队再拿到附加赛资格并且 A 队还在上一级，将自动下滑给排名靠后的球队。以及，禁止借壳独立。

2013—2014赛季，巴塞罗那B队一路杀到了西乙第三名，但是因为要回避A队，所以只能放弃升级附加赛的机会，由当赛季获得西乙第7名的科尔多瓦递补参赛。而科尔多瓦奇迹般地一路过关斩将杀入西甲，剧本和1992年欧洲杯创造“童话”的丹麦队差不多。

不过，巴萨球迷的心情并没有受到影响。毕竟他们是由于规则限制留在了西乙，A队B队一统江湖简直是指日可待。然而一年后正当巴萨球迷举城欢庆A队三冠王伟业的同时，巴塞罗那B队却以榜尾的战绩降入了第三级别……

这回，哀号的声音远比之前庆祝B队西乙第三的声音更响亮，因为西班牙从第三级别开始就是半职业联赛，巴塞罗那B队这一降级基本相当于从发达国家掉到了发展中国家（虽然现在升回来了）。没错，相比英格兰四个全职业联赛，西班牙的全职业联赛等级只有可怜的两个。

第三级别称为西乙B联赛（Segunda División B），也归西班牙足协管辖，只有70%左右的职业球队，其他30%球队的球员在踢球之余得做点儿其他兼职才能养家糊口。到了这个级别，同档次的球队开始增多，所以西乙B联赛共分为4个小组，每组20支球队。这四个组如果搁英国可能会被命名为东西南北，搁中国可能叫茅台、五粮液、二锅头、剑南春，而在西班牙他们就叫Grupo 1（第1组）、Grupo 2（第2组）、Grupo 3（第3组）、Grupo 4（第4组），“西乙B”的创意去哪儿了啊！

总之，西乙B的80支球队会分成4个组打联赛，分组规则原则上是按地区划分，比如巴斯克和马德里区的进Grupo 2，加泰的搁Grupo 3。住同一片区的球队分在同一组，这样可以减少不必要的交通开支，也方便串门沟通感情。

每组前5名获得参加下赛季国王杯的机会（不包括B队、C队），而升降级规则是升4降18。每个小组的倒数4名直接降级，4个第16名则参加降级附加赛争夺两个保级名额。这4支球队捉对进行主客场循环赛，负者降级。那么谁升级呢？4个小组，4支升级队，大家肯定觉得谁在小组考第一谁就升级，是吧？

然而，并不是。作为一个历史上没怎么出过数学家的国度，西班牙却在他们的第三级别联赛里搞出了一套如炫技一般的升级规则……

【想升西乙，不容易】

如果想从西乙B冲上西乙，要经过以下步骤。

第一步，“直通春晚”赛。由4个小组的第一名两两PK，打个主客场决出两个胜者，获得直升西乙的资格。

第二步，附加赛资格赛。4个小组的第2名到第4名共12支球队捉对厮杀，仍然是主客场两轮分胜负，获胜的6支球队进入下一轮，输了的6支球队只能明年再战。

第三步，附加赛晋级赛。资格赛获胜的6支球队和“直通春晚”赛失利的2支球队继续两两对决，获胜的4支球队进入下一轮，输了的继续留在西乙B。

第四步，附加赛决胜赛。4支已经浑身血淋淋的球队进行最后一次主客场对砍，获胜的两支球队拿到最后两个升级名额。

第五步，“不知道为什么还要继续踢”赛。两支在“直通春晚”赛中直升西乙的球队再战主客场，赢了的获得当赛季的西乙B联赛冠军……

知道为什么巴萨B队从西乙降级的时候球迷一片哀号了吧，因为想再冲回来实在太难了，毕尔巴鄂竞技B队就曾经连续3年参加西乙B升级附加赛，结果没有一次能走到最后。

不过在2016—2017赛季，巴萨B队还是打赢了这场过五关斩六将的硬仗。他们在当季的联赛中获得了第三小组的第一，然而在“直通春晚”赛中输给了莱昂内萨，只能进入残酷的附加赛角逐。后来，他们先是在晋级赛中以客场进球多的优势战胜了卡塔赫纳，又在决赛中击败了桑坦德竞技，最终重回乙级。而为了这张乙级门票，巴萨B队在常规联赛结束之后又多踢了6场比赛。

同样是在2016—2017赛季，徐根宝收购的洛尔卡俱乐部也通过了西乙B附加赛的层层角逐，最终拿到了来之不易的西乙资格。只可惜一个赛季之后俱乐部爆出财政问题，徐根宝退出，俱乐部也随即连降两级。

说回西乙B和那些B队。2017—2018赛季，能够征战西乙联赛的B队只有巴萨B队和塞维利亚B队，其他球队的二级队包括皇马B队、马德里竞技B队等都还在第三级别联赛苦苦挣扎。不仅如此，每年西乙B的降级名额多达18个，一不留神，还会继续降级。

西班牙的第四级别联赛是西班牙丙级联赛（Tercera División）。到了这个级别，同档次球队就更多了，所以西丙联赛按照西班牙17个行政区划分为18个小组，每组也是由20支球队组成。其中，安达卢西亚因为面积太大被分成了两个小组。

既然按照行政区划来划分，西丙联赛也就顺理成章地归各大区足协管辖，不再受西班牙足协的直接领导。每个小组的前4名参加升入西乙B联赛的升级附加赛，每个小组的倒数3名（有4个小组是倒数4名）降入地区业余联赛之中。18个小组冠军获得参加国王杯比赛的资格，其余球队和西乙B联赛的一些球队则可以参加西班牙足协杯的比赛。

在西丙之下，就是完全由地方足协来组织的地区联赛了。根据当地群众的热情和业余球队的数量，每个地方足协下属的联赛有1个级别到5个级别不等。拉里奥哈以及休达、梅利利亚这两个北非的海外属地都只有1个级别的地区联赛，毕巴所在的比斯开和萨拉戈萨所在的阿拉贡则有5个级别。

因此，西班牙联赛理论上最多拥有9个级别。以上这些，就是西班牙的联赛体系。

说到这里，我仿佛又听到了各路球迷的喊杀之声："这就完了？你讲完了联赛体系，不应该再讲个第7第8级别联赛球员一路飞跃到豪门的鸡汤故事吗?"

很遗憾，我讲不出来。那么，为什么我们在英格兰足球中经常听到的励志故事，在西班牙基本没有呢?

【草根，难逆袭】

在西班牙足坛很少出现草根逆袭的传说，主要有3方面原因。

第一，联赛级别少。相比于英格兰的24级联赛和4级职业比赛，西班牙足球只有9个联赛分级和2级职业比赛，各级别之间的差异因此更加明显。所以，什么"从第8级别联赛到英超金靴的瓦尔迪""奥斯汀的103个进球跨越了7个级别的联赛"，这些故事发生在西甲的难度直接大出了3倍左右。

反而是一些"致郁"故事时有发生，比如米楚2012—2013赛季在英超打入了18个联赛进球，然后因为伤病和状态一路下滑，到了2015—2016赛季他效力的球队是西丙联赛的兰格勒奥，能加盟这支球队还是因为兰格勒奥的主帅是米楚的哥哥埃尔南……

第二，B队和C队可以打低级别联赛。与英格兰足球把希望之星出租出去不同，西班牙足协允许成年B队和C队直接征战低级别联赛。这样一来，西班牙足球那些最好的苗子实际上都在从西甲俱乐部青训营到B队和C队的圈养过程中，如果踢得好，那就直接升上一线队。

比如，我们在文章开头提到了后来转会皇马的奥德里奥索拉，仅用12个月就从西乙B踢进了国家队。这算逆袭吗？当然不算啊。逆袭是从末流中学考上重点大学，而人家奥德里奥索拉本来就是重点中学的学生，进国家队顶多算是因优秀导致被清华北大提前录取……

甚至西甲这些个重点中学，有时还会爆发出恐怖的战斗力。

1979—1980赛季，卡斯蒂利亚（也就是皇马B队）一路杀入了国王杯的决赛，然后在争夺冠军的较量中遇到了自己的A队——皇家马德里。虽然以1∶6的悬殊比分被老大哥们屠杀，但因为皇马那个赛季拿到了双冠王，卡斯蒂利亚因此获得了参加欧洲优胜者杯的资格。

放到今天，那就是皇马A队打欧冠，皇马B队打欧联，我的神啊！不过，卡斯蒂利亚在优胜者杯的第一轮抽到了英超劲旅西汉姆联。他们虽然在伯纳乌的首回合里3∶1击败了对手，却在次回合被铁锤帮砸了个1∶5，随即从欧战大舞台上打道回府。此后，为了修补这个漏洞，西班牙足协出台了新的规定：不管B队和C队在联赛拿到怎样的成绩，再也不准参加国王杯！

嗯，因为巴萨B队太强，所以西班牙足协禁止所有上一级有A队的B队参加升级附加赛。又因为皇马B队太强，所以西班牙足协禁止所有B队参加国王杯。皇萨啊皇萨，你俩真是360度全方位地相爱相杀啊！

此外，为了进一步保证这些“重点中学”孩子们的成才率，西班牙足协还有两项有趣的规定。

1. 一线队可以随时抽调B队球员。比如2017—2018赛季国王杯第一轮，巴萨对阵西乙球队穆尔西亚。那场比赛由于梅西、乌姆蒂蒂停赛再加上伤病和轮休，巴萨一口气从B队抽调了7名球员。

阿尔纳斯、阿莱尼亚、库库雷拉、奥里奥尔·布斯克茨、维蒂尼奥、卡洛斯·佩雷斯、奥托拉，这些名字大家仔细瞅瞅，没准哪位就会成为未来的巨星。到时候甩出一句“还记得当年他作为B队球员临时抽调来打国王杯”，简直深藏功与名。

2. 如果B队球员一个赛季在一线队的出场超过10次，他就必须签一线队合同，不能再回B队踢低级别比赛了。所以当年玩《足球经理》游戏的时候我最自虐的经历就是去直接执教西甲球队的B队，辛辛苦苦培养了一队小妖，到了转会期被抽走一大半，然后眼睁睁看着他们在A队把板凳坐穿……

第三，除了联赛级别少和B队的原因之外，西班牙缺少草根巨星的另一个原因是因为低级别球队实在太穷了。还是以英格兰足球为例。英超2016—2017赛季的整体转播合约收入大概为30亿欧元，其中的25%会分配给低级别联赛球队、英足总下属足球事业，以及球员工会，用于全英格兰足球的百年大计。这笔钱大概是7.5亿欧元。

而西甲2016—2017赛季的整体转播合约收入大概为15亿欧元，其中90%归西甲球队，剩余10%归西乙和低级联赛。这笔钱大概是1.5亿欧元。就是有这么大的贫富差距。

【寒门难出巨星】

也许有球迷会问：“英格兰足球这么有钱，也没见培养出几个球星啊，国家队也不景气，反而是西甲和西班牙国家队的球星层出不穷。这又怎么解释呢?”

原因很简单。因为低级别联赛收入分配少其实并不影响豪门球队以及他们B队的成长，但对于一穷二白的草根球队来说，却面临着金钱上的巨大压力。

同为第四级别联赛球队，一支英乙球队每年的开销在60万英镑到100万英镑，而一支西丙球队一年的预算仅为5万欧元至20万欧元。那啥，C罗转会尤文图斯之前在皇马一周的工资和奖金大概是 100 万欧元。

英格兰低级别联赛有许多球队靠卖球员为生，但这搁在西班牙却很难实现。因为瓦尔迪不是一天练成的，第 7 级别球队夏利法斯把他从第 8 级别球队斯托克斯钢铁队中挖来花了 2 万英镑，而当时在英冠的莱斯特城把瓦尔迪从第 5 级别联赛挖出来则花了 100 万英镑。

一个球员肥了一串球队，这事儿搁西班牙根本无法想象。因为除了西甲之外，各级联赛都很穷，而“西班牙版瓦尔迪”从西丙直接跳到巴萨的难度，比正牌瓦尔迪的步步为营要大出好几十倍。有的西丙球队甚至压根就请不起要工资的球员，给球员唯一的报酬就是路费和餐补。据西班牙《阿贝赛报》报道，西丙的罗夫雷斯俱乐部一年的预算只有可怜的 7 万欧元，而他们的门票收入只能填平聘请教练的费用……

总之，财政困难就没钱引援、没钱建球场，没有好球员和场地就没有观众，没有观众就没有门票收入，没有门票收入就越来越没钱。贫贱夫妻百事哀，就是这个道理。虽然西甲出产了大量顶级巨星，但在草根足球的经济保障上，他们和英格兰足球还是有着一定的差距。

当然，也不是完全没有小奇迹出现。比如，2018—2019 赛季正在西甲打拼的埃瓦尔俱乐部。

【埃瓦尔的三级跳】

埃瓦尔是巴斯克地区的一个小镇，常住人口只有 2.7 万，相当于我们一个本科大学。然而励志的故事发生了。2013—2014 赛季，埃瓦尔俱乐部在西乙 B 那个尸横遍野的附加赛中活了下来，冲上了西乙。而在之后的 2014—2015 赛季，他们竟然又再接再厉冲上了西甲！

这下，埃瓦尔小镇沸腾了。各家各户都挂上了俱乐部的队旗，甚至斑马线都刷成了和俱乐部队服一样配色的红蓝相间。然而在欢喜之后，埃瓦尔俱乐部却发现自己……没钱打西甲。因为，西班牙足协规定：要想打西甲，就要先给足协交保证金。这笔保证金是西甲球队平均每年开销的 25%，算下来大概是——170 万欧元。

俱乐部抹抹眼泪，我们两年前才从西乙 B 中走出来，上哪儿搞这些钱去啊？

更让人崩溃的是，如果凑不齐这笔钱，他们会接受降级处罚，不仅不能去西甲，还有可能会被降回西乙 B。这哪是西班牙足协啊，简直就是黄世仁啊！

于是，埃瓦尔俱乐部的首要任务就是——凑钱。

第一阶段，埃瓦尔俱乐部先向自家球迷开放认购股权，每股 50 欧元，大家来买吧。但是埃瓦尔的人口只有 2.7 万啊，实在是凑不够啊凑不够。

第二阶段，埃瓦尔俱乐部决定向全世界的足球爱好者开放认购股权，不管你是谁，只要你交 50 欧元，就能成为西甲球队的股东之一哟！然后，各国球迷纷纷掏出钱包，帮助埃瓦尔渡过难关。其中，我们中国的球迷一共买了 484 股，成为埃瓦尔在海外的第二大股东群……突然有一种民族自豪感油然而生。

最后，曾经在 2000—2001 赛季短暂租借到埃瓦尔效力的哈维·阿隆索也慷慨解囊，终于帮助球队在 2015 年 8 月 6 日前把 170 万的保证金交到了西班牙足协。哼，收下吧，地主老财！

事后，阿隆索在接受采访时说："西甲这项限制和它所希望达到的结果自相矛盾，很多球队存在债务问题，他们却可以留在西甲，但埃瓦尔这样一支财政健康的俱乐部却可能错失参加西甲的机会，这并不公平。"

没办法，身为一支从西班牙低级别联赛摸爬滚打上来的草根球队，你面临的不仅是越来越强的对手，更是没钱赚和交租子的终极矛盾。理想很丰满，现实就是这么骨感。

西超与西甲之间，那条名为转播权的鸿沟

前文说到，寒门难出巨星的其中一个原因是穷。其实在西班牙，穷的不仅是低级别联赛，也包括了西甲的绝大多数球队。

很多球迷可能会疑惑：西甲穷？你们开玩笑吧！不信去翻翻世界足坛的转会费纪录，看看有多少都是西甲刷新的？再去看看俱乐部收入排行榜，皇马和巴萨都占据前三多少年了。西甲穷？那以抠门著称的德甲和动不动就有球队破产的意甲算什么？

确实，皇马和巴萨上一次面临经济危机都还要追溯到遥远的西班牙内战时代，他俩最近几十年就算战绩起起伏伏也基本上没有过揭不开锅的苦日子。但是根据西班牙媒体统计，自打进入 21 世纪以来，所有参加过西甲联赛并从未在近 20 年出现过破产危机的俱乐部，其实也就只有他们两家。

为什么会这样？一切，还要从西甲关于转播权的纷纷扰扰开始说起……

【贫富差距，没有极限】

在现代足球刚刚兴起的时代，俱乐部的主要收入来源就是门票。球迷掏钱来到球场看球，主队从门票收入里分个 10% 左右给远道而来的客队，剩下的发发工资然后一起烤肉撸串，一切单纯而美好。

随着职业体育的蓬勃发展，欧洲的足球俱乐部有了各种各样的收入来源。如今，球迷们津津乐道的是哪个球员的转会费又要一个亿，皇马胸前的阿联酋航空和巴萨胸前的乐天究竟哪个更值钱，拜仁和尤文把主场命名为安联双子星能多赚几千万，曼联的三德子在官方指定方便面和官方专用拖拉机之后又瞄准了哪个消费品的细分市场。

不过，高价卖球员这种事需要凑齐天时、地利、人和并且无法保证可持续发展，而足球世界的商业赞助又是马太效应（穷的更穷，富的更富）的典型案例，绝大多数中小俱乐部的主要收入来源其实都只有一个选择：电视转播权。

没错，自打电视台把摄像机扛进了足球场之后，很快就成了俱乐部最欢迎的金主。毕竟，一场比赛的现场观众再多也就是几万人，可电视机前收看直播的观众却完全没有上限，全球直播的顶级赛事的观众动不动就能上升到“亿”这个数量级。有曝光量就有收益，这是现代社会的真理。有了观众，广告商就会冲向

电视台。有了广告，电视台就会冲向俱乐部。然后，俱乐部坐等收钱。

那么，这钱咋给呢?

在英格兰和德国，传统是电视台去和整个联赛的管理者谈好价格，然后英超或者德甲根据一定的规则再把每年的转播费分配给各家俱乐部，这叫整体出售转播权。而在西班牙和意大利，传统则是电视台去和俱乐部谈合同买走其主场比赛的转播权，不经过联赛组织者的手就放进俱乐部自己口袋，这叫单独出售转播权。

抱团有什么好处? 你要么全都拿走，要么就什么都没。从整体角度来说，这有益于抬高总价。从个体角度来说，不管是粉丝无数还是门可罗雀，至少都能旱涝保收饿不死人。英超和德甲的小球队，对此是一百个拥护。单飞有什么好处? 你想啊，假如你是一个全国性电视台的领导，愿意花 2 亿去买皇马巴萨的所有比赛，还是花 5 亿去买整个西甲的转播权?

于是，西班牙各大电视台对皇马和巴萨抢得头破血流，而对其他俱乐部提不起太大的兴趣。所以，西甲小俱乐部的比赛转播权只能卖给格拉纳达地方体育频道、马拉加乡镇电视台、拉科渔村晚间档……总之，留给他们的只剩下本地电视台的乡土情怀。

2013—2014 赛季，皇马和巴萨分别从联赛转播权方面收获了 1.4 亿欧元，携手笑傲五大联赛。格拉纳达、阿尔梅里亚等 5 家俱乐部从自己的西甲转播里得到了 1800 万欧元，和意甲、法甲的底层球队哭成一片。

拿出计算器算一下与联赛榜首之间的差距，西甲小球队的哭声又响亮了好几倍。联赛转播权收入最多与收入最少的倍数，英超是 1.57，德甲是 2.03，法甲是 3.4，意甲是 5.25，而西甲是 7.77777。更可怕的是，这还不是西甲转播费最多与最少倍数的极限。你猜，历史上最不可思议的倍数是多少? 20? 50? 100?

好了别想了，你肯定猜不到。因为真正的答案是：除数不能为零。

是的，就在十几年前有一家俱乐部曾经因为全国电视台没有兴趣、当地电视台出钱太少，最终一整个赛季的主场比赛都没有任何电视台的转播。更神奇的是，那个俱乐部叫作塞维利亚，就是后来称霸塞维利亚杯的那个塞维利亚。

恼羞成怒的俱乐部在那个赛季禁止任何人在场内摄像，这会导致什么结果?

比赛当天，只有现场观众能够知道比分。其他观众只能等着看报纸、看新闻或者通过现场观众夹带消息才能得知比赛进程。所以，没票的球迷心里急啊。在主场迎战皇家社会的比赛里，当地球迷就里应外合想出了这么一招：让进场的观众一看到进球就放烟火。

如此机智的点子最终还是流产了，因为场外观众很快就发现，只通过烟火压根就无法辨别是哪一方进的球。后来又有人提议改用不同颜色的烟火，更多人则选择了放弃：回家洗洗睡吧，明天再看新闻。你说惨不惨?

就算不去计较上面这个极端情况，西甲与西超大部分时候的转播费差距都是一条完全跨不过去的鸿沟。而对于中下游俱乐部来说，转播权在他们收入构成里能占到50% ~90%，这种决定性比例最终导致的结果就是——穷。

而且，这种穷是旱涝保穷，不分丰年和荒年。

【一个穷字，贯穿西甲的一生】

俱乐部没钱会带来什么严重的后果？没钱买人，主力被卖？其实转会市场什么的都是小意思，虽然伤筋动骨但至少不会饥肠辘辘。经济危机真的严重起来，第一反应就是：欠薪。

如果只是一家俱乐部欠薪，那最多也就导致球队被告上法庭，或者是引发“球民工”集体上访事件。但是如果整个联赛的大部分球队都发不出工资，会出现什么情况呢？聪明的你可能已经想到了，那就是——

罢工。

截至目前，西甲联赛一共出现过7次球员集体罢工，五大联赛里紧随意甲之后。成功次数为4次，超越意甲独占榜首。

第一次罢工，出现在1979年。当年，西班牙经济出现了全国范围内的大衰退，失业率再创新高。很多低级别联赛的俱乐部无以为继宣告破产，不少底层职业或者半职业球员加入了失业者大军。即使是在最高级别的西甲联赛，也出现了接近半数俱乐部拖欠球员工资的情况。

出离愤怒的球员们联合了起来，在工会的组织之下第一次进行了全国范围的罢工。劳资双方在一个月内先后进行了9次谈判，罢工最终以足协承诺帮助俱乐部解决欠薪问题、所有球员加入社会保险系统的条件画上了句号。没错，在此之前西班牙球员们连养老保险都要自己交，不交的话退役或者球队破产没人要就会断掉所有的收入来源。

虽然有了资方的承诺，但西班牙俱乐部整体的经济形势并没有因此好转。此后的5年时间里，球员工会又先后组织了3次罢工，频率之高简直能够媲美爱起义的巴黎人民。而每一次罢工的目的，都是为了讨工钱。最终，球员们终于通过不断努力基本上拿回了大部分工资，并且让工会获得了参与联赛转播权谈判的权利。

重点来了，无论是社会舆论还是球员自己，都发现事情的关键点就出在转播权上，很多人都呼吁西甲应该开始实行整体出售转播权的政策，或者各家俱乐部都应该按比例将一部分转播权收入交给工会来应对可能出现的欠薪危机。

但这样的提案，在20世纪80年代的背景下是注定无法被豪门俱乐部认可的。原因很简单，我皇马和巴萨花重金买球员和开工资，凭实力和成绩拿到的转播费凭什么要分？更何况，我又从来不拖欠工资，从我的转播费里抽成帮其他俱乐部解决薪水问题，天下哪有这样的道理？

于是，那几次罢工虽然帮助球员要回了应得的工资，但并没有从根源上解决西班牙中小俱乐部转播费太低从而动不动就揭不开锅的问题。而且接下来，但凡西班牙经济出现一点波动，立马就会在足球俱乐部身上得到直观的体现。

1990 年，西甲和西乙超过一半的俱乐部向西班牙政府提交了破产申请，朝野一片震惊，球迷一片哀号。在这种情况下，西班牙政府不得不挥舞大棒开启改革。改革方案主要就两条：

第一，西班牙所有的职业俱乐部都必须从传统的会员制改组成有限责任公司制。

第二，如果坚持不改组，那么你必须证明自己前三年和后三年都财政健康，毫无经济压力。

经济无压力？这简直是西班牙绝大多数俱乐部的终极梦想好吗？所以，除了皇家马德里、巴塞罗那、毕尔巴鄂竞技和奥萨苏纳，其他所有西班牙职业俱乐部都达不到这个要求，只能从会员制非营利性组织变成了私人所有物。

之所以做这样的改革，是因为西班牙政府打了个小算盘：球队变成私人所有物，就相当于强行给中小俱乐部都找了个幕后老板。转播权卖不出钱没关系，缺钱了可以找老板拿啊！从此再无欠薪一说，球员就算上访也只能直接去找老板，西班牙政府门前即将一片和谐！实在是太机智了！

不过好景不长，经过了十几年的蜜月期，这日子又开始过不下去了。

这一方面是因为西班牙富商们过足了砸钱玩足球的瘾之后开始锁紧钱包，另一方面在西班牙整体经济形势日趋恶化的情况下老板财产不断缩水，地主家也没有余粮啊。于是，穷和欠薪——再次成了西甲和西乙的主旋律。本来局势已经够乱了，而这时的西班牙政府还“恰好”跳出来当了一回“猪队友”。

2004 年，《新破产法》正式出台，将非会员制足球俱乐部视为普通企业进行破产处理。已经欠薪了 5 个月的拉斯帕尔马斯立刻趁机申请破产并获得了批准，俱乐部结束目前的一切业务，球员和教练恢复自由身，拖欠的工资通通归零。虽然他们后来从低级别联赛开始打起并且一路重新杀回了西甲，但当时拉斯帕尔马斯此举却无疑给西班牙足坛扔下了一枚重磅炸弹。

球员纷纷表示：还有这种操作？

球队老板表示：这种操作好啊！

接下来的几年，很多西班牙小俱乐部都想复制拉斯帕尔马斯的破产重生之路，却遭到了舆论和球员的极力抵制。西班牙政府收到这些俱乐部的破产申请之后开始实行“拖延大法”，一直拖到了 2011 年的最后期限大爆发。根据《马卡报》披露，那一年放在政府那里的西甲和西乙俱乐部的破产申请，已经达到了

21 份之多。政府和足协焦头烂额之际，球员率先爆发了。

西班牙球员第五次大罢工，从 2011—2012 赛季开始！

当球迷们在那个赛季买好球票或者定好闹钟，准备欣赏西甲揭幕战的时候，却发现第一轮所有比赛都临时取消了。根据《新破产法》中的条例，当一家普通企业连续三个月没有任何支付行为（工资、社保和买卖商品等），就可以被视为破产。于是，很多深陷财政危机的俱乐部或主动或被动，再一次集体选择了欠薪。

球员工会一统计，西甲和西乙总共有接近 200 名球员被拖欠了超过 4000 万欧元的工资，这球还怎么踢？于是在工会的牵头和卡西利亚斯、普约尔、哈维·阿隆索的榜样力量下，西甲和西乙所有球员开始拒绝比赛。当然，这三位大佬肯定是不会被皇马和巴萨欠薪的，他们是为了球员这个集体而冲在了第一线。

经过了长达 7 轮的谈判，西甲联赛终于从第二轮开始回到了正常的轨道。双方如何达成共识并没有向社会公布，但谁都知道西甲联赛和西班牙政府这次终于下定了改革的决心。因为，很快西班牙政府就下达了这么一项新规定：禁止任何球队与媒体签订超过 3 年的转播协议。政策背后的意思很明确：到了 2014 年我们要集体出售转播权了，打土豪分田地！

对于这项新规定，所有中小球队和低级别联赛球队当然都举双手双脚赞成，但两大土豪皇马和巴萨却呵呵一笑：说分就分，你问过我们了吗？我们同意了吗？

【改革之难，难于上青天】

就在西班牙政府出台新政之后没多久，皇马、巴萨先后和传媒巨头 Mediapro 签下了 4 年的转播合约，年均价格都在 1.45 亿欧元左右。这是马竞的 6 倍，是保级球队的 20 倍。看到没，皇马和巴萨也有过携手对抗西班牙政府的经历，那句话怎么说来着：没有永恒的敌人，只有永恒的利益。

这种公然抗命的行为让西班牙政府吐血三升，然后国家竞争委员会向他俩分别开出了 375 万欧元的罚单。看惯了足球新闻的球迷纷纷表示，这点小钱罚就罚了呗！不过在领到这笔“小额”罚单的同时，皇马与巴萨也收到了来自西班牙政府的严重警告：再单独卖转播权，接下来就不只是罚款那么简单了！

经过了长达三年的准备和扯皮（中间部分俱乐部还为了抵制免费转播策划了一次罢工），西班牙政府和西甲联盟终于在 2015 年实现了自己多年的梦想：将西甲和西乙转播权整体打包出售。众多小俱乐部欢聚一堂，庆祝大伙从只能喝汤升级成了可以吃点咸菜泡饭。

然后，西班牙足协和球员工会联合起来宣布：大家好，我们又罢工了。

原因如下：根据西甲联盟公布的“西甲和西乙分配方案”，90% 分给西甲俱乐部，10% 分给西乙。在西甲整体到手的这部分钱里，93% 分给各家俱乐部，7% 分给足协、西甲联盟和公益基金。

西班牙足协怒了，我虽然不负责西甲联赛的运营但好歹是一国足协，还要培训裁判、安排业余联赛和组织国家队，这点钱哪够？我要 10%！西班牙球员工会也怒了，隔壁英超工会从转播权里拿到 1.5% 来作为运营资金和俱乐部拖欠工资的储备金，我连一毛钱都没有？不行！我要 1.5%！

结果，一场“足协 + 工会” VS “政府 + 西甲联盟” 的战争就这么打响了。

2015 年 5 月 6 日，西班牙足协宣布从当月 16 日开始所有职业联赛和杯赛通通无限期推迟（包括西甲最后两轮）。时任足协主席比拉尔找来了盟友布拉特，表示要是西班牙政府插手，就让国际足联在全球范围禁止西班牙俱乐部和国家队参赛！说好听的这叫置之死地而后生，说不好听的这就是典型的损人不利己，在下佩服！

当天，西甲联盟随即发表声明，怒斥足协这一行为根本就不合法。队友国家体育议会也出来表态：“这是对西班牙民主与法律的侮辱。”

第二天，西班牙足协请来的救兵就到了，他们就是球员工会。是的，球员工会为了争取自己的那 1.5%，果断地和足协穿上了一条裤子。球员工会发表官方声明：足协没权罢工，但我们有，我们全力支持足协的这一英明决定。这一次，冲在战线最前方的包括卡西利亚斯、拉莫斯、伊涅斯塔、皮克、胡安弗兰等全体国家队大佬。就连梅西也站出来表态：“工会说什么，那就是西甲全体球员的意思。”

这下，整个西班牙足坛都慌了神。巴萨球迷开始担心，最后两轮要是延期会不会正好遇到梅西、内马尔被国家队抽调去打美洲杯？皇马球迷开始抱怨，要是直接取消最后两轮比赛，那积分榜会不会按 36 轮的结果来算？我们本来还有机会翻盘啊（36 轮过后，巴萨排第一，皇马排第二）。

好在经过了一系列各方势力之间的会议，西甲和国王杯还是最终顺利完赛，没有出现上述极端情况。双方最终达成的共识并没有对外公布，但有媒体爆料一位来自豪门的现役球员发挥了关键作用。

我们有一个大胆的想法，难道是皮……

反正，西甲历史上的第七次罢工最终平息了下来，西甲联盟新的转播分配方案也基本上得到了大多数人的支持。正当大家以为西甲即将开启太平盛世天下大同的时候，皇马一纸诉状把西甲联盟告上了法庭。

这回，皇马是对“90% 归西甲，10% 归西乙”的分配方法表达了不满，在沟通无果的情况下选择了法律渠道。你是不是想吐槽皇马，自己赚那么多都不愿意分点给别人？可事实却是，皇马觉得分给西乙的太少了，最好能到 30% ~

40%。难道，这就是传说中的舍己为人、大公无私？

亲皇马的媒体说，这是为了支持低级别联赛的发展，不然小球队降级动不动就要破产，而且豪门球队的 B 队打得好就能进西乙，这也不亏。反皇马的媒体说，这是为了让西甲中小俱乐部别拿太多，反正豪门有的是通过其他渠道赚钱的办法。西甲联盟主席特瓦斯无辜地苦笑："巴萨球迷不要老说我黑巴萨啊，你看我作为皇马球迷，居然被皇马俱乐部聘请了律师团然后告上了法庭。"

最终的结果是双方和解，细节同样没有对外公布。不过从后来的分配方案来看，基本上还是西甲联盟笑到了最后。

【曙光终于出现】

虽然改革方案难产了这么久，但西甲中小俱乐部的曙光还是在 2015—2016 赛季到来了。

那个赛季，西甲联盟将西甲、西乙、国王杯（除决赛）的国内转播权一起卖给了电信集团 Telefonica，入账 6 亿欧元。加上 5 亿欧元左右的海外转播权，西班牙职业足球比赛的价码达到了 11 亿欧元。2016—2019 这三个赛季，西甲联盟将国内转播权分别卖给了 Telefonica 和 Mediapro（就是当年和巴萨、皇马分别签约的那两个），总价 26.5 亿欧元。加上海外转播权，每个赛季的均价在 14 亿欧元左右。

虽然这和英超每年 20 多亿英镑的庞大数字还有不小的差距，但和集体出售转播权之前的 8 亿欧元相比，绝对算得上是一次巨大的提升。

对于一个"穷"字贯穿一生的西班牙中小俱乐部来说，这更是天降福音。

目前的分配方法如下：还是 90% 归西甲，10% 归西乙。西甲到手的这部分中，50% 平均分配，25% 看最近五年的联赛排名，25% 看当前赛季的转播场次和本队比赛平均收视人数。每支球队到手的钱，再分别按照一定比例（未公开）交给职业联盟、足协和球员工会，用来支持整个西班牙足球事业的稳定和发展。

2016—2017 赛季，巴萨从西甲转播权里分到了 1.46 亿欧元高居第一，皇马以 1.4 亿欧元紧随其后，马竞则以 9920 万欧元位列第三。西甲球队中到手最少的是阿拉维斯和莱加内斯，都是 3930 万欧元。

差距乍看之下还是很明显。但仔细算算，最高与最低之间的倍数已经从当年的 7.78 下降到了 3.72，降级队分成也从当年的 1800 万欧元翻了不止一倍，作为第三位的马竞从当年不到皇萨的 1/3 飞跃到了差不多 70%。

那皇马和巴萨呢？和当年基本保持不变。双赢。

也许有球迷会较真，毕竟好几年过去了，要是皇马和巴萨还是单独出售转播权，价格肯定比现在拿得更高。这话没错，但从西甲整体长远角度出发，这次改革至少给数量众多的中下游球队提供了前所未有的安逸环境，不再让他们和他们的球员动不动就担心风餐露宿，有了上顿没下顿。

如果西甲能继续在欧冠和欧联成绩上保持强盛，经济层面更加接近英超，并不是不可能。

或许到那时，整个西甲就能够迎来自己真正的黄金岁月。

皇马和巴萨的会员制，究竟有啥与众不同？

西班牙足坛曾经出现了数次波及多家俱乐部的经济危机，经过不断的改革和罢工折腾才终于形成了如今这个相对平稳的局面。而其中最惊心动魄的一次，无疑就是20世纪90年代初的俱乐部所有制改革。那次改革之后，整个西班牙职业足球系统里的会员制俱乐部就只剩下了皇家马德里、巴塞罗那、毕尔巴鄂竞技、奥萨苏纳这四家。

直到今天，依然如此。

【会员制究竟是什么？】

让我们先从什么叫会员制俱乐部开始说起。

现代足球诞生初期，俱乐部其实就是一群工人、学生或者教会区居民凑在一起踢球的小型组织。加入俱乐部的人每年缴纳一定的会费，然后大家投票选出一个最终拍板什么时候踢比赛、跟谁踢比赛的负责人，也就是我们常说的俱乐部主席。甚至就连派谁上场比赛、谁守门谁当前锋，很多都是由俱乐部所属的工厂管理层或者学校的老师们开会决定的。在那个青涩的岁月里，会员制足球俱乐部和我们现在的校队其实也没有多大的区别。

很快，足球就踏上了进化之路。原本给球员发工资被认为是破坏了体育运动的纯洁因此严格禁止，后来职业化变成了整个欧洲的趋势。很长一段时间内球员都必须同工同酬，额外给优秀球员发奖金要被禁赛停职，后来打破了限制的职业球星朝着超高收入人群一去不复返。

更重要的是，足球变成了一项越来越庞大的产业，牵涉到了大量的金钱、利益和社会资源。那种“校队级”的管理模式，很难跟得上时代的脚步。因此，包括英国、意大利在内的绝大多数欧洲国家，足球俱乐部都逐渐从会员制演变成了有限公司制。

那么，会员制和有限公司制究竟有哪些区别呢？

A. 会员制俱乐部没有所有者，而有限公司制俱乐部按照股权比例属于一个或者多个股东。在法律层面上，皇马或者巴萨这样的会员制俱乐部既不属于任何个人也不属于任何集体，同样也不属于会员，而是和红十字会一样属于非营利性社会团体。因此，会员制俱乐部没有任何需要分红的股东，同样不需要分红给会员。

B. 会员制俱乐部可以通过会员投票来选出主席，而有限公司制俱乐部的主席和整个管理层都是由老板直接指派的。虽然很多普通俱乐部也会有每年交年费的俱乐部“会员”，但这些“会员”并没有投票权，严格来说更像是皇马、巴萨也有的粉丝俱乐部。

C. 不属于任何人的会员制俱乐部天生带有无法交易的属性，而主席又是会员们自己投票选出来的领导者，因此依然保持着现代足球刚刚兴起时的原生态：扎根于当地居民和球迷。

听起来很美好是不是？那为什么西班牙政府要在20世纪90年代强行推进从会员制到有限公司制的改革呢？

【为什么要改革?】

原因其实我们在上一篇已经提到了：穷。

因为穷，大部分国家的俱乐部都在漫长的历史洪流中变成了有限公司制，但有这么两个国家顽抗到了最后：德国和西班牙。从好的方面来说，仍然坚持会员制使得他们的俱乐部更加贴近当地的支持者，更加接近于现代足球诞生时的那份初心。但从坏的方面来说，少了企业化的管理和有财富有人脉的幕后老板，大部分俱乐部往往难以找到扩展收入的途径，也容易按不住乱花钱的麒麟臂。

你想啊，反正不是自己的身家，为了更好的政绩和吸引更多的球迷，可不得拼了命在转会市场和球员工资上砸钱吗！不够咋办？掏钱是不可能的，这辈子都不可能掏钱的，只好找银行贷款维持生活这样子。

还不起咋办？不知道……

于是，在20世纪80年代后期开始的欧洲足球商业化大跃进和随后到来的银行贷款戳泡泡之后，德国和西班牙那些会员制俱乐部的大部分都出现了不同程度的债务危机。整个社会经济更加稳定的德国人把俱乐部和球队拆分开来，俱乐部还是会员制，球队变成了在“50+1”政策限制下的有限公司制（球队50%以上的表决权必须在母俱乐部手中）。而灾情更加严重的西班牙选择了另一条比较极端的道路——强制改革。

1990年，西甲和西乙超过半数的俱乐部向政府提交了破产申请，这是什么概念？大多数俱乐部都发不起工资，球员大罢工，这还都算轻的。继续恶化下去的话，要是这些俱乐部一起破产解散，难道西甲就这么要结束自己短短几十年的生命了？

坐以待毙肯定是不可能的，痛定思痛的西班牙政府颁布了新的《体育法》，其中的第19条要求所有职业体育俱乐部必须从会员制改组成有限公司制。

俱乐部向自己历史上的第一位老板出售所有股份得到注册需要的融资，而原本的债务（包括拖欠的工资和转会费）全部由西班牙政府一次性先行偿还，然后俱乐部分成12年还给政府。这次改革以1992年6月30日为限，到期没有完成的俱乐部只有两个下场：强行解散或者直接降入非职业的丙级联赛。

在这两年里，西班牙足坛彻底旧貌换新颜。虽然有马竞的老希尔和塞雷佐联手用空头支票骗股权的暗箱操作，但好歹俱乐部们都找到了一个愿意出钱买橘子树的幕后老板。不过在这波改革中，有四家俱乐部岿然不动，那就是前文提到的皇马、巴萨、毕巴和奥萨苏纳。

这是因为，在《体育法》里还有这么一条改革的豁免条例：如果俱乐部能证明自己前三年累计取得了盈利，而且经过职业联盟认定后三年也基本上不会出现经济危机，那么就可以继续保留会员制。

那么，为什么这四家俱乐部能在经济危机的大环境里独善其身?

首先，根据西班牙政府当时公布的审计报告，这四家俱乐部确实在前三年没有出现财政赤字。奥萨苏纳是支小本经营的球队，他们一直量入为出没有跟风砸钱。毕巴虽然是老牌劲旅，但是他们受限于只用巴斯克人的传统，有钱都没地儿砸。皇马和巴萨虽然花钱最多，但是他们成绩最好影响力最大，那几个赛季最后一算赚的比花的钱还多。

其次，他们四家所在的地区都很富裕。皇马在马德里大区，巴塞罗那在加泰罗尼亚，毕巴在巴斯克自治区，奥萨苏纳在纳瓦拉自治区，这几个地区在西班牙的地位就类似于咱中国的北上广深。我们翻了翻最近十年的西班牙17个行政大区的人均收入、人均GDP和社会福利指数排行榜，发现这四个大区每一年每一个榜单都在前五位。

前三年的财政从账本上来看没问题，后三年的财政有着地区经济和当地会员的支持，完全符合继续保留会员制的豁免条件。

此外，很多西班牙媒体也发表过这样的阴谋论：除了这些明面上的原因，继续让这四家保留会员制也有政治方面的权衡。马德里是西班牙的首都和中心，而皇马则是当时首都乃至全国范围内最有影响力的球队。毕巴和奥萨苏纳所在的那两个大区都是巴斯克人的自治区，巴萨所在的加泰罗尼亚同样有着高度的自治权，他们共同的两大特点就是：有钱、闹独立。

让这四家俱乐部保持会员制，既符合当地球迷想要拥护自家球队的心思，让他们把搞事情的多余精力转移到绿茵场的对抗上，还能完美实现地区与中央之间的势力平衡。咱们上学的时候都学过，三角形是最稳定的结构。古有天下三分之策，今有马德里VS加泰罗尼亚VS巴斯克，看来西班牙政府的数学学得相当不错……

当然，这些政治上的考量只是媒体的猜测，到底有没有这方面原因谁也说不清楚。反正到了 1992—1993 赛季，除了这四家之外，西甲和西乙其他俱乐部会员都失去了投票选主席的权利，只能接受出得起钱买下球队的新老板。

【会员的权利和义务】

那么，皇马、巴萨、毕巴和奥萨苏纳这四家俱乐部的会员们，现在还有哪些权利和义务呢?

我知道，当这两个词同时摆在眼前的时候，人们的第一反应肯定是先看到想看的那个。因此，作为一本正儿八经的学术书籍，我们决定先强调强调义务。

虽然在这四家俱乐部的会员准则里罗列了一大堆必须遵守的义务，但大多数其实都是“不能公开侮辱和诋毁俱乐部”这样的行为规范，真正最核心的内容可以概括为一条：每年按时交会费!

皇马 2018 年的成年会员会费是 145.49 欧元（连续交 50 年之后免费），巴萨 2018 年的成年会员会费是 180 欧元，除此之外会员没有任何其他的经济义务，除非你在俱乐部经济窘迫的时候自愿捐款。因此，这两家俱乐部每年从会员那里取得的会费收入基本在 1000 万 ~ 2000 万欧元。

那么，作为交换，他们的会员拥有哪些权利呢?

第一，会员可以买季票。就算诺坎普和伯纳乌有着八九万这样的世界足坛顶级容量，在关键比赛时还是会出现门票供不应求的情况。因此，对于当地经常想要去主场看球的铁杆球迷来说，一整个赛季的季票是最实惠和方便的选择。而这些季票，当然要先供给一直在支持着俱乐部的会员。即使身为会员的你没有时间经常去看球，也可以获得提前购买重要比赛门票的资格。比如，西班牙国家德比和欧冠淘汰赛。

不要小看这个优先权。举两个例子来对比一下，2017—2018 赛季巴塞罗那主场迎战瓦伦西亚的西甲联赛，比赛的三天之前官网的购票画面里还有着充足的余票，哪一面看台、哪一层都可以自由选择，即使是最靠近场地的底层看台，价格也是比较能让人接受的 179 ~ 199 欧元。但几周之后诺坎普上演的国家德比，前期只会提供上千欧元的 VIP 套票，普通门票也不会像其他比赛那样可以随时购买，而分成下面两个阶段。阶段 A：卖给没买季票的会员。阶段 B：卖给非会员球迷。

一般情况下，阶段 A 之后就剩不了几张票了。等到阶段 B 开始的时候，那就是对于反应、人品、网速、设备数量的终极考验，难度不亚于春运抢火车票和 1 元秒杀。

或许经验丰富的球迷会说，有人的地方就有江湖，有球赛的地方就有黄牛。有钱还怕买不到票吗? 来，我们再看下面这个案例。2017 年，两位中国球迷长途飞行来到马德里想看国家德比，但他们既没有在官网抢到票，也没有通过官方其他的票务代理和旅行社买票，而是选择在伯纳乌球场外买黄牛票。然后，2200欧元买了两张假票……若不是西甲方面的中国官方工作人员最终伸出了援手，你想想这得有多么悲催。

现在，知道会员可以买季票以及优先购买关键比赛场次门票的好处了吧？

第二，会员可以享受各种打折。比如，巴萨会员购买国家德比和欧冠淘汰赛门票可以打95折，购买普通联赛门票可以打8折，购买国王杯比赛门票更享半价优惠。又比如，无论是皇马还是巴萨会员，都可以在网上商店或者官方的实体球迷商店里享受全场9折。

再比如，如果你是皇马会员，那么购买官方合作保险公司的车险、财险和部分寿险都可以打95折。而如果你是毕巴会员，那么在毕尔巴鄂当地的部分餐厅、超市、加油站、公共交通等合作伙伴那里都可以享受到7折到95折不等的优惠，完美取代城市一卡通。

第三，会员还有各种福利。皇马会员可以在非比赛日免费参观伯纳乌，从博物馆到更衣室再到替补席，任意进出不限次数；也可以免费观看所有的卡斯蒂利亚主场比赛，亲眼见证“妖人”新星的崛起；还可以免费观看所有的公开训练课，每天都会有球星来到场边签名合影。

巴萨会员除了同样可以免费参观诺坎普和看B队比赛之外，4～12岁的小会员还可以申请在主场比赛结束之后，和最喜欢的球星交流合影。不过，因为申请的人实在太多，所以一般从进入排队序列到梦想成真要等待3～4个月的时间。

什么，你说这些权利其他普通俱乐部的“会员”也有，看不出有啥特别之处？那好，接下来介绍点特别的。

第四，可以加入委员会或者参议院，决定俱乐部的重大决策。皇马会选出2000名会员组成代表委员会，通过投票决定俱乐部的大部分关键事宜，包括是否通过管理层制订的下赛季预算方案（也可以提出质疑，比如：“转会预算太少了，我们要买梅西！”）、修改俱乐部的章程、支持不支持针对现任主席的弹劾案，等等。

巴萨除了也有会员代表委员会之外，还有一个由1000名资历最老、学历最高的会员组成的俱乐部官方参议院。这个参议院的作用是可以直接向核心管理层提出建设性意见，群策群力来让俱乐部的未来更加繁荣稳定。据说，这些年不少关于拉玛西亚的新政策最初都是来源于这里。

第五，可以投票选主席，甚至自己去竞选主席。与有限公司制俱乐部主席都是老板自己或者由东家钦定不同，会员制俱乐部的主席是会员们在大选里投票投出来的。皇马的主席任期是4年，巴萨的主席任期则是6年，每当任期将满或者主席辞职的时候，这些俱乐部的会员都有权利在大选里投出自己神圣的一票。

51618 名巴萨会员参与了 2003 年的主席大选，他们选出了后来开创“梦二”和“梦三”辉煌的拉波尔塔。57088 名巴萨会员参与了 2010 年主席大选，让罗塞尔成了俱乐部历史上得到最高票数的当选者，他虽然精于商业但人情味太淡，后来因为内马尔转会事件辞职走人。2015 年，47270 名巴萨会员参与了最近一次主席大选，巴托梅乌最终以 54.63% 的得票率超过想要复辟的拉波尔塔 20 多个百分点，就任为俱乐部历史上的第 43 位主席。

当然，为了在竞选活动里争取更多的票数，这些候选人都会给会员们画出各种各样的大饼。比如 2015 年巴萨主席大选时，拉波尔塔承诺要让瓜迪奥拉回来执教，全力培养哈维成为未来的主帅，让阿比达尔担当技术总监。除了这一手的温情牌之外，还有个转会市场上的重磅炸弹：从尤文图斯引进博格巴。

不过，他最终还是在大选里输给了巴托梅乌一万多票。因为，后者虽然没有许下什么绚烂的愿景，但他的参选口号是：去年（2014—2015 赛季）我担任临时主席，俱乐部拿下了三冠王。其他的大事我可能都做不到，也就只能做点这样的小事了。

这话正中巴萨会员们的红心。

至于皇马的主席大选，更是各种重磅转会计划的连环炸弹。就拿我们都最熟悉的弗洛伦蒂诺来说，他前四次参加皇马主席大选，2000 年买来了菲戈、康西卡奥和马克莱莱，2004 年引入了欧文、萨穆埃尔和伍德盖特，2009 年砸下了 C 罗、卡卡、本泽马和哈维·阿隆索，2013 年带来了贝尔、伊斯科和伊利亚拉门迪。

不过 2017 年的主席大选，只有老佛爷一个参选者……于是，那年的夏窗皇马不仅没买什么巨星，还赢利了好几千万欧元。

或许有球迷会说，参选主席很容易嘛，不就是转会市场放卫星吗，我天天都在《足球经理》里翻手为云覆手为雨！可惜，光会纵横游戏世界肯定是当不了皇马或者巴萨主席的。因为会员制俱乐部参选主席一般都有这么两条硬性条件：一是连续成为会员达到一定年限，基本上都是 15 ~ 20 年起步；二是要拿出一定的银行存款作为参选保证金。

什么叫参选保证金？意思是，你的这部分存款必须放在银行不能动，万一俱乐部出现经济危机还不起债，先拿你这些钱去抵。具体要多少呢？皇马的要求是年度预算的 15%，以 2018 年前后的财报数字来看的话那就是差不多 9000 万欧元。

这么多？当然啊，你以为皇马或者巴萨会选个没家底没地位只会空喊口号的“键盘侠”来当主席吗？

就拿他们现在的主席来说，弗洛伦蒂诺是欧洲最大的建筑业集团 ACS 的头号股东，拥有其 12.52% 的股份，而这个集团每年的利润大约在 8 亿欧元。巴托梅乌继承了家族企业 ADELTE 集团，该公司主业是机场和港口的建设与运输，虽然规模远小于老佛爷的 ACS，但每年的利润也差不多可以达到 6000 万欧元。

虽然会员制俱乐部不需要主席直接投钱，但没有相当殷实的家底，你连参选主席的资格都没有。而且，就算你是腰缠万贯的石油土豪，什么几千万欧元的保证金眼睛眨都不眨一下，也很难满足竞选主席的另一个基本条件：成为俱乐部会员连续十几年。

【如何成为会员】

皇马和巴萨的会员，大概是全世界外地人最难取得的身份资格之一。出于伯纳乌和诺坎普容量有限的考虑，也为了让俱乐部更加扎根于当地的群众基础，皇马和巴萨目前对于新会员都有着一条同样的硬性规定：必须是现有成年会员的直系亲属。

而且并不是你满足了条件就可以直接成为会员的，要先在申请队列里等待出现空缺或者扩充的机会。曾经有巴萨球迷从申请到入会等了差不多 10 年，还有一位皇马老会员去世后两个儿子为了争夺会员的继承权打了 3 年多的官司……

不过，巴萨对不到 15 岁的未成年人有额外优待，只要在诺坎普的会员办公室现场交费，并且提供一张未来可以每年续费的信用卡，就可以直接申请为会员。不限国籍，无须亲属，你动心了没?

但对我们这些成年人来说，简直就是拒人于千里之外啊！

其实也能理解，假如人人都可以交个钱就当会员，再顺应时代搞个大选网络投票，信不信巴萨和皇马的主席分分钟就全都来自一个遥远东方的文明古国。不过，为了不打击其他支持者的积极性，这些会员制俱乐部也提供了别的支持渠道。

巴萨为不满足上述会员申请资格的球迷准备了承诺卡（Commitment Card），持此卡满 3 年之后可以进入正式会员的替补序列，出现空缺的时候顺次递补。承诺卡持有者可以享受除了大选投票、购买季票、提前买票之外的其他会员权利，2018 年的年费是 141 欧元，在诺坎普球场内的办公室现场申请。

皇马则设立了马德里支持者（Madridistas），并分成 Basic（基本）、Magazine（杂志）和 Special（特别）三个等级，2018 年的年费分别是 30 欧元、50 欧元和 65 欧元。当然，这个支持者“会员”是没有投票和优先购买球票权的。

任何国家的球迷都可以在官网申请和付款，并享受邮寄会员卡、在线商店打 9 折、免费电子杂志、参与每年一度的马德里双人双飞大抽奖、每月一度的 VIP 球票大抽奖等待遇。如果是 Magazine 或 Special 会员，还会在第一次邮寄会员卡的同时附送欢迎大礼包，里面包括随机一线队球员的签名照片等。截止到 2018

年，马德里支持者在全球已经超过了90万人，为俱乐部每年额外带来了2000多万欧元的收入。财务自由的美凌格们，要不要用实际行动来支持一下自己的主队呢?

【会员制的争议】

当然，类似马德里支持者这样的“普通会员”，在英超、德甲、意甲等其他联赛的俱乐部里也普遍存在，并没有什么明显的区别。西班牙这四家会员制俱乐部的特殊性，更多地还是体现在俱乐部真正的会员（Socios）和组织结构上。

首先，因为会员制俱乐部没有任何需要分红的股东，每年赚得的盈利都可以留存在俱乐部以备未来使用，累积得实在太多那就只能按照规定上缴国库。因此，这些会员制俱乐部每年挣的钱都基本上会在1~2个赛季之内花光。不用存钱必须花钱，这种畅快想想都很爽。

其次，西班牙其他有限公司制俱乐部要缴纳30%的企业所得税，而这四家会员制俱乐部适用的税率为25%。这每年几百万欧元的差额似乎在足球世界里无足轻重，但也是实打实的直接优惠。

最后，这些会员制俱乐部与当地社会之间的紧密联系，也引发了不少的争议。2013年，欧盟对西甲部分球队展开了调查，怀疑他们暗中接受了来自西班牙中央和地方政府的资助，四家会员制俱乐部悉数在列。后来多家媒体爆料，欧盟也认真考虑过强制要求他们改组成有限公司制来解决潜在的不公平竞争问题，但最终考虑到难度过大选择了放弃。

业界对于西甲会员制也不是只有质疑，比如在已经高度商业化的英格兰足坛，就有不少支持会员制卷土重来的声音。很多足坛人士都号召英超应该向西甲会员制俱乐部学习如何贴近当地的民众，工党在过去几年更是一直在推进低级别联赛俱乐部球迷成立信托基金来收购球队股份的计划，也算是另一种返璞归真。

当然，会员制既不是完美无缺的，也不是想学就能学的。千万不要忘了，西班牙足球正是因为走投无路才进行了开头的那次全面改革，最终的幸存者也只是占据了天时地利人和的皇马、巴萨、毕巴和奥萨苏纳四家。而他们四家，很有可能在未来相当长的时间内继续保持着如此独一无二的地位，与当地的会员们一起经历风风雨雨。

对话李翔：当西乙 B 老板是种什么样的体验？

为了让各位更好地了解西班牙低级别联赛的方方面面，羽则同学特地为大家请来了前“西甲欢乐多”解说组合成员、现任西乙 B 俱乐部胡米利亚的主席李翔。曾经，李翔和唐晖用极具个人魅力的解说风格在足球界闯出了一片天，却在 2016 年完成了从解说员到俱乐部老板的角色转换。如今经营俱乐部已经过了两年的时间，李翔对于西乙 B 和足球也有了更多的理解。

【不同的身份，更多的热爱】

在大部分解说员都是科班出身的足球圈子里，当年的“西甲欢乐多”可谓让人眼前一亮。风趣幽默、敢于明确表达观点的他们开创了“嗑瓜子流”这一独特流派，颇受广大球迷的欢迎。那么，他们是怎么想到这条“歪路”的呢？

在李翔看来，这其实是水到渠成的事情：“解说最早从广播开始再发展到电视，主流就是 play by play（详细报道）的描述风格。好处是对足球的专业理解要求比较低，不需要加太多主观想法，所以不招人烦；难点是对播音技巧要求比较高，组织情绪和语气才是关键。而我和唐晖从大学一起看球时就喜欢指指点点，开始解说时又是在比较小众的平台，再加上西甲大多是深夜比赛，所以我们就沿用了自己看球时的说话方式，不希望球迷睡着更不希望自己睡着。与其说是解说，不如说是我俩陪着大家一块儿看球。”

不过，球迷们很快就发现“西甲欢乐多”的特殊之处还不只是“逗比”的解说风格，他们甚至以个人名义赞助了西甲劲旅拉科鲁尼亚的“屁股”。说到这次赞助，李翔仍然能记起当时的跃跃欲试：“我们是真心喜欢足球，所以还是想更深入地参与到职业足球里来。然而以我们自己的经历，国内足球圈比较闭塞，普通人无论想做裁判还是教练都有很高的门槛。于是我们索性决定自己花点钱去一直解说的西甲，看看人家到底是怎么做足球的。”

而且，这次赞助并不是球迷们以为的玩票，其实背后还有过深意。“赞助拉科的‘屁股’就是一个尝试的雏形。当年日本最早的留洋球员就是企业赞助去的，因此我们也是想通过这样的形式给中国球员和拉科之间牵条线。可惜的是我们当时刚刚进入这个圈子，在国内俱乐部那里碰了壁，他们都觉得这样的形式没有什么意义，因此最终没能有球员成行。”

既然俱乐部不给机会，李翔和唐晖决定自己创造机会，那就是——买个俱乐部。“我们在西班牙买下了两家独立的俱乐部，分别是西乙 B 的胡米利亚和西丙的穆尔西亚学生，后者通过签约的方式成了前者的 B 队，西班牙在这方面十分灵活。一开始，因为西方面孔比较方便，我们找了个阿根廷人合作，由他担任俱乐部主席，但是实际上出钱的都是我们。”

“现在我（李翔）是胡米利亚主席，唐晖是穆尔西亚学生的主席。我俩平时负责日常管理以及和体育总监、主教练的沟通，基本上每场训练都会看。当然，也会重点关注队内中国球员的表现。”

【差距明显，希望犹在】

2018—2019 赛季在穆尔西亚学生队内有着五名中国球员，分别是从鲁能青训引进的小将杨意林、陈国良、廖垒，在德国长大的孙怡朋，以及在西班牙本地长大的王佳豪。对于这几名中国小将的未来，李翔充满着希望：“赛季初我们的比赛任务比较重，有联赛也有足协杯，这几名中国球员都得到了很多的上场机会。当然，他们本身也有一定的实力。杨意林和陈国良都是国青常客，孙怡朋也能经常入选，现在的水平都比较有把握。虽然暂时不算队内的‘大腿’，但都足以胜任主力位置。我们也和在中国工作的一些西班牙教练有过沟通，他们普遍表示能在西丙站稳脚跟，踢中甲肯定没问题。如果能在西乙 B 打上主力，基本上就能在中超闯一闯了。还有胡米利亚从狼队租借来的杨明阳，本赛季基本就是我们踢西乙 B的主力球员，技术和态度都不比同龄的西班牙球员差。”

说到西班牙低级别联赛和青训，李翔忍不住开始感慨这两年算是见识到了咱们和足球强国全方位的巨大差距。“很多中国球迷可能对这些足球强国的低级别联赛不屑一顾，但实际接触之后就会明白比我们想象的要强很多。比如 2017—2018 赛季我们胡米利亚在西乙 B 和贝蒂斯 B 队比赛的时候，上半场取得了 3∶1 的领先。到了下半场的最后关头，他们才凭借洛伦·莫隆的两个进球扳平了比分。然而还不到一年的时间，莫隆已经成了贝蒂斯一队踢西甲的主力前锋。不仅如此，当时那场比赛里的左后卫儒尼奥尔·菲尔波，后来同样是贝蒂斯一队的主力。”

还有的例子可能更让球迷感到诧异：“又比如我们学生队 2017—2018 赛季的一个主力中后卫来自拉玛西亚，和梅西他们一届，也就是皮克从小的搭档。不过一年后他就不踢球了，成了附近一个 U14 队的主教练。像这样的事情在西乙 B、西丙还有很多，他们的身体素质和基本功都不会比西甲球员差太多，更多是技术细节和足球天赋上的区别。”

“而且不光是拉玛西亚，西班牙有太多优秀的青训体系了。比如就在巴塞罗那省的科内利亚，也就是高雷雷效力的那支球队，就有着超过1000名青训小球员，在一片人工草地上轮流训练和比赛。光是加泰地区17～19岁的孩子就可以参加五个级别的比赛，人数大概可以达到1.7万。而咱们国内呢？这个年龄段能踢上正规比赛的也就青超联赛的800多个人。我们并没有在西班牙做青训体系，因为真的不需要，这里所有想踢球的孩子都能找到适合自己的俱乐部。”

之前杨意林、陈国良和廖垒刚来到西班牙时，胡米利亚就是采取了和周边的U19球队签青训协议的方式让他们参加了训练和比赛，而当他们的年龄不符合继续参加U19比赛的规定后，2018—2019赛季在穆尔西亚学生直接踢上了西丙。李翔再次强调：“西班牙这里真的很灵活，与其弄一堆硬性规定，不如让所有喜欢足球的小孩都能踢上球。”

除了体系之外，西班牙的青训还有哪些独到之处呢？李翔最大的感触还是在基数方面：“其实就是足球人口基数够大，各个年龄段都有足够多的队伍，因此能为各种水平的球员提供比赛机会。球员只有通过比赛才能成长，这里的比赛节奏哪怕第九级都不会慢。”

此外，训练强度之大也给他留下了深刻印象：“孙怡朋和王佳豪从小就在欧洲训练，因此比较适应，但从国内过来的年轻人真的没想到这里的对抗强度会这么大。在国内的训练里真刀真枪地铲球很少，但在这里非常多，甚至教练还会鼓励你去对抗，毕竟只有训练里高人一等，比赛才有上场的机会。但绝大多数情况下这些都是训练里的正常对抗，很少有人下黑脚。我们常常觉得中国球员踢球怕逼抢，一方面是身体素质限制，但另一方面就是训练里跟不上，导致比赛里不喜欢甚至逃避对抗。中国球员从小练技术并不少，这方面没问题，但遇到对抗就无法保证高质量了。”

“不过，有意思的是我们的教练同样觉得中国球员虽然不喜欢高强度的身体对抗，却过于依赖用身体踢球。这可能也是来自改年龄的顽疾，青训时身体好的机会更多，也表现更好，但一开始纯粹凭借身体碾压，未来未必有优势。国内青训就要求出成绩，所以重用身体素质好的人，但国外就算是豪门俱乐部的青年队，也依然是所有人都有机会。还是那句话，首先是让想踢球的孩子们有球可踢。”

【立足长远，出口转内销不一定就是坏事】

2018—2019赛季在穆尔西亚踢西丙的18岁小将王佳豪，曾经被英国《卫报》评选为世界足坛未来60人之一，很多球迷都关心他的未来发展，那么俱乐部有没有特殊的培养计划呢？

李翔表示对王佳豪的培养其实早就开始了：“很早之前我们就把他送去拉科

试训过，来西班牙接手俱乐部之后的第一个赛季其实就签下了他，不过先后送到了皇家穆尔西亚和另一个巴塞罗那地区的青训营，2018 年正式回归队内。未来我们首先要让他学好中文，同时仍然要把他当作西班牙球员慢慢培养。他腼腆的性格和踢球的意识真的特像西班牙球员，可提升的空间非常大，成长要慢慢来不可速成。球迷们常常看到十八九岁就踢上顶级联赛的，其实那都是天才中的天才，一般球员到了 21 岁左右才能有立足职业联赛的基础，我们对他非常有信心。”

除了中国年轻球员，李翔和唐晖也在更高水平的球星身上验证过眼光。他们曾经以“西甲欢乐多”的名义投资了巴西球员马龙的部分所有权，不久之后马龙就加盟了顶级豪门巴塞罗那（现已转会萨索洛，但巴萨持有回购条款）。在胡米利亚，他们同样会直接参与转会：“这个级别其实基本上没有转会费的概念，90% 的合同都是一年一签，每支球队的转进转出非常多。比如之前徐根宝脱手后的洛尔卡连降两级，被马德里一个律师接手。直到联赛即将开打都没有一个球员和教练，但他不到一个礼拜就凑起来了。只不过，因为出现了类似当年切里舍夫事件的违规出场，首轮比赛被直接判负。所以，管理低级别联赛才是真人 FM 的最高境界，到了顶级联赛都是经纪人和体育总监打交道，老板说白了基本上只负责打钱，而我们的参与程度更深一些。”

不过，低级别联赛虽然可操作性很强，商业发展却极其有限。“刚接手的时候，胡米利亚就在降级边缘，我们承诺保级成功就发 iPad 等各种奖金奖品才最终保级成功。”李翔笑着说道，“现在的西乙 B 其实大多是大俱乐部的 B 队、落寞的老牌球队和大城市球队。比如卡塔赫纳人口约有 20 万，这才能支撑他们留在西乙 B 并且往上冲级。而胡米利亚就是个两万人口的小城，对足球的兴趣也不算太过浓厚，能留在西乙 B 就很不错了。如果不是我们的资金支持，这家俱乐部可能早就降级了。”

上赛季保级成功后，李翔、唐晖与球员球迷一起庆祝的照片登上了当地第二天的报纸

砸钱总会有个尽头，胡米利亚必须找到未来的生存之道。这一点，李翔也有着非常清醒的认识："坦白说我们还是需要中国球员的转会来挣钱，才能长远地发展下去。当然，对于这个出口转内销，网上有很多很多的负面看法。单纯凑个出场，这样的镀金确实没有什么意义，但我们并不想做那样的表面功夫。"

"我们要做的，是给中国年轻球员提供真正有帮助的训练和比赛条件。当他们在这里练级到能立足的时候，自然就能达到一定的水平。这样的事情，其实日本、韩国都在做。球迷们可能只看到五大联赛效力的日韩球员，但实际上低级别更多。比如在巴塞罗那这座城市的各家俱乐部和青训营，大约有1000名日本小孩在各级梯队里训练和踢球，这样的基数何愁不出人才？这个才是足球金字塔真正的基础。而我们现在做的，就是这个基础。"

为了做好这件事情，他们确实在努力提供着最好的条件。2018—2019赛季，曾经担任过葡萄牙国家队助理教练的莱昂内尔·庞特斯成了胡米利亚的新任主帅。"莱昂内尔在葡萄牙体育的青训营工作过很多年，亲眼见证过C罗、夸雷斯马、纳尼、穆蒂尼奥等葡萄牙国脚职业生涯的起步，至今跟包括C罗在内的很多弟子还经常联系，后来也跟着本托打了欧洲杯和世界杯。我们请他执教，是看中他的能力，也是为了提高一下年轻球员的水平。不仅是在胡米利亚踢球的杨明阳，在穆尔西亚学生效力的5名中国球员也会有跟随胡米利亚训练的机会，我们也会请莱昂内尔重点关注和指导。

当然，胡米利亚的人才培养计划也不可能仅仅是为中国球员服务。李翔随后补充道："莱昂内尔刚来的时候并不了解西班牙的低级别联赛，但看了第一场热身赛之后当晚就失眠了。他说没想到西乙B的竞争性比葡甲还要高，确实非常适合锻炼球员。比如狼队今年租借给了我们包括杨明阳在内的9名球员，后来基本上都有了登场比赛的机会。根据狼队球探给我们的反馈，他们普遍认为租借给我们的球员水平成长要比租借给英甲英乙的更快，因为英甲英乙大多是比较在乎成绩的老牌球队，不怎么会给年轻人机会。但我们作为西乙B的中游球队，本身联赛又有足够的对抗强度，练级速度肯定要更快一些。不仅中国球员如此，其他年轻球员其实也是一样。"

而且除了胡米利亚之外，他们也开始尝试把球员送到包括欧洲和日本在内的其他联赛。用李翔自己的话来说："我们做这些事的目的也是希望为中国足球的发展做点贡献，如果能够取得一定的经济效益，把这种平台稳定长远地发展下去，对我们、对中国足球都肯定不是一件坏事。"

这样的经营模式能不能结出丰硕的果实，中超甚至国家队会不会出现更多来自胡米利亚培养的球员，让我们共同期待。

CHAPTER 3

西甲秘闻录

卖自己，内马尔的生财之道

2017 年夏窗，巴塞罗那非常不情愿地用内马尔换来了一张创世界纪录并引起通货膨胀的 2.2 亿欧元支票。2.2 亿欧元是什么概念?

按照 2016 年世界 GDP 排名，2.2 亿欧元可以排在第 176 位，超过 60 多个国家和地区；按照 2016 年的世界军费排名，2.2 亿欧元可以排在第 91 位，超过波黑、塞内加尔等国家全年的军费支出；如果这笔钱用来吃火锅，每天吃 800 块钱可以一直吃 7500 多年；如果用这笔钱骑共享单车，可以绕地球赤道 66 万圈，或者往返地球和月球之间 34375 次，或者每天骑 24 小时一口气骑上 20 万年，然后骑车人就从一个周口店的北京猿人进化成了真正的北京人。

那么问题来了，既然卖内马尔能收到这么一笔巨款，为啥巴萨还是非常不情愿呢？原因很简单，即便不考虑内马尔在球队中的作用以及巴萨作为一支豪门的自尊心，单从经济上来说，巴萨这笔买卖压根就没赚到什么钱。

什么，2.2 亿还不赚钱?

是的。这一切，还要从内马尔的桑托斯时代说起……

【上船还是上车，这是个问题】

咱们都知道，早在为桑托斯效力之时，内马尔就已经吸引到了广大球迷的注意。内马尔登陆欧洲的第一站到底是哪儿，曾经是各大论坛翻来覆去讨论和扯淡的经典话题。那么大家猜猜看，第一个向内马尔发出正式邀请的欧洲俱乐部是哪家?

答案是：皇马。

西班牙媒体曾经曝光过皇马在 2006 年向马德里足协提交的内马尔注册文件，这个 14 岁的孩子当时已经两只脚都踏入了银河战舰的青训营。内马尔先是在训练中征服了卡瓦哈尔等队友，然后在伯纳乌的贵宾席看了场西甲联赛，再然后皇马为他的爸爸安排好了当地的工作，眼瞅着就要复制梅西加入拉玛西亚的故事了。接下来，他在注册刚被批准的三天之后飞回了巴西。

什么?

皇马方面对此的解释是：内马尔的父亲突然加价 6 万欧元，俱乐部因为弗洛伦蒂诺的辞职正群龙无首，对于给不给这笔钱发生了严重的分歧。桑托斯对此的解释是：我们找了律师告到了国际足联，皇马这是违规接触未成年球员，然后我们告赢了。而内马尔父亲的解释是：内马尔犯了思乡病，连哭了好几天。不管孰真孰假，反正内马尔和皇马之间的缘分，就差了这么短短的几天。

而在 4 年之后，切尔西也来了。照着当年马斯切拉诺和特维斯的销售案例，蓝军还拉来了资深“二手车中介平台”西汉姆联。他们给 18 岁的内马尔开出的条件是：先加盟铁锤帮，踢得好直接跳到斯坦福桥。送往桑托斯的报价从 1500 万欧元逐渐上升到 3000 万欧元，面前的西汉姆联和背后的切尔西为内马尔开出的工资也一路水涨船高，各式各样的奖金条款同样越来越多。这一次，内马尔又动了闯荡欧洲的念头。

他的父亲和当时的经纪人里贝罗都已经和切尔西达成了共识，剩下的就是说服桑托斯放人了。紧接着，桑托斯俱乐部和内马尔的父亲在桑坦德银行巴西分行开了个严肃的会议。经过了小黑屋里几个小时的博弈，内马尔的父亲终于成功地……被说服了。

什么?

根据当时在场的桑托斯营销经理内托的说法，他们采用了三步走的汹涌攻势。

第一步：动之以情。幻灯片里首先出现了一张空椅子的照片，配上的解说如下：“这是属于巴西民族体育英雄的椅子，自从塞纳离开了我们之后就一直空着。库尔滕因为伤病 29 岁就告别了网球，罗纳尔多 17 岁就去了欧洲。如果您的儿子留下，这个位子以后就是他的。”

第二步：场外援助。紧接着，桑托斯主席的手机铃声响起并被交给了内马尔的父亲，电话的另一头是贝利。球王是这么说的：“内马尔还要更强壮更成熟，才能在欧洲取得成功。如果是我的儿子，我肯定不会现在就让他去欧洲。”

第三步：金钱攻势。桑托斯的经济实力别说切尔西了，就连“中间商”西汉姆联都完全比不上。为了留住内马尔，他们准备在工资提高 3 倍的基础上，全力配合，为内马尔找来尽量多的个人赞助商。

于是，内马尔的父亲彻底被说服了。后来，桑托斯真的配合内马尔家族找来了耐克、松下、红牛等 13 家个人赞助商，从而让他的整体收入完全达到了切尔西承诺的水平。也正是在那个时候，内马尔和他的家人充分认识到了个人品牌能有多大的价值。

那一年，内马尔只有 18 岁。

【一个巴萨死忠引发的大地震】

正是因为内马尔在登陆欧洲大陆之前已经有了如此大的影响力，所以当

2013 年 6 月 3 日巴萨官方宣布以 5710 万欧元签下了内马尔时，巴萨球迷都欢欣鼓舞地认为这价不亏。当时巴萨财务副总裁苏珊娜·蒙赫甚至在接受采访时说："我想感谢那些策划内马尔交易的人，考虑到内马尔的作用，这笔交易明显低于市场价值。"

然而，还没等内马尔代表巴萨参加比赛，6 月 21 日《马卡报》以"内马尔的父亲收了 4000 万欧元吗？"为标题发了个新闻，指出巴萨签约内马尔时所花费的 5710 万欧元中，桑托斯俱乐部其实只收了 1710 万欧元，剩下的 4000 万欧元都落入了内马尔他爹的腰包。

看到这篇报道，绝大多数巴萨球迷都选择呵呵一笑。毕竟《马卡报》嘛，论倾向性，标准的皇马喉舌；论故事性，《世界体育报》和《每日体育报》有话要说。但在这片歌舞升平中，却有一名巴萨会员没有盲目陷入对未来的憧憬，他的名字叫约尔迪·卡塞斯。话说本职工作是药剂师的卡塞斯其实是个巴萨死忠，不过多年以来他一直热衷于行使自己作为会员的监督权，时不时地就喜欢批评一下球队经营，质疑一下赞助商什么的，属于"热心肠 + 键盘侠"那一挂的。

这一次，卡塞斯对着内马尔这张高额账单（假装有）暗暗地拨动着自己的算盘。然后，他算来算去始终觉得买内马尔的钱和官方公布的对不上账。作为巴萨的 13 万名会员之一，卡塞斯认为自己有权知道俱乐部是怎么花钱的。于是，他和俱乐部开始了如下的对话。

卡塞斯：我认为内马尔的交易远不止花了 5710 万欧元，请公布交易明细。

巴萨官方：您拨叫的用户暂时无法接通，请稍后再拨。

卡塞斯：我认为主席罗塞尔在内马尔转会过程中，有暗箱操作和中饱私囊的行为。

巴萨官方：您拨打的电话不在服务区，请不要再拨了。

是的，面对卡塞斯的质疑，巴萨官方一直处于离线状态。后来，卡塞斯告诉记者说："如果当时俱乐部跟我解释说'如果不用特殊手段内马尔就来不了了'，我也就不会再闹下去了。即便他们是骗我也不要紧，因为我需要的只是一个回应。"只可惜，巴萨在当时并没有回应。俱乐部这种官方装睡的态度激发了卡塞斯无穷的正义感和战斗精神，12 月 5 日，卡塞斯以"巴塞罗那主席罗塞尔在运作内马尔转会时私吞公款"为名，一纸诉状把巴萨告上了法庭。

这下，事情闹大了。

【糊涂账，总是会越涂越黑】

2013 年 12 月 18 日，法庭要求巴萨提供签约内马尔的所有相关合同文件。

12 月 23 日，巴萨新闻发言人弗雷克斯把 2011 年、2012 年和 2013 年的俱乐部相关文件递交给法院。

12 月 24 日，就在全国人民都围着圣诞树阖家欢乐的时候，卡塞斯和他的律师收到了巴萨的严重警告："如果巴萨因为你的唠唠叨叨导致被迫违反保密条例公布内马尔转会合同细节的话，后果自负。"也正是这份特殊的圣诞礼物，让卡塞斯决定战斗到底。

1 月 3 日，卡塞斯和他的律师要求巴萨解释此前提出的警告，并宣称受到了巴萨的威胁、恐吓和诽谤。

1 月 10 日，公诉人敦促法院接受诉状，并且提出让法院调取证据。调取证据的清单包括：FIFA（国际足联）、桑托斯俱乐部，以及内马尔他父亲控制的 N&N 公司有关内马尔转会的详细文件。

1 月 11 日，巴萨官方发表声明："内马尔的转会费就是 5710 万欧元，所有转会细节都完美地体现在财报里，这笔转会确定、肯定、百分百没毛病。"

1 月 15 日，卡塞斯的律师宣布在内马尔的转会中，又发现了 1000 万欧元去向不明。而巴萨这时候终于承认向桑托斯只支付了 1710 万欧元，剩下的 4000 万欧元都付给了内马尔他爹的 N&N 公司。不过，他们的财务副总裁苏珊娜·蒙赫对此事又有了个新说法："其实，4000 万欧元应该归于工资类，所以内马尔的转会费实际上只有 1710 万欧元外加如果进入金球奖前三的 200 万欧元奖金。"

看到这个解释，卡塞斯愣住了：哈？我连法院和检察院都惊动了，你却告诉我"内马尔只花了 1910 万欧元"，你是不是当我是个傻子？事情闹到这会儿，越发变得不可收拾。因为在巴萨高层瞎忽悠的过程中，所有旁观者都看出这事儿真的有问题。不仅是卡塞斯，连各家媒体也纷纷加入了私家侦探的行列……

1 月 20 日，《世界体育报》首先"跳反"。他们报道说："从 2011 年到 2013 年 9 月，巴萨共签署了 7 份文件，都和内马尔有关。现在巴萨只向法院递交了其中两份，并且很难说清其中 1690 万欧元的去向。"

1 月 21 日，《马卡报》再补一刀。他们报道说："内马尔的转会费总额其实高达 9060 万欧元，里面包括了给桑托斯的、给内马尔他爹的，以及签字费和友谊赛收入免费送等各项形形色色的资金。"

1 月 22 日，法官宣布卡塞斯对巴萨的指控已经足够清楚，法院将开启正式的审理流程。第二天，之前还一直高喊"我要求法官接受起诉，我要澄清此事"的巴萨主席罗塞尔宣布辞职。

事情发展到这儿，恐怕连卡塞斯自己也没想到。最初他只是讨要一个说法（哪怕是欺骗），最终却成功地扳倒了一个巴萨主席。然而，即便主席下台了，困扰着卡塞斯的问题依然没完全解决——内马尔的转会，巴萨究竟投入了多少钱？

所以，怎么把这事儿完美地解释过去，就成了新任主席的第一项任务。

【花花绿绿的收费项目】

在罗塞尔辞职的同一天，巴萨宣布巴托梅乌将在2016年主席大选前代理主席一职。而巴托梅乌上任之后的头一把火，就是公布内马尔转会费的具体明细。虽然各路媒体已经把这份明细调查得七七八八，但真正由官方公布出来，还是让人目瞪口呆。好吧，我们一起来看看巴萨在内马尔身上砸下的账单。

收费项目1：1710万欧元转会费，付给桑托斯俱乐部。

收费项目2：4000万欧元付给N&N公司，买断内马尔的部分所有权。

收费项目3：790万欧元的优先购买权预付款，付给桑托斯俱乐部。按照合同规定，在未来巴萨可以优先签约3名桑托斯的年轻球员，虽然后来并没有。

收费项目4：400万欧元的营销收入，付给桑托斯俱乐部。巴萨与桑托斯约定踢两场友谊赛，如果巴萨如约踢比赛，则产生的全部收入归桑托斯俱乐部所有。如果巴萨不踢，则要支付900万欧元的违约金。

收费项目5：1000万欧元的签字费，付给内马尔。

收费项目6：270万欧元的经纪人佣金，付给内马尔的父亲。

收费项目7：200万欧元的球探费用，感谢内马尔的父亲作为球探发掘了内马尔。

收费项目8：250万欧元的捐款，捐赠给内马尔慈善基金会。

……

内马尔的转会，就是这样一个360度无死角的收费游戏。甚至，巴萨官方公布的可能还不是全部。因为根据媒体的爆料，早在2012年巴萨就预支给了内马尔父亲850万欧元的经纪人佣金；2014年2月，巴萨还向西班牙税务部门补缴了因为内马尔转会而产生的1350万欧元增值税；2015年，内马尔进入“金球前三”，巴萨兑现了200万欧元奖金；至今巴西税务部门还宣称巴萨欠着自己880万欧元的税款；以及我们都知道的，内马尔在转会巴黎圣日耳曼之前拖拖拉拉终于赖到的2600万欧元忠诚奖金（续约佣金）；如果再加上内马尔在巴萨期间5年4400万欧元的工资……

巴萨在内马尔身上共投入了1.89亿欧元！而且在这笔钱中，有1.377亿欧元滚入了内马尔家族的私人账户！这究竟是怎么做到的？

【“N&N”公司，以及一个难对付的爹】

“N&N”公司的全称是“内马尔 & 内马尔”公司，是由内马尔的父亲内马尔·达席尔瓦·桑托斯一手创办并实际控制的。之前的篇章里提到过，南美球队经常会因为资金周转困难，而把自家球星的部分所有权卖给第三方公司。而在转会巴萨之前，内马尔的所有权是由桑托斯俱乐部、DIS 公司、Teisa 公司、“N&N”公司等一大堆公司共同所有。其中，内马尔家的“N&N”公司是内马尔自己的最大股东。是的，基于在经济上的远见卓识以及对自己儿子“将来可值大钱”的信心，内马尔的父亲早早就把儿子的大部分所有权都牢牢把握在自家手里。

还记得前文提到的“桑托斯愿意提供帮助”吗？没错，正是在俱乐部的眼皮底下，老内马尔建立起了一支包括广告总监、宣传专员、理财专家、行政秘书、安保团队在内的全方位“内马尔刷钱委员会”，甚至其中还有个“职业生涯管理部”。在这支专业团队的帮助下，老内马尔不仅全面开发了儿子的商业价值，而且还利用打时间差、暗箱操作等方法把其他“内马尔胳膊腿所有者”的收益压制到最低。

比如在 2015 年 6 月，内马尔曾经的小股东 DIS 公司就把内马尔告上了法庭。DIS 公司说自己曾经拥有内马尔在桑托斯俱乐部所有权的 40%，但却因为球员在“道德和经济上的双重背叛”没拿到该得的钱。DIS 老板戴塞尔·松达还声称，内马尔背着其他所有权人和巴萨之间签了一份“禁止和欧洲其他俱乐部签约”的协议，导致他们完全失去了选择权。

虽然各路私家侦探到最后也没能打听出这份协议是个什么内容，但又有媒体披露：“N&N”公司成立于 2011 年 10 月，在成立仅仅两个月之后，这家公司就收到了两笔共计 4480 万欧元的款项。入账的具体时间是巴萨在世俱杯上击败桑托斯的 6 天之前，而资金来源正是巴萨。随后，巴萨又分别在 2013 年 10 月和 2014 年 2 月给“N&N”打了两笔共计 3080 万美元的款子，这些钱使得巴西联邦税务局开始调查内马尔的逃税行为，最终指控他在 2011 年至 2013 年逃税 1050 万英镑。

随着更多的内幕被揭露，这场游戏的所有玩家都快要崩溃了……

【玩家一大群，吃鸡仅一人】

很明显，在这场交易中桑托斯俱乐部是输家。由于交易时内马尔和桑托斯的合同只剩一年，所以桑托斯根本没有讨价还价的权利。他们作为培养内马尔的俱乐部，只收到了 1710 万欧元的转会费，这笔钱还要分给 DIS 公司 700 万欧元，Teisa 公司 100 万欧元，最后落到自己手里的只剩下 900 万欧元。

而巴塞罗那俱乐部也输了。他们不仅在引进内马尔的过程中花了许许多多奇怪的钱，而且在之后不断地有各个国家的税务局和其他所有权公司找上门说：“哎，巴萨，你还欠我们钱。”

2014 年 2 月 20 日，巴萨被正式指控在签约内马尔时有“税务欺诈”行为，虽然最终补缴了 1350 万欧元的税款息事宁人，但法庭的声明却让巴萨颜面扫地：“巴塞罗那俱乐部关于内马尔的 7 份合同虽然以不同名义签下，但目的都是掩盖或隐瞒该球员转会巴塞罗那的真实费用，最终以秘密的手段来逃避或降低应缴的税费。”

前巴萨主席罗塞尔更是输得一塌糊涂。他不仅因为内马尔丢掉了主席的职位，而且因为这事儿还牵扯出他的一大堆洗钱旧案。比如，罗塞尔旗下的阿里安托市场营销公司，在承办巴西和葡萄牙的热身赛中收了黑钱；又比如，这家公司压根没有承办这比赛的资质，文件是另一家关联公司帮忙伪造的；再比如，罗塞尔曾在 1992 年到 2000 年涉嫌挪用资金 400 万欧元，还帮助巴西足协以购买小型飞机的方式洗钱 400 万欧元……最终，罗塞尔锒铛入狱。

所以，在内马尔这场一地鸡毛的互咬之中，几乎所有参与者都是输家。而赢家只有一个：内马尔家族。

与欧洲球员不同，南美球员喜欢雇用自家亲戚当经纪人，这些亲戚又有着其他职业经纪人所不具有的枕边风、餐桌忽悠、“儿子你妈说在这个城市容易犯风湿病”等独特作用。所以在巴萨高层眼中，这些年最难对付的经纪人根本不是门德斯和拉伊奥拉，而是罗纳尔迪尼奥他哥、阿尔维斯他前妻、梅西他爹和内马尔他爹。

毫无疑问，在这些亲友团中，内马尔的父亲是最难对付的一个。在内马尔准备转会大巴黎时，本来交易可以提早完成，但老内马尔要求巴黎方面暂缓转会，目的是再从巴萨捞一笔。因为 2016 年内马尔续约时双方约定，如果到 2017 年 8 月 1 日内马尔仍然是巴萨球员，那么巴萨将额外支付 2600 万欧元的续约佣金。当时间节点触发条款之后，内马尔顺利转会大巴黎。据《天空体育》等权威媒体披露，内马尔的薪水高达 5 年 1.5 亿欧元，而老内马尔可以从大巴黎手中拿到 4000 万欧元佣金。

就这样，在内马尔两次“贩卖自己”的过程中，内马尔家族以独特的姿态凌驾于所有玩家之上，一会儿摆成 N，一会儿摆成 B。这大概就是传说中的——俯视苍生。

【内马尔，将成为整个法甲的经济增长点】

在操作内马尔转会的过程中，大巴黎在转会费、经纪人佣金、税款、工资以及一系列奖励消费上共支出了大约 5 亿欧元。那么，这笔钱究竟是否值得？

从目前的发展趋势来看，答案是肯定的。因为，内马尔实在是太值钱了。看看大巴黎签下内马尔之后会获得什么吧。

第一，内马尔本身的价值。2017 年，著名的足球研究机构 CIES（足球天文台）公布了一份球员价值报告，内马尔的估价为 1.86 亿英镑，约合 2.1 亿欧元，在榜单上连续两年排名第一。CIES 由国际足联与瑞士纳沙泰尔大学合作建立而成，他们对于球员价值的评估是根据球员在场上的表现、年龄、市场号召力等参数综合计算的，这份榜单在业内相当权威。而这个 CIES 对内马尔本人的估价，就已经和他的转会费相差无几。

第二，内马尔的巨大商业价值。内马尔的吸引力有多大？据法国媒体报道，还没等内马尔正式在王子公园球场颠球呢，就已经有 1.5 万名热情的球迷在各家官方商店门口排队买他的球衣。在内马尔官宣之后的 6 个小时，商店里的 1 万件内马尔球衣就被抢购一空。

第三，内马尔是赞助商的决胜法宝。目前，内马尔共有 15 家私人赞助商，其中大部分都是国际一线品牌。其中有许多赞助商都把内马尔作为他们现在和未来在足球领域的代表人物，比如，目前头牌是 C 罗的耐克。有业内人士分析："因为 C 罗的年龄要比梅西大，所以耐克很担心在 C 罗走下坡路时耐克的影响力也会受到影响。所以，耐克必须赶紧找到一张新的王牌去代替 C 罗。这张王牌，无疑就是内马尔。但是，耐克也不能容忍自己未来的一号球星始终生活在阿迪代言人梅西的阴影中，所以支持内马尔转会去巴黎是耐克最好的选择。"

第四，内马尔将成为流量领袖。内马尔是整个桑巴王国的代言人，加盟大巴黎前他在 Instagram、Facebook（脸书）和推特上的粉丝总数为 1.692 亿人。而巴黎圣日耳曼的官方账号在这三个流量平台上加起来只有 4330 万粉丝，这意味着内马尔一个人的粉丝数量就几乎达到了大巴黎的 4 倍。这也是巴萨在内马尔转会之后急于签下库蒂尼奥的原因之一，他们需要一个新的巴西偶像去占领市场。

第五，卡塔尔将获得更高的地位。大家都知道的，大巴黎的钱罐子其实是卡塔尔人塔米姆·阿尔萨尼。这位金主有着多重身份，他不仅是卡塔尔国王，而且还是卡塔尔国家奥委会主席，堪称卡塔尔体育界的地标性人物。在卡塔尔承办 2022 年世界杯之后，足球已经提高到了国家战略高度。据卡塔尔媒体报道，在内马尔转会大巴黎之后，他很可能出任 2022 年世界杯的形象大使，这其中阿尔萨尼起到多大作用可想而知。

是的，内马尔就是有这么大的价值。对于巴萨来说，他们从内马尔的转会中耗费大量的心力，却只是勉强维持了一个收支平衡。而更大的损失，无疑在于内马尔将在未来带来持续的经济利益。

毫无疑问，这也是大巴黎所想的。所以，大巴黎是幸运的，他们拿到了在梅西和 C 罗之后最能刷钱的商品；而更幸运的是，在购买这个商品时，全世界并没有几家能付得起这个钱。

至于这件商品未来究竟能赚回多少，让我们拭目以待。

强制违约金的是是非非

咱们都知道，西甲球员谋取转会时有一项毁灭性的大招——强制违约金。

没错，在西甲每一份球员合约都强制要求定下违约金金额，理论上对方俱乐部愿意出这笔钱就可以带走球员。2017 年夏窗大巴黎为内马尔砸下的 2.2 亿欧元违约金引起了整个足球市场的通货膨胀，而半年之后，毕尔巴鄂竞技俱乐部也宣布拉波尔特通过支付 6500 万欧元违约金的形式与球队解约。第二天，曼城官方宣布这位法国中卫加盟球队。（画重点，下面会考。）

那么，违约金究竟是什么？为什么西甲会强制要求俱乐部和球员签约的时候必须注明违约金，而其他大部分联赛都没有这一硬性规定？接下来，就让我们了解一下西甲强制违约金的养成过程。

不过在此之前，请各位先思考另外一个问题：转会究竟是什么？

【转会究竟是什么？】

啥，这还要思考？很多球迷可能立刻就会得出答案：一家俱乐部从另一家俱乐部那里买下球员的过程，就叫作转会。

乍一听，这话好像没什么问题。习惯了每个冬天和夏天无数球员改换门庭的球迷们，觉得俱乐部买个球员就跟我们买个房买辆车甚至去超市买个菜买瓶饮料差不多。一手交钱，一手拿货，唯一的区别可能就是他们用支票我们刷微信。

而且，转会中万恶的资本主义俱乐部根本不把球员当“人”。在欧洲俱乐部自己的账务处理里，转会费都是以购入资产的形式进行记账，然后再根据与球员所签合约的年限进行摊销。这种处理方法，和一般企业买台机器或者买辆车其实并没有什么本质上的区别。

但是，转会毕竟是在交易球员啊，所以在交易主体上肯定还是和买车买房有所区别的。最大的区别，就在于交易主体究竟有没有选择权。说白了，如果你卖房子的话只是你和买家在扯皮，而房子自己肯定不会因为“我不要去那个人手上，他对房子不好，他不打扫卫生”什么的拒绝交易。但球员就不一样了，两个俱乐部之间就算是一见钟情还对彩礼钱特别满意，但球员不点头，谁也不能包办婚姻。虽然经常在足球世界里调侃俱乐部“黑店”“超市”，但其实球员们手上还是掌握着去与不去的最终决定权。

当然，也有某些职业体育联盟是真正的“买卖人口”，比如北美的那几大球类联盟。无论是在 NBA 还是在 MLB，球员交易的标的物实际上都是合同而不是人。因此，只要两支球队达成一致完成了球员交易，新东家得到的其实是老东家与球员之间签署的合同，从而自动获得了让这名球员为球队打球的权利。在这一过程中，球员无法参与也无法拒绝，甚至有时候老板连通知都不通知，导致球员出现“我也是从报纸上才知道自己已经被交易去了美国另一边”的茫然。

不过，在足球世界里，这种“一觉醒来变了天”的情况是绝对不可能发生的。因为，一次正常的转会，需要买家俱乐部先和卖家俱乐部谈好转会费，然后再和球员谈好新合同，最终球员与老东家的旧合同作废，在新东家注册并且履行新合同。也就是说，与 NBA 直接交易合同相比，足球世界的转会其实更像是“跳槽”。

在大部分日常生活里，跳槽就是个交辞职信然后去新公司上班的过程，其中不怎么会涉及两家公司之间的金钱交易。但对于某些特定行业或者某些特殊人才，原来的工作单位不愿意在合同期内轻易放人，想要直接辞职那就必须拿出合同里规定或者是根据工资计算出来的违约金，而这个违约金基本上会由跳槽之后的新东家来承担。

等等，聪明的你是不是想起了什么？没错，开头画的那段考点里，拉波尔特的转会过程是不是就和上面这种高级人才的跳槽过程一模一样呢？

【违约金和强制违约金，是不同的物种】

其实，拉波尔特这个“毕巴先官宣球员解约，曼城再官宣球员加盟”的操作，就是西甲强制违约金姿态最标准的打开方式。而我们在这里之所以要特地强调“西甲强制违约金”，是因为这种打开方式属于西甲那旮旯的土特产。

先来看看一般情况下的违约金。之所以要设置违约金，主要原因当然是——方便跳槽。

是的，有的球员虽然愿意和俱乐部签约或者续约，但内心仍然觉得自己在未来很可能再上一层楼前往更广阔的天地。直白的会说“××俱乐部是一块很好的跳板，我的目标是星辰大海”，心思缜密的则会和俱乐部在签约之前就谈好条件，以便未来离开的时候不会受到太多的阻碍。

而且，球员转会往往是一个漫长而又复杂的过程，买方的开价和卖方的要价之间动不动就隔着条惊人的鸿沟，在慢慢填沟的过程中说不定就要挣扎到靠传真机网速来决胜负的关键时刻。这时候买家和球员就会想，要是卖家能设置一口价成交该有多好啊，哪怕多花俩钱呢……

于是，违约金应运而生。球员在和俱乐部签约时就商量好一个固定的金额，未来当有满足条件的金主愿意出价到这个金额时，俱乐部必须接受并且让球员去和新俱乐部谈合同。这样的违约金条款是球员合同之外的附加产物，因此有着极大的随意性。签约时有没有这条，都可以。这条是写在合同之内还是双方另外签个协议，无所谓。至于生效期间和生效条件，更是五花八门什么都有。

比如，在 2017 年多纳鲁马和 AC 米兰的续约风波里，媒体爆料拉伊奥拉作为小鲁马的经纪人向 AC 米兰开出了这样的条件：“米兰进欧冠，违约金 1 亿欧元；米兰没进欧冠，当有欧冠资格的球队来买人时，违约金自动下降到 5000 万欧元。”然而，米兰当时正处于蛰伏期，上次进欧冠还是 2013—2014 赛季……

又比如，在费莱尼当年和埃弗顿达成的协议中有着 2350 万英镑的违约金条款，但是生效期间是每个赛季英超联赛开打之前。2013 年夏天，阿森纳、曼联等多家俱乐部都和费莱尼取得了联系，但他们都在看着购物车犹豫要不要点付款，生生等到了联赛开打之后。最终，莫耶斯执教的曼联到了关窗之际还是把这个比利时蓬蓬头收入帐下，代价是多付出了 400 万英镑。

再比如，RB 莱比锡中场纳比・凯塔的合同中有着一条在 2018 年夏天生效的违约金条款，但是并不是啥俱乐部都能靠违约金砸下凯塔，因为合同还有一条要求：“激活违约金的前提是，对方必须是一家拥有欧冠资格的俱乐部。”在 2017 年夏窗，利物浦多次报价凯塔都被 RB 莱比锡拒绝，红军担心 2018 年违约金条款生效之后自己可能很难竞争过其他俱乐部，于是制服组突然开了脑洞：“合同中虽然规定是拥有欧冠资格才能放大招，但并没有规定是什么时候拥有欧冠资格啊。”最终，利物浦成功地利用了这一漏洞，用自己 2017 年的欧冠资格激活了凯塔 2018 年的违约金条款，提前一年预定了这个球队的新援。

是的，就是有这种操作。

但是，这些稀奇古怪的违约金条款从来都不会出现在西甲联赛的世界观里，蒂亚戈当年那个根据出场次数决定具体金额的浮动违约金就已经是极限中的极限，这又是为什么呢？因为，西甲的强制违约金，真的是个完全不同的东西。

第一，它是强制的。嗯，这好像是句废话。

1985 年，为了保障职业运动员在合同中的权益，西班牙劳动和社会保障部颁发了当年第 1006 号皇家法令，其中针对运动员与俱乐部的合同做出了一系列严格的规定。而这条法令的第 16 条，成了西甲实行强制违约金制度的法律依据。

在这一条款里，明确要求“专业运动员可以自行决定终止合同，但如果终止需要给俱乐部合适的补偿。如果终止合同后的一年之内运动员和另一家俱乐部签约，那么则由新俱乐部负责支付这笔补偿。假如双方没有这方面的协议，那么法庭将根据具体损害情况和原因进行认定。”

听起来是不是有点像离婚打官司分财产？离婚的财产分割已经是一件很麻烦的事情了，而球员的解约一点儿也不比离婚简单。因为这条看起来很缜密的规定，真执行起来却会遇到一大堆现实问题。

比如，“补偿金根据损害情况和原因进行认定”，哈？谁能有个公式计算出球员离开造成的损失？他走了球衣会少卖多少件？球票损失多少？丢失多少潜在的广告商？会不会影响球队食堂的恩格尔系数？由于职业足球的特殊性，这些所谓的损害根本无法真正推算出一个合理的数字。假如俱乐部不在合同里写明违约金的数字，那么真的对簿公堂的时候，法庭往往是根据球员薪水推断出一笔不大的金额。你想想，要是签约梅西的违约金就是他合同中剩余年限的薪水，会有多少俱乐部打爆巴萨的电话呢？

俱乐部岂能吃此大亏！于是，强制违约金从此成了西甲球员合约中必不可少的一部分。嗯，总之都怪皇家法令。

第二，就像上面那条法令中的描述以及拉波尔特等人的操作一样，西甲强制违约金的激活机制是球员先和老东家解约，再和新东家签约。如此这般，就和其他国家被视为普通转会的违约金条款有着巨大的不同。

或许有人会问，这无非就是个具体操作顺序的问题，有那么夸张吗？其实，真的有。因为从理论上来说，这一大笔强制违约金是球员新东家先交给球员，然后球员再拿着钱去老东家那儿给自己“赎身”。然而这一笔“赎身费”到球员手上的一刹那，税务局跟着就来了：“那啥，听说你入账了一大笔钱，来，缴个税先。”

熟悉西甲的球迷都知道，在这片土地上只要提到了税，那就是个大问题了……

【从重税到免税】

前面曾经提到过，一般情况下欧洲俱乐部之间进行球员交易被视为出售资产，所以需要缴纳的是增值税。在西班牙，这一增值税（IVA）税率为21%。当然，既然是增值税那就有进项抵扣，俱乐部买卖球员有进有出，因此实际税率大约是3%～5%。

直到2016年改革之前，球员从新东家拿到的这笔违约金都被视为自己的收入，因此就产生了纳税的义务。违约金肯定不是个小数目，因此肯定要适用最高档税率，而在西班牙个人所得税的最高档税率是多少呢？差不多50%。

没错，在欧洲大部分国家以及中国，最高档的个人所得税税率都在50%左右。西班牙从2016年开始将个人所得税的最高档税率降到了45%，和咱们这儿一模一样。这意味着什么？意味着如果用普通方式操作转会，那么实际纳税只有不到5%，但如果放出了强制违约金的大招，走完一整套激活的流程之后的交税额就会是普通转会的十倍以上（考虑到纳税基础是税前收入）。而且，俱乐部连个“纳税大户”的奖状也捞不到，因为纳税人已经从卖方俱乐部变成了球员个人。问题是，这么高的税收当然不可能真的让球员自己承担，所以“羊毛出在羊身上”，这笔钱最终依然要砸在买方俱乐部头上。

对于西甲大部分俱乐部来说，与其让买家多交这么大一笔落不到自己口袋的税，不如做个顺水人情，反正大家抬头不见低头见。因此，只要是对方俱乐部开出与强制违约金相等的转会费，他们都更愿意选择通过普通转会的方式来完成交易。

但如果老东家坚决不想放人呢?

有钱人表示，砸。下面，有请当年还是土豪的摩纳哥登场。曾经，这家俱乐部有着还没离婚的俄罗斯“化肥大王”雷博诺夫列夫撑腰，他们2013年直接从塞维利亚激活了孔多比亚的强制违约金条款，为此多交的税费超过了1000万欧元，“豪”不在乎。

其他人表示，磨。下面，有请富但抠门的杰出代表拜仁登场。从毕尔巴鄂竞技引进哈维·马丁内斯的过程中，拜仁就遇到了违约金交税的大问题。虽然巴斯克地区有着税收大幅减免的优惠，但激活哈马4000万欧元的违约金也需要多交差不多600万欧元的个人所得税。

于是，拜仁开始了晓之以理动之以情的汹涌攻势。“你看利扎拉祖在我们两家之间构筑了友谊的桥梁”“大兄弟咱们以后有的是合作的机会”“哈马此前对俱乐部已经算是尽心尽力了”……对不起我编不下去了。反正，拜仁想尽了一切的办法，据说还找了西班牙足协帮忙（怕影响国脚的状态)，最终毕巴终于松口同意走了转会流程。

第二年，同样的事情发生在了蒂亚戈身上。这一次，拜仁最终选择了比强制违约金还要高出200万欧元加一场友谊赛收入的价格才说服了巴塞罗那放人，从而避免了交上数倍于这个数字的高昂税费。

不过，这样的高昂税费已经彻底成为了历史。根据西班牙税务局在2016年10月通过的一项议案，此后球员通过强制违约金条款买断自己的合同，从新东家那里拿到的买断金额不再被视为个人收入，而是视为资本利得。这笔钱交给老东家的过程被视为资本损失，可以和之前的利得相互抵扣，从而不需要再额外交税。

曼联表示：你早点改革，我何苦为了埃雷拉跟毕尔巴鄂磨了一整年。拜仁表示：你早点改革，我何苦和毕巴还有巴萨各磨了一个月。大巴黎表示：哈哈哈哈哈哈哈，2.2亿欧元我把内马尔带走了，免税，哈哈哈哈哈。

巴萨：……

不过，虽然关于税的问题已经得到了解决，但强制违约金还有着其他的争议。

【强制违约金的是是非非】

欧洲足坛普通的违约金条款的含义是俱乐部必须接受的转会费金额，而西班牙这个强制违约金的含义是球员买断自己的合同，然后新东家补偿他。虽然每个球迷都知道这就是转会，但在法律层面上这种违约金买断究竟算不算转会，至今仍没有定论。在过去几十年里，西班牙因为这个引发了无数争议和官司。直到今天，还在继续。

比如，当大巴黎通过强制违约金挖走内马尔之后，巴萨拿着手里的2.2亿欧元还没来得及考虑买谁，桑托斯就找上门了：我的一份呢？

巴萨：……

桑托斯的依据是国际足联从2003年开始实行的“团结机制”和“青训补偿”。“团结机制”指的是，当一名球员转会时，转会费的5%要拿出来交给这名球员从12~23岁效力的俱乐部。12~15岁每年各分0.25%，16~23岁每年各分0.5%，可以累积相加。比如罗本从皇马转会拜仁，格罗宁根分到了50万欧元；罗比尼奥从皇马转会曼城，桑托斯则分到了180万欧元。

“青训补偿”指的是，当一名23岁以下的球员签下第一份职业合同，或者进行转会时，要按照所在国的每年固定金额标准给球员12~23岁时的青训俱乐部一定的经济补偿。这项规定在不同国家之间的转会强制执行，但在国内转会里是否执行、怎么执行由足协自行决定。

所以，当内马尔从西甲跳到法甲时，青训母队桑托斯立刻找到了巴萨，来索取他们的“团结机制”。但巴萨认为内马尔买断合同然后加盟巴黎的行为在西班牙法律中属于解约后的重新签约，这压根就不是转会。于是两家关系已经极度紧张的俱乐部，又一次陷入了长时间的扯皮。

不光是巴萨，皇马也曾经深陷在强制违约金的泥潭里无法自拔。甚至，因为这玩意儿闹上法庭，也是皇马开创的。1999年，皇马青训球员米斯塔结束了在特内里费的半年租借，想要直接转会去这家俱乐部。而在当时，米斯塔与皇马的合约里规定的违约金是7.5亿比塞塔。但是，特内里费并不想出这么多钱，就和米斯塔一起把皇马告上了法庭，要求皇马降低强制违约金的金额。

啥？自己签合同时同意的违约金，还能去打官司？没错，米斯塔和特内里费的根据正是前面那条皇家法令里对于违约金的定义：“合适的补偿”。他们认为，给一位年轻球员这么高的违约金显然是不合适的，米斯塔离开皇马的损失也明显要比这个数字低得多。

你猜结果怎么着？特内里费居然胜诉了！米斯塔的违约金数额从7.5亿比塞塔降到了400万比塞塔，一下子缩水到了原来的千分之五。最终，特内里费花了这个折合为2.4万欧元的超级白菜价，就得到了这位后来在瓦伦西亚大放异彩的优秀球员。

皇马：……

因此，巴萨在梅西合同里写下的7亿欧元违约金，理论上其实有降低的可能。好事的西班牙媒体曾经根据米斯塔等案例，再结合梅西每年的工资水平，计算过如果打官司，最多可以把他的强制违约金降低到2.5亿欧元左右。这个数字，好像和内马尔已经差不太多了耶。

当然，这样的极端情况出现的前提条件是：某个土豪俱乐部说服了梅西，然后联合他一起把巴萨告上了法庭……

嗯，梦想还是要有的，虽然肯定实现不了。

从佣金到签字费，经纪人到底有多肥？

球迷们常常感慨，如今的豪门球队在建队理念上已经越来越倾向于用购买成品来代替自家孩子漫长的“打怪升级”。但在球迷的视线之外，随着球员身价的一路飘红，一个特殊的职业正在以惊人的速度肥硕起来。那就是——经纪人。

下面，就让我们走进足球经纪人的世界，了解一下球员、球队和经纪人的关系，以及他们究竟如何在当今足坛搅弄风云。

【经纪人，是个好工作】

按照《辞海》中的解释，“经纪人”这个词指的是为买卖双方介绍交易并以此获取佣金的人。在我们的印象里，经纪人不应该是个很赚钱的职业。毕竟球员转会是一场发生在两支球队之间的买卖人口活动，而在中间“拉皮条”的经纪人顶多也就是从中捞口汤喝喝。然而，下面的数据可能会颠覆你的想象。

2016 年，门德斯促成了 7. 27 亿美元的球员合约，从而拿到了 7270 万美元的基础佣金。就算不加上其他或明或暗的渠道，这一收入放在当年的福布斯运动员收入排行榜上就可以排到第 4 位，仅次于 C 罗、梅西和勒布朗·詹姆斯，高于费德勒、杜兰特和德约科维奇。同年，拉伊奥拉靠着伊布、博格巴、姆希塔良这一波球员的集体转会就赚到了高达 3560 万美元的基础佣金，在曼联这一只羊身上就薅足了羊毛。

2017 年，老内马尔作为幕后推手把儿子运作去了土豪大巴黎，在这一过程中不仅帮儿子的薪水翻倍，还不忘在万人唾骂中领走巴萨半年前谈好的“因内马尔续约而产生的”2600 万欧元签字费。内马尔正牌经纪人扎哈维，则在大巴黎提供的球员合约中获得了 1200 万欧元的佣金。

2018 年，姆希塔良和桑切斯互换东家。作为姆希塔良的经纪人，拉伊奥拉站在两家俱乐部中间叉着腰提出了以下要求：第一，阿森纳给姆希塔良涨工资。是的，虽然姆希塔良在曼联已经成了闲散人员，但跳槽必须要加薪。第二，拉伊奥拉要求从这笔交易中得到 500 万英镑的佣金。是的，虽然曼联和阿森纳只是平换了 7 号，但给拉胖子的提成必须达到他的要求。

BBC 的记者奥恩斯坦甚至在专栏中写道：“这笔转会主要取决于拉伊奥拉。如果他同意了，那么姆希塔良就会去阿森纳。如果他说不，那么这笔转会就泡汤了。成败与否和曼联、姆希塔良都没什么关系。”一笔转会成不成和球队、球员无关？没错，大牌经纪人就是这么牛。

经纪人之所以能在转会市场上翻云覆雨，主要是因为球员转会这事儿实在是太过复杂了。很多球迷可能会觉得，球员转会不就是签个合同嘛，无非是你愿出多少我想拿多少的讨价还价，这点事儿还需要专门雇个专家？

然而事实是，真的很需要。职业球员的合同细节远不是咱们想得那么简单，其中有太多普通人难以准确把握的特殊内容。而且，大多数球员的知识水平连普通人的程度都达不到，所以想在跳槽过程中实现自己的利益最大化，最好的方式就是找个经纪人来操心。那么，经纪人在转会中要帮忙打理哪些事呢？

【经纪人，一个时时刻刻拨弄着算盘的职业】

每个著名的经纪人，都是集法律、会计、税务、审计、职业钻空子、专业厚黑学等各种技能于一体的跨界天才。在每一桩转会中，经纪人必须时时刻刻为自家客户的钱包考虑，帮助球员完成各项条款的讨价还价。

第一项，当然是基本工资和奖金。薪水是税前的还是税后的，出场奖金多少，赢球奖金又是多少，俱乐部夺冠或者争四成功能拿到多少好处，我的客户为俱乐部鞍前马后多少年才能拿到忠诚奖，等等。比如大部分前锋球员的合同里都会有“赛季进球达到×个就可以获得多少奖金”的条款，更厉害的经纪人还会帮助客户把这一条款升级为“赛季每进×个球工资就上浮×%”，来保证自己球员的收获与付出完美匹配。

第二项，球员附加值，嗯，还是钱。毕竟顶级球星的肖像权每年能够获得上百万欧元的收益，甚至可以让他们增收20%以上，所以经纪人经常会为了肖像权归球员自己还是归俱乐部、分成的话各拿百分之多少的问题和俱乐部抗争到底。

第三项，在其他特殊条款上揩一把油。比如范德法特2015年加盟皇家贝蒂斯时，合同中规定他不能在比赛中穿着有任何红色元素的球鞋。这主要是因为皇家贝蒂斯的主色是绿油油，而他们的同城死敌塞维利亚则是红彤彤。于是经纪人灵机一动：“我们家球员就喜欢穿红鞋怎么办？未来和代言厂商的产品有冲突造成损失了又要怎么办？”然后，为不能穿红鞋这事儿给范德法特争取到了114428欧元的补偿。

第四项，签字费，有意思的来了。在转会中，除了球员工资、转会费或者违约金之外，新东家经常会额外给球员一笔钱当作见面礼，这就是通常所说的签字费。按理说，见面礼在性质上属于红包，包多大当然是送礼的说了算。但如今的足坛世道变了，签字费几乎变成了约定俗成，而且还是经纪人为球员争取的重点项目。

当然，有的球员为了推进转会主动放弃了自己的签字费，比如罗比尼奥转会皇马、马斯切拉诺转会巴萨，球员都主动拿出了自己签字费甚至未来薪水的一部分，来填补新老东家关于转会费的差价。还有的球员，一场球没踢就用签字费让新东家吐血三升。你想想，要是你是经纪人，手里握着合同只剩半年的大牌球星，市场上到处是举着支票求贤若渴的富贵豪门，那不得往死里宰啊！

综上所述，一般情况下，经纪人在转会中的作用主要是坐在谈判桌前压价抬价修改合同条款，接着对后续的纳税、签约提供一站式服务。然而，并非所有的合同最初都是两厢情愿。比如这些年我们看了无数次的那些转会肥皂剧，第一集球员想转会，东家不放人；第二集球员想加薪，东家黄世仁……

这时候，就轮到经纪人大显身手了。

【经纪人与俱乐部的相爱相杀】

来来来，让我们看看经纪人推动转会的常用手段。

手段一：发挥职业狗仔精神。把一些捕风捉影的消息放给小报记者，然后让他们轰轰烈烈地宣传出去。比如 2016 年夏天，伊卡尔迪的妻子兼经纪人旺达就公开爆料："瞧一瞧看一看啊，国米愿意出售伊卡尔迪啦""我老公是香饽饽，尤文和那不勒斯都提出了报价""钱不是问题，中超球队愿出数倍年薪，哈哈哈"。然后，国米和伊卡尔迪续约到了 2021 年，旺达的言论也变成了"他从来都不想离开"。

手段二：鼓励球员强硬起来。不给离队是吧，转会申请、罢训罢赛、找个队友打一架，想要折腾有的是办法。马斯切拉诺加盟巴萨之前，直接表明不愿再为利物浦出场。库蒂尼奥和巴萨纠缠的那段时间，转会窗一开就腰伤。在他俩这种行为的背后，都有着经纪人霍布拉钦的影子。

手段三：亲自出马，不惜与球队结下梁子。拉伊奥拉曾经连续对着阿贾克斯下黑手，先是怂恿伊布离开，然后又策动格里格拉和马克斯韦尔拒绝续约免费走人，这些操作让阿贾克斯直接把拉伊奥拉扔进了黑名单。而 2012 年博格巴免费加盟尤文图斯更是拉伊奥拉的代表作，弗格森爵士在这件事之后说："有那么一两名经纪人是我不愿意合作的，其中就包括拉伊奥拉。"

不过，即便弗爵爷在拉胖子身上吃过这么大的亏，曼联还是无法断绝和这种大牌经纪人的往来。因为经纪人对于俱乐部来说，是人脉的象征，也是与大牌球星牵线搭桥的红娘。在遭遇财政危机或者想要清理冗员的时候，俱乐部甚至会直接找到这些著名的经纪人，用临时雇用的方式让他们为自己的球员寻找下家，事成之后的佣金由老东家以服务费的方式直接支付。热刺当年把保利尼奥卖到恒大，切尔西把拉米雷斯卖到苏宁，都采取了类似的方式。

除此之外，经纪人还能帮助俱乐部处理一些地狱级别难度的局面。比如，穆里尼奥在和曼联牵手成功之前，遇到了一系列让人无语的障碍。

曼联：我有手表赞助商宝路华。

鸟叔：我是宇舶代言人。

曼联：我球衣胸前赞助是雪佛兰。

鸟叔：我在捷豹广告里当超模。

曼联：我有赌场合作伙伴多纳科。

鸟叔：我也代言了韩国天堂赌场。

曼联：等一下，我们好像不是在打牌……

这些赞助商的竞业关系，单凭曼联自己砸钱是搞不定的，还是得叫上门德斯一起摆平方方面面。

不过除了这些特殊时期的携手合作，在大部分俱乐部的眼里，经纪人往往都是吸血鬼的形象，不信你回头翻翻前面说的那些巨额提成。拜仁主席鲁梅尼格说："经纪人收入这么高简直是荒唐，他们为球员服务，最后却都是俱乐部买单，谁能告诉我这是为什么?!"而对于同行来说，有些经纪人也不是好东西。法国经纪人贝勒哈桑说："拉伊奥拉是个小偷，专门偷球员。伊布、马图伊迪、博格巴这些球员都是他从别的经纪人手里偷来的。"

然而对于球员来说，经纪人却是扎扎实实为自己谋福利的天使。在许多球员的职业生涯里，经纪人既是财神爷又是管家婆，甚至还充当着老师和父亲的角色。

【经纪人，已经开始包揽一切】

并不是每个经纪人都能从同行手里抢到客户，所以很多经纪人打着灯笼满世界寻找，看见天赋异禀的少年就早早收入自己的帐下。比如，在桑切斯只有 15 岁的时候，当时还没多大名气的经纪人费尔南多·费利切维奇就亲自跑到桑切斯的老家和他的母亲大人促膝长谈："阿列克斯这孩子骨骼清奇，把他交给我吧，将来保你全家吃香喝辣衣食无忧。"

就这样，小桑切斯的未来被交到了费利切维奇手上。2006 年，费利切维奇把桑切斯送到了乌迪内斯；等乌迪内斯庙小了，2011 年，他又把桑切斯送到巴萨，转会费高达 2600 万欧元；看到桑切斯无法在巴萨占据绝对主力，费利切维奇又把桑切斯运作到了阿森纳，开启了一段"大腿"生涯；而 2018 年，桑切斯在 29 岁的年纪拿到了英超最高薪和 750 万英镑的签字费，其中费利切维奇当记头功。

2017 年夏窗，桑切斯在被问到是否和枪手续约时甚至说过："我的经纪人会看看怎么做，他知道一切，他会坐下来和俱乐部谈，找到最适合我的选择。"什么叫绝对信任，看看桑切斯怎么对费利切维奇就知道了。这种关系的建立，一方面是因为桑切斯几乎是费利切维奇一路拎着长大的，另一方面是因为费利切维奇真的为桑切斯做了很多。

事实上，如今经纪人的业务也早就不局限于单纯的经济服务了，他们的营业执照上写的经营范围已经扩大到了方方面面边边角角。

比如，经纪人会帮球员克服水土不服。大到语言不通、找不到好房子、娶不到好媳妇，小到吃不惯炸鱼薯条、没人接孩子放学、不会开银行账户和电话卡，凡是有可能干扰球员心情、影响球员状态的问题，优秀的经纪人都会尽量帮忙解决。实在无能为力，他们也会去聘请合适的厨师、司机、翻译、家教，来 360 度无死角地照顾球员生活。

又比如，经纪人会帮球员打官司。商家侵犯肖像权、俱乐部拖欠薪水怎么办？经纪人一纸诉状告上法庭。和老婆分久必合合久必分怎么办？经纪人拿出分家产方案。酒后驾车、偷税漏税、被狗仔队拍到"车震"怎么办？经纪人继续全程擦屁股，保证球员尽可能地远离这些麻烦。

再比如，越来越多的经纪人开始帮助球员进行理财，寻找合适的商业项目投资，创办个人品牌，合理规划财产以及在关键时刻按住球员那挥霍无度的手……

据统计，在欧洲已经有 38% 的经纪人为球员提供理财服务，46% 的经纪人给球员提供管家式服务，这一切让球员对经纪人产生了深深的依赖。当然，任何一种服务都不是白送的，一分钱一分货是亘古不变的真理。经纪人既然提供了五星级的服务，也得相应地拿五星级的佣金。

【佣金是啥？这么好赚吗？】

提起佣金，大家多半会觉得这钱是来源于经纪人在转会费中的抽头或者回扣。但实际上，国际足联在这一点上有明文规定："严禁球员的经纪人从转会费中获利。"这条规矩意味着经纪人没办法直接把手伸向转会费，因此他们的佣金来源其实是球员的工资。

在当今职业体育中，经纪人几乎都是靠着从运动员的工资总额里按比例抽成的方式来赚钱，只不过抽成比例略有不同。有些运动项目有硬性规定，比如 NBA、NFL（美国国家橄榄球联盟）等北美体育联盟分别规定了 3% ~5% 的佣金上限。而国际足联对于经纪人的佣金比例并没有强制性的规定，目前约定俗成的是 5% ~15%，普遍在 10% 左右。

比如，登贝莱 2017 年加盟巴萨签约 5 年，年薪为 1200 万欧元，算上奖金的话最高可以达到 2000 万欧元。根据足球揭秘网站 Football Leaks 的披露，登贝莱的经纪人可以拿到 900 万欧元左右的佣金。这个数字，其实就和登贝莱 5 年合同总薪水的 10% 差不多。

而经纪人的佣金不仅能在转会中获得，球员的续约也同样需要付给经纪人佣金。也正因为这一点，经纪人才会天天琢磨着把自己旗下的球员兜售出去或者签个新合同。毕竟，球员合同在静止状态下他们是赚不到钱的，要想赚钱，只能让球员的合同动起来。

当然，也有大鳄级别的经纪人开辟出了其他来钱更快的渠道，比如第三方所有权。这种经营方式当年在巴西、阿根廷、西班牙、葡萄牙等葡语和西语系联赛中广泛存在，出现第三方所有权的俱乐部一般有着以下共同点。

A. 他们曾经拥有球员的完全所有权。

B. 他们很穷。

C. 他们手头上值钱的只有球员，但又不想把所有好球员都直接兑换成钱。

D. 经纪公司作为第三方买下了部分所有权，导致球员变成了俱乐部和经纪公司的共有物。

当然，经纪公司拿着球员的部分所有权也不能拆条胳膊卸条腿拿回去，所以他们会把球员“借给”俱乐部踢球。等到转会时，再按照球员的持有比例收取转会费。这玩意儿发展到后期，俱乐部购买球员时的转会费大头都会直接来源于经纪公司。

在经纪人中，门德斯把这一套玩得最为炉火纯青。他分别在直布罗陀和泽西岛注册了两家专门收购球员所有权的投资公司，自己的经纪公司 Gestifute 则以专业顾问的形式帮助投资公司挑选有前途的球员，并且和英格兰、西班牙、葡萄牙等各地俱乐部建立了长期的销售合作关系。

门德斯的买卖做得有多大呢？2001—2010 的 10 年间，本菲卡和波尔图接近 70% 的转会交易都和他的公司有关，巅峰时期他旗下有半支葡萄牙国家队。而门德斯赚了多少钱呢？从第三方所有权出现到 2015 年被叫停，本菲卡和波尔图出售球员的转会费中超过半数都交给了第三方公司，俱乐部到手的其实仅有 40% 左右……所以，“欧洲黑店”表示自己背着这个诨名真的很冤啊，门德斯才是左右“黑店”价格的真正幕后大佬。

作为西甲曾经最依赖第三方所有权的球队，马德里竞技的情况也是如此。床单军团当年出售法尔考的 6000 万欧元转会费中，1500 万作为多留一年的回报进了球员口袋，超过半数交给了与门德斯关系密切的 Doyen 经纪公司，俱乐部到手的甚至不到 1000 万欧元。而他们将科斯塔卖到切尔西的 3800 万欧元转会费中，30% 上交给了门德斯和他的公司，20% 留给了前东家布拉加，最终装进自己钱包的也就 1900 万欧元左右。

逐渐地，各家俱乐部实在难以忍受“卖自家球员帮别人数钱”的日子了。从2015年5月开始，国际足联在全球范围内禁止设立新的第三方所有权。虽然新规矩立了，但无法阻止经纪人捞钱的大手。这一次，他们的目标不再是球员，而是直指俱乐部的所有权。德国经纪人罗杰·韦斯特曼直接投资了包括丹茨莱吉亚在内的几家俱乐部，然后做主从巴西买来了好几位自己代理的球员。门德斯牵线搭桥让华裔老板林荣福收购了瓦伦西亚，先后将自己旗下的12名球员和主帅努诺送到了球队。

当然，绝大部分经纪人并没有如此雄厚的经济实力，所以他们中的大多数还是靠着吃佣金为生。那么，新的问题又来了。假如从工资中抽佣金已经不能满足经纪人的胃口了，剩下的谁来买单呢？

球员表示：这钱我不能出，在交易中我只是件商品，你难道让商品自己付中介费？

卖方俱乐部表示：这钱我也不出，国际足联规定了经纪人的佣金不能在转会费里扣。

最后，买方俱乐部代表艾德·伍德沃德默默擦了一把眼泪：“为了接博格巴回家，我们足足要花两亿欧元。”

哎？买博格巴不是只花了1亿欧元吗？是的，转会费是1亿欧元。但除了转会费之外曼联还要支付博格巴5年8500万欧元的工资和肖像权费用，以及2400万欧元的签字费。而据《米兰体育报》报道，拉伊奥拉将拿走2000万的佣金，最后留给博格巴的其实只有400万的零头……

是的，经纪人的胃口就是这么大。所以，也有很多球员实在不能忍受自己的辛苦钱就这么被经纪人榨走一大堆，于是就选择了抛开职业经纪人，另找他人打理一切。

【选择经纪人的独特姿势】

如果不想大出血聘请职业经纪人，球员一般会选择以下方式打理个人事务。

方式一：自己当经纪人。大部分球员都是中专技校文凭，真的有人能看懂这么复杂的合同？事实上，还真有。比如“金色轰炸机”克林斯曼，精通6种语言，熟悉法律知识，特长是侃大山。他带着这几项技能走遍了大江南北，每一次转会都是自己亲自谈。巅峰之作签约拜仁慕尼黑教练职位时，曾经单枪匹马侃晕了赫内斯。

还有的球员自带忠诚属性，打定主意为母队奋斗终生，给新约就签，压根没考虑过跳槽，所以对于他们来说请经纪人的价值也就是相当于请个保姆。比如，公开宣布“要想签下我，你只能买下曼联”的斯科尔斯，以及7岁就加入尤文图斯，曾经长期没有经纪人的马尔基西奥。

方式二：聘请自家亲戚当经纪人。南美球员因为祖上穷，所以特别流行请自家亲戚做经纪人。比如梅西和内马尔的爹，罗纳尔迪尼奥和拉莫斯的哥，伊卡尔迪的老婆，还有一堆兄弟姐妹等直系亲属。

更神奇的是，阿尔维斯的经纪人蒂诺拉是他的前妻，不知道他们在离婚之后如何保持这种“我赚钱你管账”的关系。不过，蒂诺拉似乎很满意现在的状况，前夫转会尤文图斯之后，作为经纪人的她表示：“阿尔维斯甚至比他25岁的时候还棒。”这句话……真是能脑补出整整一集电视剧。

球员聘请自家人当经纪人的优点在于，随叫随到而且一切都为球员着想，即便付了佣金也是肥水不流外人田。稍等一下，厄齐尔有话要说。

厄齐尔的父亲穆斯塔法曾担任儿子的经纪人，据说还在从皇马到阿森纳的转会中发挥了关键作用。但由于和妻子离婚，他失去了儿子的信任被炒了鱿鱼。后来，厄齐尔先找了自己的哥哥，然后还是选择了专业经纪人。2014年，狗血的剧情出现了——

穆斯塔法以“没拿到做经纪人期间应得的佣金”为由把儿子告上了法庭，在法庭上厄齐尔的新经纪公司却反咬一口，要求穆斯塔法把当经纪人期间80万英镑的贷款和公司名义下的一辆车全都吐出来。无奈的厄齐尔最后选择了庭外和解，家丑内部解决。

所以，经纪人并不是你想当就能当的，经过专业审核的往往才更靠谱。

【当年考试猛于虎，如今掮客人人当】

从1991年开始，国际足联实行了经纪人牌照制度。就像注册会计师、司法考试等一系列让人望而生畏的资格认证一样，想变成经纪人也要在持证上岗前扒掉几层皮。

第一步：先拥有所在国的体育经纪人资质，考啥证都得有个基础资格不是。

第二步：努力学习，参加所在国足协组织的国际足联统一考试。这项考试采取闭卷答题的形式，共有20道多项选择题，其中15道由国际足联直接出题，另外5道由所在国足协根据当地法律自行命题，答对14道以上才算合格。虽然都是多选题，但实际的难度并不算小。德国每年大约有90%的报名者无法通过考试，2010年前后通过英足总报名考试的平均通过率大约为6%，2012年韩国组织的经纪人考试更是出现了119人报名仅1人通过的惨烈局面。

第三步：考试通过，然后缴纳20万瑞士法郎的执业保证金。这笔钱必须存在瑞士银行的指定账户并且不可被撤回，目的就是一旦经纪人干出有损球员利益的事儿，就把这钱作为球员的补偿。

当然，捷径也是有的。持有国际社会认可的律师证，或者身为代理球员的直系亲属（父母、兄弟姐妹以及配偶）不需要考试也可以获得国际足联经纪人的资格。因此，无论是伊卡尔迪的妻子旺达，还是梅西的父亲豪尔赫·梅西，都是名正言顺的正牌经纪人。

也有不需要捷径的，比如拉莫斯的哥哥雷内·拉莫斯。他身为拉莫斯的哥哥，却不仅考过了经纪人资格还成立了自己的经纪公司。他代理的球员除了弟弟之外还有马塞洛，以及2018年为巴萨打入第一球的小将阿尔奈斯（咦?）。

不过，这项艰难的考试已经成了过去式。2015年4月1日开始，国际足联取消了实行20多年的经纪人牌照统一发放制度，将管理的权力完全下放给了各国足协，要不要考试、如何考试全都由足协自己来定。

于是，这规定就开启了五花八门的执行方式。在中国，成为一名足球经纪人（严格来说叫代理人）仍然需要通过相关考试并且继续缴纳保证金；在墨西哥，申请不仅要通过笔试，还要通过足协官员的面试；而在部分欧洲国家，只要填一个申请表格，无犯罪前科，支付几百欧元的手续费，全程不超过1个小时，就能成为足球经纪人了……

就是这么简单绿色无污染。

这些新成员的业务水平，大家可想而知。英国人斯塔布就向媒体披露了这样的心声："现在我是伦敦和周边一些青年队球员的经纪人，但其实我啥都不懂。我没任何经验也没经过任何培训，所以基本上我都在吹牛皮。真遇到一些问题的时候，我只能摊开双手说我是新人，啥也不懂。"

在国际足联取消统一考试之前，全世界只有大约30%的球员交易是由持证经纪人操作进行的，剩下的都是亲戚代理。这就创造了一个隐秘的地下系统——私下的交易和难以追踪的资金走向。而现在，一大群外行的加入也让未来的经纪人世界出现更加分明的两极分化：水越来越深，好的经纪人越来越贵，然后俱乐部想买人，就要为这帮"拉皮条"的付出更多的钱……

根据BBC在2018年的报道，欧足联考虑对经纪人开始实施"佣金帽"政策，并且引进更多的透明化制度和问责制。

问题是，这真的会有用吗?

西甲大佬们的逃税疑云

要说西甲球迷这些年最熟悉的争议事件，那显然非“涉嫌逃税”莫属。从巴萨到皇马，从梅西到C罗，从马斯切拉诺到马塞洛，各位足坛大佬最近几年都或多或少和逃税、法庭、判决、“再不补交税款就送你去踢监狱大联盟”等词汇联系在一起。那么我们不禁要问了，他们赚这么多，为什么会逃税？税务制度这么完善，他们怎么有机会逃税？

所以，让我们一起了解西甲的逃税风波，看看球星们在账目上的那些小算盘和辛酸泪。

【贫穷，限制了你的纳税能力】

现如今，世界上许多国家对于个人所得税的征收都是采取超额累进税率。这政策的大概意思就是规定若干个等级，然后把你收入里的每个部分按照对应等级来适用不同的税率。

拿中国来说，2019年开始实行的是新版7级超额累进税率。简单来说，如果你的月收入在5000元以下，那就不用交税了；如果你的月收入在5000元到8000元，超过5000元的这部分税率是3%；如果你的月收入在8000元到17000元，在前面那部分的基础上，再对超过8000元的这部分收10%的税率。以此类推，层层递进，不同的层级有不同的税率。一旦你的月收入超过85000元——恭喜你到达土豪级，超过85000元的部分要交的税率为45%。

赚得越多纳税越多是全世界的通行法则，欧洲五大联赛所在国的个人所得税最高档税率基本都在40%～50%，而中国的“土豪税”也与世界大多数国家保持同步。那么，我们关心的西班牙人民要交多少税呢？

2017年，西班牙对于个人年收入超过6万欧元的部分征收最高档“土豪税”，税率恰好和中国一样，都是45%。不过，西班牙中央和地区政府会对各个自治区设定不同的税率，加泰罗尼亚地区一般比西班牙整体水平（包括马德里）略高几个百分点，而巴斯克地区差不多只有全国通用税率的一半。

当然，严格来说超额累进税率下计算应纳税额需要减去速算扣除数，但对于年收入远远超过6万欧元的这些顶级球星来说，基本上直接将他们的税前收入乘以45%，就可以计算出要向国家交多少公粮。

于是，梅西也像我们一样拿出计算器，工资+奖金+品牌代言……在按下一长串数字之后，他惊奇地发现：如果把自己的年收入全部向西班牙政府交税的话，那么他2016年7560万欧元的收入至少需要交3400万欧元的税；而他2017年涨工资之后收入暴涨到1.26亿欧元，这笔收入则要缴纳接近6000万欧元的税款！

看到这个数字，梅西擦擦眼泪："我一个阿根廷人，不远万里来到西班牙，把加泰罗尼亚人民的足球事业当成自己的事业，然后西班牙政府要拿走我接近一半的收入去给西班牙修公路搞福利……哎哎哎，你们怎么不去抢？"

其实，西班牙政府还真的不是明抢。向居住在本国的外籍人士收税，基本上是这个星球上所有国家的共识。比如在中国，偶尔来华的外国人如果在中国境内无住所并且居住1年以上5年以下，经主管税务机关批准，可以只就由中国境内公司、企业以及其他经济组织或者个人支付的部分缴纳个人所得税。但是你如果住在中国超过五年并且依然长期居住，那就必须为自己在全世界获得的收入缴纳个人所得税。当然，如果你已经在其他国家为某些收入交过税，那就可以减免，具体先去哪儿交、怎么减免则要看两个国家之间的税收协定。现在，明白C罗一个葡萄牙人，为什么要因为自己去日本拍的广告给西班牙政府交税了吧？

所以，大多数球星面对巨额税款时的心情都格外复杂。尤其是外籍球星，更会有一种"自己的钱都捐给别国做贡献"的不甘心。甚至，西班牙的"土豪税"还不是最夸张的。法国政府在2014年出台过新的个税法案："企业必须为年薪超过100万欧元的高级员工交纳75%的税收。"以当时效力于大巴黎的伊布为例，如果要满足他1400万欧元的税后年薪要求，算上必须缴纳的税款和社保等其他费用，俱乐部一年花在伊布身上的钱实际是9288万欧元。对于我们这些平头百姓来说，这又是一个从元谋人就开始搬砖的数字。好在法国政府没过多久就取消了这项过于奢侈的奢侈税，否则巴黎圣日耳曼签下内马尔的总支出又要多出几个亿。

在这种情况下，球星们的智囊团就开始一起研究税务制度中的漏洞，争取帮客户钻个空子合理避个税啥的。考虑到工资、奖金这些都是白纸黑字的合同不好做文章，所以球星们都把目光投向了自己收入中最容易动手脚，也是最模糊不清的部分——肖像权。

在这方面，有一个英格兰人绝对是个中高手。他就是拥有天然的肖像权优势、明明可以靠脸却偏偏要靠球技的——贝克汉姆。

【避税之路，从小贝说起】

在英格兰踢球的时候，贝克汉姆在避税方面主要有两招。

第一招，避重就轻。操作原理很简单：既然个人所得税太高，那我就把收入往企业所得税上靠。于是，小贝成立了一个公司专门用于经营自己的颜值，这样他代言品牌获得的广告费就可以直接在公司入账，当自己有需要时，再通过向公司“借款”的方式来获得资金。这么一折腾，小贝所需要缴纳的税费不仅变成了远低于个税的企业所得税，而且公司的各项支出也可以在计算利润时进行扣除，绝对是一本万利。

第二招，浑水摸鱼。操作原理更简单：多年以前，英国政府为了推动电影业的发展，曾经制定了一项通过投资拍摄电影来减免税款的计划。不少银行和金融机构借此机会，推出了一系列利用其条款漏洞协助客户避税的投资工具，受到了很多富豪的欢迎，小贝夫妇也欢欢喜喜地参与其中，省下了不少税款。而那些投资的电影，反正电影院是看不到的。

其实，“合理避税”几乎是每一位顶级球星的必修课。在法律范围以内的，被认为是“合理避税”；超出法律允许范围的，则成了“逃税”。后来英国觉得你们这些公众人物总这么玩儿是不是太不体面了，于是2014年英国税务海关总署针对电影融资逃税事件进行了严格的调查，涉及了贝克汉姆等诸多名人。

最终，税务机关向小贝寄出了逃税通知函，要求他在规定期限内补齐税款。对于小贝来说交钱还是小事，更得不偿失的事情在于——他那年本来已经入围了英国的封爵名单，这本是他盼望已久的人生目标之一，但因为“逃税丑闻”，女王的权杖再也没有可能落到他的头上了。

虽说小贝这一出最终玩砸了，但这种税收筹划方式却被英超球星们争先效仿并且跟随着他一路漂洋过海来到伊比利亚，西甲众球星又把它进一步发扬光大。当然，主要运作的部分仍然是肖像权。与工资合同在哪儿干活就肯定在哪儿交税不同，肖像权更像一道复杂的数学 + 地理题。

假设：梅西把肖像权以1000万卖给了阿根廷的公司，但肖像权实际是用于巴西和西班牙；然后梅西的这家公司又用肖像权收益和500万投资在美国开了个饭店；赚了300万之后，又追加投入200万在香港开了个分店……

请问：梅西赚的这些钱怎么交税？哪些算个人哪些算公司？分别在哪个国家交税？

于是，梅西的团队眼前一亮：我们是不是可以合理利用一下各国税率之间的高低落差呢？

【皮包公司，避税利器】

作为梅西钱袋子的首席管理者，梅西的父亲和哥哥在伯利兹和乌拉圭等美洲国家设立了多家公司。这些国家的特点都是企业所得税税率很低，甚至在某些优惠条件下可以完全免除。然后，再按照以下步骤操作：

第一步：梅西把肖像权低价卖给自己在乌拉圭的公司；

第一步：由乌拉圭公司出面与全球各大企业商谈广告代言；

第三步：谈妥之后，高额的广告费直接支付给乌拉圭公司，享受低税或免税待遇。

经过了这个斜跨大西洋的折腾，梅西的团队完美绕开了西班牙那高昂的个人所得税，最终让广告费里的绝大多数都能流入自己家公司的腰包。其实，这种操作在西班牙高收入人群里并不罕见。但问题是，西班牙政府也不是傻子，他们手中挥舞着西班牙税法，近几年对规避“土豪税”的问题进行了严打整治。

还记得前面提到的外国人也要交税原则吗？西班牙税法里是这么规定的：一个纳税年度中在西班牙居住183天以上的外国人就被视为居民纳税人，他们应该根据自己在全球范围内的收入和财产向西班牙政府纳税。

总之，你是我们这旮旯的居民，就得在我们村纳税，不管你这钱是在哪儿赚的。再把这条法律往梅西身上一套……哟，梅西你一年在西班牙起码要住300天啊；哟，梅西你在2005年就取得了西班牙国籍啊。那，不要做无谓的抵抗了。

2013年6月，加泰罗尼亚地区检察官宣布起诉梅西涉嫌税务欺诈。剧情几经反转之后，巴塞罗那法庭于2016年7月宣布了最终的判决结果：梅西和他的父亲涉嫌在2007年到2009年逃避税收410万欧元，被判入狱服刑21个月并缴纳罚款370万欧元。但在西班牙法律中对于监禁小于24个月的经济类初犯人员，只要他们交清欠款和罚款，并且没有对社会造成危害，不必真的入狱服刑。

交钱还是入狱？这不是个问题。所以，梅西全数补交了税款并交纳罚款，西班牙政府心满意足地拍拍口袋：继续踢球吧，西班牙人民依然爱你。

然而，这条“在我们村住就要在我们村交钱”并不是所有球星都害怕。比如C罗，同样的法律往他身上一套，西班牙政府发现……没辙。这是因为，C罗避税使用的规则是《贝克汉姆法案》。

是的，还是贝克汉姆。

【曼联双名宿，避税同一路】

说起来，这个坑其实是西班牙政府自己挖的。20世纪90年代到21世纪初期，西班牙一直是欧洲经济增长最快的国家之一。但由于西班牙经济过度依赖房地产，在全球经济危机的冲击下泡沫很快破灭，对经济造成了“暴击”伤害。从2000年到2008年，西班牙的私人债务和公共债务以平均每年14.5%的速度递增，其中大部分都涉及房地产投资。

西班牙政府觉得这么下去不行，必须要发展我们自己的核心科技来提高竞争力。于是在2005年，西班牙通过了《第687号皇家法案》。这条法案对第一次来到西班牙居住的高收入外国人设定了一系列税收优惠政策，为的是吸引优秀的科技人才来西班牙技术扶贫。

可以说，这法案就是一篇活广告。

——你想规避高额税务吗？来西班牙吧。只要你是个初次来西班牙的外国人，就可以在工作当年和之后5年里自主选择作为西班牙居民纳税还是作为非西班牙居民纳税。选了非居民，那么你只需要为自己在西班牙境内获得的收入和拥有的财产履行纳税义务。

——你想享受特权待遇吗？来西班牙吧。只要你是个初次来西班牙的高收入外国人，你就不需要像西班牙“土著豪”一样按照个税最高档43%的税率（当时）交税，而是享受“外国豪”的特殊照顾，在上述期间内个税税率跳楼价折到24%。

西班牙政府本想着法案一出，外国的科教文卫高端人才会如过江之鲫般来到。然而万万没想到，还没等看见高精尖人才的影子，这税收福利却先被外国球星们享受上了。比如，早在2003年就加盟皇马的贝克汉姆愉快地成了《第687号皇家法案》的首批受益者之一。鉴于小贝的名号比什么687号更加响亮，于是这项法案有了一个更加著名的别称——《贝克汉姆法案》。

看到这里，梅西又叹了一口气，因为他从2000年起就在巴塞罗那打工，所以并不能享受这项优惠政策。而且，《贝克汉姆法案》引起了本国民众和本土球员的强烈不满，在“要平等”“反特权”的舆论压力下，西班牙政府不得不先后两次对法案进行了修改。

从2010年开始，所有年收入不到60万欧元的外国球员可以继续享受24%的税率优惠，年收入超过60万欧元的取消特权。从2015年开始，此项外国人才税收优惠条款不再适用于任何运动员，《贝克汉姆法案》从此退出了体育界，变回了《第687号皇家法案》。

不过根据“法不溯及既往”原则，在《贝克汉姆法案》2010年修改之前初次加盟西甲的外国球员，依然可以在最长6个自然年的有效期内适用于旧法案。也就是说，如果有球员恰好在2009年来到西甲踢球，那么他直到2014年都可以享受原法案带来的超级福利。这个恰好的球员，叫作C罗。

【C罗的避税工作，从加盟前开始】

帮C罗进行税务筹划的，是一个经验丰富的税务团队。早在2008年，也就是C罗从曼联转会皇马的前一年（前主席卡尔德隆已经基本谈妥了次年的加盟），C罗的团队就开始认真研究西班牙相关政策的各项优惠和漏洞，然后为自己的客户策划了一场往返于大西洋两岸的避税之路。

首先，他们去英属维京群岛进行了考察学习。他们发现这个位于大西洋和加勒比海之间的群岛风景秀丽、盛产甘蔗，更重要的是税收法律不透明而有着很多可以进行避税操作的空间，是个典型的“避税天堂”。然后，Tollin 公司闪电成立，接过了 C 罗肖像权的所有权利。这样一来，C 罗转会皇马之后的各种品牌代言费、广告费、冠名费、“清扬就是这么自信”费都可以划归为非西班牙境内的收入，从而直接在英属维京群岛享受低税率的滋润。

不过，后来 C 罗的团队发现英属维京群岛虽然有各种好，但最大的问题是——没发票。是的，由于英属维京群岛在税收方面的灰色属性，导致他们开出的发票欧盟国家都不认可，严重影响招商引资。没办法，C 罗的团队只能寻找避税的第二战场。这一次，他们把目光投向了爱尔兰。

这里依然风景优美、气候宜人，而且还有全欧盟最低的企业所得税税率——12.5%。再加上爱尔兰人可以向各大赞助商开出被广泛认可的正式发票，所以很多高收入人群甚至跨国企业都把这里作为纳税地，其中就包括被咬了一口的那个苹果公司。

于是，英属维京群岛的 Tollin 公司就把 C 罗的肖像权代理资格出售给了爱尔兰境内的 MIM 公司和 Polaris 公司，而这两家公司的老板正是 C 罗的经纪人门德斯。C 罗代言品牌的广告费，也会先打到爱尔兰，再从爱尔兰穿越大西洋来到维京群岛，再从维京群岛穿越大西洋回到 C 罗的账户……经过两趟跨洋之旅，C 罗的广告费损失的仅有爱尔兰公司缴纳的企业所得税和几家自己人公司的一点儿中介费。

关键是，这样的做法完全符合西班牙税法和《贝克汉姆法案》。于是，在 C 罗团队的策划下，C 罗从 2009 年到 2014 年的 7480 万欧元广告代言收入，其中有 80% 走了爱尔兰和维京群岛的路子；另外 20% 左右属于西班牙境内的收入，也只需要按照《贝克汉姆法案》中的优惠税率缴纳这部分收入的个人所得税。

赚得盆满钵满有没有！梅西和一众西班牙国脚都很羡慕有没有！然而随着 2014 年的到来，《贝克汉姆法案》即将失效，这种好日子很快也就到头了。所以，为了抓紧时间享受最后一次特权，C 罗的团队决定玩儿个更骚的。既然法案马上失效了，那么我们干脆就把未来的税先在法案有效期内全交了。

Tollin 公司在 2014 年年底将 C 罗未来 6 年的肖像权以 7500 万欧元的价格，出售给了同属维京群岛的 Adifore 和 Arnel 两家公司。而这两家公司的老板，正是瓦伦西亚主席、门德斯的合伙人林荣福。按照 C 罗团队的小算盘，既然这 7500 万欧元是 2014 年产生的，那也理应在 2014 年纳税，并且享受《贝克汉姆法案》中的全套优惠。所以，C 罗一次性向西班牙财政部申报了过去 6 年和未来 6 年的肖像权共计 1.5 亿欧元的总收入，把税款一直交到了 2020 年。而这 12 年的税务总额是多少呢？560 万欧元。

西班牙政府一口老血吐在 C 罗的申报单上，这次彻底被激怒了。2016 年年底，西班牙税务部门和检察官向法院递交诉状，指控 C 罗偷税 1470 万欧元。

【再见，C 罗】

西班牙政府为什么指控 C 罗呢？他们的主要着眼点是下面这两个：

首先，C 罗的申报单里广告费收入只有 20% 来自西班牙境内，税务部门认为该比例可能存在猫腻。虽然 C 罗代言的品牌遍布世界，但他的个人形象与皇马球员身份密不可分。其次，尽管 C 罗 2015 年到 2020 年的肖像权收入发生的时间赶在了优惠期失效之前，但这笔一次性收入属于来自未来的收益，不能适用于原来的《贝克汉姆法案》。

如果所有指控成立，那么 C 罗的可选项只有两个：A. 补交税款和罚款，两项相加约为 2570 万欧元；B. 拒不交税，然后面临最高可达 15 年的牢狱之灾。

于是，双方开始激烈地扯皮。据《阿斯报》报道，C 罗之前曾提出用 380 万欧元进行和解，但税务部门不同意；据科贝电台的消息，C 罗已经和西班牙的税务部门进行了充分的讨价还价，预计最多能接受 1000 万欧元的价码；据《太阳报》爆料，为了让 C 罗留在伯纳乌，弗洛伦蒂诺甚至准备为他补交税款；据《世界体育报》透露，C 罗的团队要求法庭按照梅西的案例进行审理，因为同样的条件加上《贝克汉姆法案》这个“队友”，他们有 100% 的胜算……（梅西内心独白：我这也能躺枪？）

不过，C 罗在西班牙期间卷入偷税与漏税案件，最终以他本人认罪告终。根据西班牙法律，C 罗的偷税漏税金额再加上罚金，一共约 1800 万欧元。C 罗只要缴齐税款，就能避免 2 年的牢狱之灾。

然而，这一趟折腾之后也让 C 罗萌生了逃离西班牙的想法。他新的目的地，瞄准了意大利。这主要是因为在 2017 年年初，意大利通过了一条法律，该法律条文规定：“在海外纳税 9 年的新意大利纳税公民，将允许每年针对海外资产（包括商业赞助合同）全部只交 10 万欧元的税收。”这意味着转会意大利之后，C 罗无论赚多少年薪都只需要上交 10 万欧元的税。由于新规定的存在，使得 C 罗的税后收入要比在西班牙的税前收入还要多，这也是皇马即使开出与尤文图斯相同的年薪挽留 C 罗与其续约，但最终还是被 C 罗拒绝的原因之一。

当然，涉嫌逃税的肯定不只是 C 罗和梅西这样的大腕。西班牙媒体曾经说过这样一句名言：“100 个球星里 99 个逃税，还有 1 个正在研究怎么逃税。”下面，我们就来看看这些年一起逃税的球星。

【那些逃税路上的大牌明星】

要说把逃税变成足坛大新闻的祖宗，首推马拉多纳。早在1984—1991年效力于那不勒斯期间，马拉多纳就一边当着全民偶像一边当着逃税大户。离开意大利之后，他曾经留下了高达1800多万美元的未交税费。2005年，意大利法庭裁决除非马拉多纳补交所有债务，否则禁止进入意大利境内。老马直到2013年才赢下官司获得了重返意大利的权利，随后却再度被税务机关冻结了财产。

而巴西方面的逃税代表，首推罗纳尔迪尼奥。他在2001年加盟巴黎圣日耳曼那会儿，除了给格雷米奥留下一笔转会费之外，还从巴黎主席那里额外得到了1000多万的"签字费"。后来，这笔没有交税的收入被税务机关查出，小罗和他的经纪人团队因此接到了法院的传票。后来加盟巴黎圣日耳曼的阿根廷球星帕斯托雷和迪马利亚，同样因为与梅西类似的"利用肖像权逃税"被法国税务机关指控，前者家里被强制搜查，后者登上了"长期调查名单"。

而在西班牙，这种事就更多了。2014年，时任皇马队长的卡西利亚斯被查出有逃税行为，最终补交了200万欧元税款。紧接着，包括哈维·阿隆索、拉莫斯在内的6名皇马球员都因为涉嫌逃税遭到了调查。如果你继续挖掘这份涉嫌逃税的名单，还会发现马斯切拉诺、莫德里奇、法尔考、苏亚雷斯、马塞洛、内马尔、穆里尼奥甚至夏奇拉等一大堆闪着金光的名字。

甚至，连俱乐部都会帮着球员避税。毕竟，球员拿到的实际收入越多，俱乐部才有更多的买人、续约资本。比如，最为富裕的英超俱乐部被普遍认为会在税收上替球员省钱。曾有媒体曝出阿森纳自己建了个离岸公司，以股东分红的方式帮助球员逃避在英国境内的纳税义务。还有消息传出，曼联曾经协助鲁尼像小贝那样成立经营自己肖像权的公司，用借款的方式省掉了超过60万英镑的税费。此外，鲁尼也曾经先后4次被税务海关总署调查，原因都是他投资了某些被认为有"逃税企图"的海外项目，有的查到最后发现结局居然是钱被骗走了……

至于什么阴阳合同（表面签个2万周薪，实际支付10万周薪）、借款套现、慈善捐款、名义移居低税率国家、经商转移收入什么的，都是包括NBA、NHL（北美职业冰球联盟）、F1在内的体育联盟在多年和税务机关的偷奸耍滑中总结出来的经验。

当然，政府的权威不容践踏。西班牙税务机关这几年的上镜率就不用多说了；德国曾经有很多球员都住在瑞士和奥地利这样的低税率邻国，后来被税务部门全都"追"了回来；意大利税务部门在2017年突击检查了多达41家足球俱乐部，来获取球队、球员、经纪人之间的合同；英国税务局在2018年年初开启了史上最大规模的逃税调查，涉及了129位在英超效力过的球员，媒体预计最终的罚单总额可能超过 2 亿英镑。

所以说，球员和税务部门之间斗争的这些戏码，以后不仅不会停止，还可能会愈演愈烈。当然，球员对于避税策略其实多半都搞不明白。毕竟，大多数球员从小就一心扑在足球事业上，数学课都是体育老师捎带着给上的，脑袋里压根就没有能去研究税务操作的回路。所以，一般都是球员的运作团队去设计避税方法，然后在某一次晚餐上边吃边告诉球员。

经纪人：那啥，我们算了算你要交 2000 万的税，吓不吓人？现在有个方案是这样的，我们可以按照 ABCD 的步骤做，然后就可以少交 1500 万，你说好不好啊？

球员：好啊……

这场猫鼠游戏，今天、明天、后天依旧会继续上演。

为什么南美球员总是情迷皇萨?

2018 年 1 月 7 日,巴塞罗那官方宣布:库蒂尼奥以 1.6 亿欧元加盟巴塞罗那,成了世界足坛历史上转会身价第二高的球员。这一消息在利物浦球迷中引起了轩然大波,因为仅仅在一年之前,他曾和利物浦签下 5 年长约。签约时他接受采访说:“留在安菲尔德,如果我取得足够多的荣誉,俱乐部会为我建造一座雕像。但去皇马、巴萨或者拜仁,在那里我可能只是个普通球员。”

清新脱俗、感人肺腑,利物浦球迷恨不得当场就让库蒂尼奥的球衣永久退役,然后高悬在安菲尔德的看台上。然而仅仅过了半年,一切就变了。当巴萨失去内马尔而向库蒂尼奥展开追求时,他立刻就把建雕像这事儿抛到了南极洲。

不过,由于克洛普一直把库蒂尼奥当作自己建设蓝图中的重要一砖,所以利物浦最终用强硬的态度留下了这个来自巴西的魔术师。尽管库蒂尼奥在此期间的媒体爆料、转会申请、受伤雪藏、泪洒疆场等一系列常规与非常规操作让红军球迷不胜其烦,但新赛季开打之后,他还是用自己一连串的“一箭原谅”重新收获了 KOP(指利物浦的忠实拥趸)们的心。

然而他自己的心,却没办法再回来了。加盟巴萨之后,库蒂尼奥在第一场发布会上直言“梦想终于成为现实”。更让利物浦球迷寒心的是,媒体爆料巴萨这 1.6 亿欧元的转会费中,包括了 1.2 亿欧元的固定费用、3000 万欧元的浮动条款,以及库蒂尼奥 1000 万欧元的“自掏腰包”。虽然江湖传言这 1000 万欧元是由耐克通过赞助协议的方式来买单,但这样的倒贴行为很容易勾起利物浦球迷更多的苦涩回忆。

比如,马斯切拉诺。

【又是一个“儿萨梦”】

2010 年夏天,利物浦主帅贝尼特斯下课,几天之后他就接替穆里尼奥成了国际米兰的新舵手。马斯切拉诺原本想着要跟随伯乐共同来到意甲,但两家俱乐部之间却迟迟没有达成协议。就在这个当口上,巴萨抛来了橄榄枝。

和库蒂尼奥一样,马斯切拉诺也几乎是立刻毫不犹豫地就下定了加入巴萨的决心。他拒绝参加迎战曼城的英超联赛,并且擅自离开了梅尔伍德训练基地。虽然愤怒的红军新主帅霍奇森谴责马斯切拉诺的“极度自私表现”,但他心里十分清楚，自己的球队即将失去这名阿根廷后腰。

而且，罢赛并不是这次转会的全部争议。为了不让两家俱乐部在讨价还价里折腾到传真机定胜负的最后一刻，小马哥自愿贡献出了巴萨提供合同中 20% 的薪水，来填补新东家报价与老东家标价之间的差距。用现在的话来说，这就是一次“罢训 + 倒贴”的经典案例。

7 年之后，《利物浦回声报》转发了 ESPN 对于马斯切拉诺的采访，其中谈到了当年那次复杂的转会。当事人是这么说的：“他们告诉了我前往诺坎普踢球的可能，我之前已经跟梅西交流过，加盟巴萨对我来说始终是一个梦想。我对此做出了一些努力，虽然不是我喜欢的方式，但这是我的一次重要机会。如果你拒绝了他们，他们就会去找其他球员，像巴萨这样的俱乐部是不会连续两年都给你机会的。”把说出上面那段话的主体换成库蒂尼奥，是不是没有一丝一毫的违和感？

后来，小马哥在巴萨头发越来越少，奖杯越来越多，甘愿从后腰彻底变成一名中卫，以勤勤恳恳的付出收获了球迷的广泛喜爱。而当初因为转会风波悲痛加愤怒再加烧球衣的利物浦球迷，也在岁月的流逝中逐渐淡忘了分手的不快，开始理性地把责任归结到利物浦当时“狗血双雄”的经营不善之上。

而且，下一个“儿萨梦”很快就出现了，他就是苏亚雷斯。

【西班牙豪门梦，我们都有】

其实在 2013 年夏天，苏亚雷斯就有了离开利物浦的念头，当时他想要加盟的球队是阿森纳。后来，因为阿森纳 4000 万 +1 英镑的报价再加上杰拉德的晓之以理动之以情，才让苏亚雷斯留在了安菲尔德。在之后的那个赛季，苏亚雷斯打出了个人在利物浦的最高光表现——31 粒联赛进球、英超和欧洲双料金靴，以及和英超冠军擦肩而过。那么，杰拉德是怎么劝说苏亚雷斯留下的呢？后来据当事人自己爆料，杰拉德是这么说的：“为什么要去阿森纳呢？留下来展现最好的自己，那么明年皇马和巴萨都会为你而来。”

这句话直击苏亚雷斯的内心。

事实证明，杰拉德不仅是利物浦传奇队长和安菲尔德的守护者，还是大不列颠神奇的预言家。2014 年世界杯之后，巴萨向遭受全球禁赛的苏亚雷斯继续发出了邀请，乌拉圭人以打破利物浦队史转出纪录的 8100 万欧元来到了诺坎普。你猜，他在来到巴萨之后的新闻发布会里，第一句话说的是什么？

没错，是“当我有机会来这里时，我没有任何的犹豫，感谢你们让我为巴塞罗那效力的梦想得以实现”。在这里，梦想成真的苏亚雷斯是 MSN（梅西、苏亚雷斯、内马尔）南美三叉戟的最后一块拼图，帮助球队拿下三冠王的同时成为世界上最好的中锋之一。从马斯切拉诺到苏亚雷斯再到库蒂尼奥，他们的位置不同国籍各异，离开的方式也有着不小的差别，但相同点都是：南美人、“儿萨梦”。哦对了，还有上一站都是利物浦……

当然，在西甲的地界上，对于南美球员有着难以抗拒吸引力的绝不仅仅是巴萨一家，还有他们的死对头皇家马德里。下面，有请“儿皇梦”的杰出代表哈梅斯·罗德里格斯，让我们来听听他在2014年加盟皇马仪式上的标准发言。

“这是我一直梦想的时刻。我从小就是皇马球迷，如今来到这里继续创造历史，我希望这个美梦始终延续下去。齐达内永远是我的偶像，我对皇马的记忆就是从他和卡洛斯的时期开始的。事实上，我一直都是皇马的粉丝，一直都在关注这支球队，也一直都梦想着来这里踢球。”

细心的球迷可以数一数，光是上面那段发言，J罗就强调了多少次自己“儿皇梦”的铁杆属性。更不用说他在与皇马传出绯闻的那段时间，同样不停地在各个场合表达着希望来到伯纳乌圆梦的立场。

此外，“儿皇梦”和“儿萨梦”也不局限在南美球员身上。比如，拥有“儿皇梦”的除了J罗之外，还有C罗。

2008年，C罗帮助曼联拿下了英超和欧冠的双冠王，自己也成了继另一个罗纳尔多之后第二位同时获得金球奖、国际足联足球先生、欧洲金靴奖的球员，什么英超最佳射手、葡萄牙足球先生之类大大小小的荣誉更是拿满了一箩筐。在那个夏天，皇马向他发出了邀请，十分心动的C罗却在弗格森的劝说下留了一年。2009年，C罗如愿加盟皇马，成了老佛爷“银河二期”的头牌。而他在伯纳乌的亮相仪式上动情地亲吻着皇马的队徽，说出了“梦想成真”和“Hala Madrid”。

当时的曼联和皇马是怎么样的状况呢？2008—2009赛季，曼联完成了英超的三冠王，还连续第二年杀入了欧冠的决赛，可惜输给了巴萨没能实现改制后的首次卫冕。而皇马欧冠1/8决赛在利物浦面前两回合输了个0∶5，西甲联赛中从主场2∶6惨败巴萨开始以一个五连败结束了赛季，眼看着老冤家成了双冠王。可在这种情况下，C罗还是毫不犹豫地就选择了加盟当时的“欧冠十六郎”，这究竟是为什么呢？

从C罗母亲在加盟皇马几个月之前接受采访时的言语中，你或许可以找出那个答案。

——“我可不希望我到死都看不到儿子在皇马踢球，皇马是我最喜欢的球队，世界上最好的球队。我可以这么说，如果有一天他离开了英格兰，我只希望他去皇马。”

我们早已习惯了球员转会时说出那句“加盟这家俱乐部是我一直以来的梦想”，但基本上只有“儿皇梦”和“儿萨梦”客套的成分最少。因为，加盟皇马和巴萨踏踏实实地就是无数个葡语系和西语系国家球员的最终目标。只要皇马或者巴萨发出真心的召唤，他们就会不顾一切地为了纯白或者红蓝赴汤蹈火。

【吸引力，首先来自顶级实力】

葡萄牙和西班牙同属伊比利亚半岛还可以理解，那为什么南美球员也完全无法抗拒皇萨的吸引力呢？其中，最关键的还是西超双雄拥有着顶级的实力。自从建队以来，这两家俱乐部都有着极其辉煌的历史。

截至2017年，皇马手握33个联赛冠军和12个欧冠冠军，是赢得最多次西甲和欧冠奖杯的俱乐部。2000年，国际足联官方杂志展开的球迷投票里将皇马选为“20世纪最佳俱乐部”。2010年，国际足球历史和统计联合会同样授予皇马“20世纪欧洲大陆最佳足球俱乐部”的荣誉。巴萨则以24次西甲夺冠紧随皇马之后，其5次在欧冠登顶的战绩和拜仁、利物浦并列第三，仅次于12次夺冠的皇马和7次夺冠的AC米兰。2009年，他们还完成了足球历史上首次同一个自然年内拿下国内联赛、国内杯赛、洲际杯赛、国内超级杯、洲际超级杯和世俱杯的“六冠王”。巴萨开创的传控踢法，也被很多人认为改变了足球发展的潮流。

更可怕的是，到了21世纪这两家俱乐部在足坛的领先地位似乎变得更加稳固。从2000年到2018年产生的19次欧冠冠军，皇马拿下6个，巴萨拿下4个，两者合计10次夺冠占到了半数以上。换句话说，这段时间之内皇马和巴萨的欧冠加起来，比所有其他欧洲俱乐部的总和还要多。

同样在这段时间之内，皇马先后组建了两次银河战舰，巴萨也构筑了梦二和梦三王朝，C罗和梅西更是连续10年霸占了金球奖。接踵而来的巨星和拿到手软的荣誉，更加使得很多年轻人自然而然地把皇马与巴萨作为最高等级的足球殿堂。这里包括球迷，也包括球员。

比如，当巴塞罗那在2006年欧冠决赛里凭借埃托奥和贝莱蒂的进球，以2∶1的比分终结了阿森纳距离欧冠最近的一次仰望时，库蒂尼奥还是一个在瓦斯科达伽马青训营刻苦训练的14岁“中二”少年。虽然他和内马尔那时候接受采访时都说自己是“儿皇梦”，但后来的事实证明了加盟巴萨也不差。

这个，其实就是球迷常说的“豪门底蕴”。所以，南美顶级球员职业规划的最终目标都是皇马和巴萨，而不是黄潜、塞维、马拉加。

【吸引力，来自个人待遇】

在现代足球世界里，最强的实力就代表着最好的待遇。俱乐部是这样，球员个人也是这样。凭借着球场上的稳定战绩和出色的商业开发，皇马与巴萨在过去

10 年始终是世界上收入最高的几家俱乐部之一，只有曼联、拜仁在吸金能力上可以与他俩掰掰手腕。作为会员制俱乐部，皇马和巴萨每年挣到的巨额营收，大多数都投入了俱乐部的发展和运营之中，其中的重心就是球员的转会费与工资。

转会费大部分情况下入不了自己的口袋，但工资可是实打实的奋斗目标。说到底，无关热不热爱，踢球都是球员的工作，而这个世界上大部分人衡量工作的第一标准，必然是工资的多少。升职加薪当上总经理，出任 CEO 迎娶白富美，登上人生巅峰，这样的生活谁不渴望呢？

与收入水平相称的是，皇马和巴萨在这些年也是最舍得给球员开出巨额薪水的球队之一。2017—2018 赛季，巴萨官方预算里给球员工资、奖金、续费签字费方面的支出达到了 5. 88 亿欧元，其一线队平均税前年薪折合约 660 万英镑，高居欧洲足坛之首。皇马一线队平均年薪 622 万英镑，位居足坛第三，他俩之间的插足者是巴黎圣日尔曼。同时，能够达到 600 万这一级别的也就只有这三家俱乐部而已。

所以，你可以理解为什么巴萨和大巴黎能够在最近两个转会窗之中搅弄风云了。毕竟对于球员来说，这些俱乐部的邀请就像是世界 500 强为你提供了一份薪水翻倍的合同。有多少人能抵挡得住呢？

以前还真就有人能挡住这诱惑。在弗洛伦蒂诺组建“银河一期”的时候，曾经高价邀请过两位他心目中的巨星加盟：杰拉德和托蒂。虽然这两位球星后来也承认过内心的动摇，还说出过“在伯纳乌踢球是我的梦想”，但他们最终分别成了利物浦和罗马城的传奇与象征。

不过，杰拉德和托蒂都是出身于本队的青训系统，生于斯长于斯的他们对于这一地区和整个国家的足球文化都有着深刻的了解和感情。这种忠诚值得每一位球迷赞颂，但拿来要求在异乡闯荡的南美球员，或许就有些不切实际了。

因为，这些南美球员对于足球最主要的了解，无疑是文化、语言相通的原宗主国西班牙。迪马利亚在加盟曼联之后参观了老特拉福德的奖杯陈列室，感慨曼联果然没有比皇马低一档。这既是对于曼联的肯定，也说明了之前在阿根廷人心目中皇马究竟有着怎样的地位。

【吸引力，还包括同一方语言养同一方人】

鼎盛时期，差不多半个美洲大陆都是西班牙的殖民地，因此南美洲的大部分国家如今的官方语言都是西班牙语。甚至在哈布斯堡王朝统治时期，西班牙和葡萄牙以及他们的海外殖民地都属于同一个王室的领导之下。再加上这两个国家之间的文化差异原本就不算很大，以葡萄牙语为母语的使用者大多很快就能熟练掌握西班牙语，因此包括巴西人在内的南美球员来到西甲，无论在球场上还是生活中都很容易融入新的球队和环境。

有人会问，反正足球是用脚踢的，语言什么的真的有这么重要吗？下面，有请曼城队史最佳射手阿圭罗来为您现身说法。

阿圭罗加盟曼城一段时间后，虽然球场上很快就找到了状态，但场外却发生了一些颇为尴尬的新闻。首先，是某天比赛前阿圭罗在伊蒂哈德球场迷路了……他既看不懂球场里标的 left（左）和 right（右），也听不懂工作人员指路的 upstairs（楼上）和 downstairs（楼下），于是就这样走丢在了战场迷雾之中，直到有人把他带到了更衣室。

什么？你说连这几个最基础的英文单词都不懂怎么可能，这肯定就是个段子。然而，曼城官方电视频道还记录了更神奇的事情。阿圭罗在和萨巴莱塔一起参加某次签售活动时，遇到了两个兴奋的女球迷对着自己大喊："Oh my god！I love you！"一脸茫然的阿圭罗转身求助坐在旁边的老乡："她们什么意思，是不是想要合影？"萨巴莱塔一边忍着笑一边告诉他："不对，她们说的是爱你！"

因为上面这几件趣闻，阿圭罗成了曼城队内集体吐槽的对象。于是，痛定思痛的他决定好好学习天天向上，然后给自己和队友一起定下了这么一个规矩：只要在训练场上谁在他身边不说英语，就要罚款 20 英镑。一个月之后，他缴纳的罚款比其他所有队友加起来还要多……

类似的语言不通也曾经发生在阿森纳"大腿"桑切斯的身上，甚至还"影响"到了比赛。在加盟球队几个月之后，智利人在接受媒体采访时笑着说出了这么一段故事：某场比赛之前，温格把他叫到了一边安排了很多战术细节，完全听不懂的桑切斯故作镇定地点了点头，然后照着自己的理解去拼了老命。结果，梅开二度拯救了球队……

有人又会问了，阿圭罗和桑切斯的故事都发生在来到英超的初期，现在他们接受媒体的英文采访还不是谈笑风生的？谁一开始都不会外语嘛，慢慢学不就行了？好的，有请下一位大神登场：安东尼奥·瓦伦西亚。

2014 年，时任曼联主帅的范加尔要求队内统一使用英语作为交流语言，禁止南美球员在训练和比赛时使用西班牙语交流。此外，他还要求外籍球员分别去上不同等级的英语学习课程，并对始终没有进步的瓦伦西亚进行了罚款，还指定他去进行 1 对 1 的单独授课。

是的，虽然瓦伦西亚 20 岁就来到了英格兰，此前已经打了 8 年英超参加了超过 280 场比赛，但天性害羞的他从来都没有接受过任何一次英文采访，用范加尔的话来说，"这 8 年英文水平的进步就是个零"。

上面这些只是英超球场内外关于学外语的新闻，真正在语言不通的异乡生活，所需要承受的压力和付出的努力要比这样的花边新闻严峻得多。但在西班牙，这些南美球员丝毫不会受到语言不通的影响，对于这些打小就不以学习见长的球星兼学渣来说简直就是天堂。

【吸引力，还来自历史和文化传统】

以英超为例，曾经有很多南美球员来到英超之后苦恼于无法融入当地的生活。在他们老家，生活是热情的，工作也必须是快乐的。但在英国，生活没有他们眼里的那么简单，大部分人每一天都是上班—下班—看电视的无聊循环，每一周都在努力工作养家糊口，压根就没有时间去享受生活。

热情奔放的南美人，根本无法理解这种英国绅士的闷骚精神。但在西班牙，这就不是个问题了。这里有热情奔放的斗牛和弗拉门戈，有着这些个狂欢和那些个节日，还有巴塞罗那的浪漫海滩和马德里的不可思议。和语言一样，南美球员在西班牙基本上不需要在文化差异里苦苦挣扎和适应。如果想要长期生活，这也是球员们会提前考虑的因素。

就像英语成了英超商业推广的助推器一样，西班牙无敌舰队几百年前抢下的一个个殖民地，在今天以这样的形式变为了西甲拥有的宝贵遗产。虽然只能算是文化的副产品，英格兰球迷却羡慕不来，怪只能怪当年日不落帝国并没有将版图扩张的重点放在南美洲上。

同样羡慕不来的，还有西班牙灿烂的阳光。再拿英超来举个例子……

英超：等等，为什么总是我?!

内德 & 羽则：谁叫你既有底蕴又有钱，还老被西超撬走球星呢！

2008 年，维迪奇在接受俄罗斯杂志采访时，狠狠吐槽了曼彻斯特的天气："这里只能短暂地看到一点阳光，然后就又变成了阴天。冬天还不算太冷，但是夏天气温都很难超过 20 摄氏度。然后就是下雨，下雨和下雨。这里最有吸引力的就是火车站的时刻表，因为那些火车可以带你去雨少一点的城市。"

虽然这段采访后来被《太阳报》等无良媒体添油加醋了"我不会一直在英格兰生活、想去西班牙"等内容，还遭到了维迪奇亲自在曼联官网的辟谣，但他也承认自己确实吐槽了一大堆关于适应英格兰生活的艰难，其中最主要的内容就是糟糕的天气。

东欧球员尚且如此，南美球员对于英国连绵阴雨的态度更是可想而知。当年卡卡还在为 AC 米兰效力的时候，曾经动过转会去曼城的心思。然后，他打电话向正在曼城效力的巴西老乡罗比尼奥探探口风，谁知道罗比尼奥第一句话就是："别来，来了冷死你。"于是，卡卡就像许许多多的南美老乡一样，选择了马德里，选择了西班牙的美好阳光和黄金海岸。

对于来自温暖地区的球员来说，英国寒冷多雨的天气不仅仅是无法出去浪只能宅在家这么简单，甚至可能会影响到比赛中的竞技状态。冬季比赛时，较低的气温加上部分老球场四处漏风，只能通过不断地奔跑来保持体温，稍微散个步说不定状态就彻底凉透了。更何况，英超还没有冬歇期。这不仅意味着要在最寒冷的时候继续每天训练和一周双赛，还意味着失去了一个虽然短暂但弥足珍贵的假期。对于南美球员来说，这简直就是暴击中的战斗机。

因此，已经离去的库蒂尼奥还以41个进球保持着巴西球员在英超的最高进球纪录，这在欧洲大陆联赛中几乎是不可想象的。

【吸引人的，还有未来的保障】

对于南美球员来说，在西班牙踢球还有取得欧盟国籍的优势。

根据西班牙的《外国人法》，其他国籍的公民要在西班牙境内连续生活十年才能申请本国国籍。但是，因为前文提到的历史、文化、语言方面的种种原因，大部分拉美国家的公民可以把年限缩短为两年。也就是说，这些南美球员只要在西甲连续效力两年，就能申请西班牙国籍。就算加上身份核实、素质考量、收入程度、对于社会的贡献等一系列烦琐而必需的流程，南美球员基本上都能在3～4年拿到西班牙的第二国籍。梅西如此，阿圭罗也是如此。

拿到欧盟护照，对于南美球员来说不仅是从此走遍五大联赛不再受到外援限制，更是给今后的生活带来了很大的便利。在没有当地国籍之前，不管你多么受到当地球迷的喜爱，你的家庭和孩子都仍然只能算是外人，孩子入托、上学、医疗、退休保障都要折腾。等到退役之后，甚至连球员自己都可能被看作外人，留下来继续生活的少之又少。所以，能够拥有当地国籍，享受到与当地居民同等的福利待遇和社会地位，对于球员在生活质量以及家庭规划方面的帮助是显而易见的。

相比之下，在英国、德国等其他主流欧洲足球国家的入籍难度基本都是困难甚至地狱级别的，而效力于西甲的南美球员想入籍西班牙却只要“打通新手村”。对于那些想要长期定居在欧洲的南美人来说，这一点也是不得不考虑的因素。

综上所述，巴萨和皇马对于南美球员的吸引力绝对不仅仅是钱就能概括的。除了顶级俱乐部的梦想之外，还包括了生活、家庭、未来保障等一系列的问题。作为球迷来说，我们义无反顾地支持着心目中的主队，对于球星的“背信弃义”感到悲痛和愤怒都完全在情理之内。而对于球员来说，最终做出这样的选择其实并没有什么可以苛责的。

这就是现实，历史原因、气候条件、国家政策和足坛地位，再加上钱，让皇马和巴萨大部分时候都能站在食物链的最顶端。

【未来会有所改变吗?】

当然，也有皇马和巴萨球员被挖走的时候，比如2017年夏天的内马尔。

2.2亿欧元的转会费不仅彰显了大巴黎的雄心壮志，也让这些年没怎么被挖过主力的巴萨措手不及。手握重金的他们在转会市场上遭遇了集体抬价，却依然用自己的影响力砸来了登贝莱和库蒂尼奥。虽然这两笔转会都伴随着许多的不愉快和无数的争议，但竭尽全力的多特蒙德和利物浦最终也没能阻止自家球星的出走。

这就是真实的足球。身处小渔村的利物浦，被巴萨挖走了库蒂尼奥，而皇马的对抗手段据说是开挖萨拉赫；财政不够坚挺的鲁尔区，莱万多夫斯基、格策、胡梅尔斯都被多特蒙德的直接竞争对手拜仁慕尼黑撬走，沙尔克04更是成为欧洲最大的免签基地；莱斯特城仅仅显赫了一个赛季，坎特走了便塌了半边天，马赫雷斯交了大半年的转会申请最终如愿；米兰无论从政治经济还是足坛地位来说，已经无法再和十年前相提并论，双雄的复兴之路漫漫又长远；虽然RB莱比锡在红牛集团的支持下发展迅速，但一旦有豪门来看货，福斯贝里、维尔纳都很难按捺住自己那颗要走要走就要走的心……

从如今的世界足坛来看，一支二线球队想要发展或者复兴成为真正的顶级豪门，必须具备两个要素：一是要有金主的支持，典型案例就是大巴黎和曼城这种富可敌国型；二是要身处国际化大都市，这样才能带来蓬勃的市场和长远的发展潜力。二者缺一不可。

在这种情况下，不具备以上两点的没落豪门对未来该做出如何的选择?

著名金融投资家索罗斯说过："作为一个市场参与者，我关心的是市场价值，追求的是利润最大化；而作为一个公民，我关心的是社会价值，人类和平、思想自由和公平正义。"这句话很好地概括了球队和球迷之间的不同，也很好地解释了俱乐部老板和球迷在买卖球员上为什么会做出截然不同的选择。

作为球迷，我们都把足球看作崇高的信仰和不食人间烟火的纯粹，但在真正的当事人面前这些都只是单纯的生意和职业。更多的钱带来更好的球员，更好的球员带来更多的钱，这就是一个无比坚固的循环。

未来的很长一段时间，除非世界足坛发生无法想象的整体变革，这样的情况肯定还将延续下去。而世界上绝大多数的俱乐部，仍然要一次又一次面对这样的悲哀：当皇马与巴萨对着自己阵中的南美球员摇动橄榄枝时，所有的抵抗可能都是徒劳。

没办法，皇马巴萨发出的那张邀请函，其对于南美球员的吸引力就相当于一个你从小就梦想加入的世界顶级企业拿出了一份薪水翻倍、有固定假期的合同，而且工作地点语言相通、文化相近、气候宜人，对自己老婆孩子都有帮助，退休之后就能在当地颐养天年，这企业还主动帮你申请欧盟护照……

换作是你，真的会顾及老东家过去几年的培养、周围相处融洽的同事关系，然后抛弃以上种种诱人条件去选择“忠诚”吗？

现实残忍，却是事实。面对这样的选择，其实，你我都一样。

很难更高尚。

西班牙媒体，是喉舌还是猪队友？

说起西班牙媒体，很多球迷都会立刻涌起一股欲杀之而后快的不爽感……因为，这群由职业笔杆子、专业键盘侠、小视频剪辑大咖，以及被足球耽误了的私家侦探和“无根据联系学”博士组成的特殊社会群体，实在是太会搞事情了。

在西媒的世界里，皇马不仅要卖C罗还要卖贝尔卖本泽马卖克罗斯，巴萨的乌姆蒂蒂想走登贝莱想走苏亚雷斯想走甚至梅西也想走。假如他们的转会流言都成真，恐怕皇马巴萨的阵容大概每半年就能翻新两三回。

既然大家都知道西媒是开局一张图、新闻全靠编，那么他们为啥还能生存并且活跃到现在？接下来，就让咱们来好好了解一下这群在喉舌和猪队友之间随时切换的神奇人群。

【四大体育报和两大阵营】

首先给大家科普一个小常识。在英国，没有全国发行的专门体育报纸。我们熟悉的《太阳故事会报》《每日哈哈镜报》《地铁编瞎话报》甚至比较靠谱的《曼彻斯特晚报》《利物浦回声报》其实都是综合性报纸，主要足球资讯就分布在它们的体育版面中。

而这事儿搁在西班牙身上，就不一样了。因为西班牙在养育专门体育报纸方面，水土特别丰美。作为一个足球、篮球、网球、自行车、手球、摩托车体育、水上体育、高尔夫全面发展的体育大国，各种运动在国内都有着强势的明星和广泛的群众基础（说白了就是西班牙人民特别爱玩），庞大的需求群体让专门的体育报纸得以生根发芽，发展壮大。

需求大到什么程度呢？

根据2013年的统计数据，西班牙境内发行量最高的四份专门类别报纸，通通都属于体育类。《马卡报》以31万发行量遥遥领先，《阿斯报》以21万位居次席，《每日体育报》和《世界体育报》分别以12万和10万排在第三、四位。排在第五位的经济类报纸《拓展报》，发行量还不到前面几位的一半。

如果把《马卡报》的发行量拿出去进行跨界比较，更能说明体育类报纸究竟有多么火爆。在整个西班牙，只有综合类第一大报《国家报》的36万发行量比《马卡报》更高，所以咱们天天吐槽的《马卡报》其实就是西班牙第二大报。

Title	Website	Headquarters	Circulation	Remarks
Marca	marca.com	Madrid	308,835	1st in sports circulation
AS	as.com	Madrid	214,654	2nd in sports circulation
Sport	sport.es	Barcelona	118,098	3rd in sports circulation
Mundo Deportivo	mundodeportivo.com	Barcelona	101,449	4th in sports circulation
Expansión	expansion.com	Madrid	50,180	2nd in business circulation
La Gaceta de los Negocios	negocios.com	Madrid	34,150	3rd in business circulation
Cinco Días	cincodias.com	Madrid	33,996	4th in business circulation
El Economista	eleconomista.es	Madrid	18,268	5th in business circulation
Noticias Bolsa	noticias-bolsa.com	Barcelona	15,740	6th in business circulation
Super Deporte	superdeporte.es	Valencia	10,787	5th in sports circulation
Estadio Deportivo	estadiodeportivo.com	Seville	8,662	6th in sports circulation

图片来源：维基百科

而和意大利的同行们进行比较，《马卡报》更是傲视群雄，因为他们的发行量差不多等于意大利的《米兰体育报》《罗马体育报》《都灵体育报》这三大体育报之和……真的得给西班牙人民对于体育花边和转会传闻的热情跪下了。

那么，为什么这四家体育报纸都能有这么疯狂的销量呢？如果你仔细看过上面那张图，也许就可以发现这四家报纸的共同点：它们的根据地都集中在马德里和巴塞罗那。而销量的秘密也很简单，就是皇马和巴萨。

一般的报童卖报：号外！号外！西班牙国王与灰姑娘的爱情故事大揭秘！是谁主导了太后和王后之间的婆媳关系！一切精彩，尽在本期《西班牙××报》！

无人问津。

马德里的报童：皇马……

抢购一空。

没错，作为世界足坛的前两号流量刷子，皇马和巴萨在体育媒体中就是有这样的号召力。于是，体育报纸的版面分配也心甘情愿地向两位大佬低头。

《马卡报》1938 年创立于圣塞巴斯蒂安，也就是皇家社会那地儿，后来经过一系列合并重组扎根于马德里，销售网络覆盖全国。《阿斯报》1967 年诞生于马德里，从创立之初就主要专注于报道皇马、马竞和巴列卡诺的相关新闻，这三家俱乐部的内容基本上能占到报纸全部版面的 40% 左右。

而《世界体育报》1906 年就已经开始在巴塞罗那发行，是目前西班牙最古老、欧洲第二古老的体育报纸，其每期差不多一半的内容都围绕着巴萨这一家俱乐部。至于《每日体育报》那就更加直白了，虽然 1979 年才成立在这四大体育报里只能算是个小字辈，但官方的宣传口号却没有丝毫婉约的意思："永远和巴萨在一起。"

也就是说，除了《马卡报》作为全国性综合类体育报纸，内容上相对雨露均沾一些之外，其他几家都是逮着一只或者几只羊狂薅。而这一特点也不光在四大体育报上存在，瓦伦西亚的《超级体育报》、毕尔巴鄂的《邮报》、塞维利亚的《竞技场》等，走的都是地方足球保护主义的套路。

这也不难理解，作为立足于当地的体育报纸，服务的是当地的体育迷（主要就是球迷）。马德里市的球迷肯定最想看到皇马或者马竞的球员专访，巴塞罗那的球迷自然都更愿意去读巴萨的转会传闻。所以，这些体育报为了迎合当地的读者，自然会比通通都是全国发行的英媒更加“喉舌”一些。

那么，当地的球迷除了喜欢看主队的新闻，还喜欢看什么呢？答案也很简单：死敌的负面消息。

【看你过得不好，我就放心了】

咱们先举个例子，在2017—2018赛季欧冠半决赛第二回合皇马那场涉险晋级的比赛结束之后，《马卡报》的头条是“冲击13冠”，《阿斯报》的头条是“拜仁在伯纳乌刮起旋风但皇马笑到了最后”，两家媒体的配图都是皇马球星们庆祝本泽马进球的照片。

那么，你猜加泰罗尼亚媒体会怎么说？《世界体育报》的头条是“经典之战”，不过配图变成了马塞洛逃掉的禁区内手球。至于前面说过的口号是“永远和巴萨在一起”的《每日体育报》，头条则是他们一贯直接的风格：“好，好，好，皇马又一次靠裁判的帮助和爆棚的运气赢下了比赛”。

没错，这就是西班牙媒体典型的风格。平时，他们分别重点播报本地球队的新闻和传闻，到了死敌有争议或者负面新闻的时候封面才会换成对方。而除了《马卡报》因为全国发行的原因“相对”中立一点之外，其他几家有的时候黑起来简直到了丧心病狂的地步。

比如，巴萨在2011年2月的一场西甲联赛中2∶1击败了毕尔巴鄂竞技，赛后关于阿尔维斯开场送出助攻前有没有越位引发了不小的争议。《马卡报》在官网只放出了比赛集锦，没有追加报道，而《阿斯报》则发布了关于这次争议判罚的专题新闻，然后——用了一张假照片。在他们的这张图片里，正在转身回追的毕巴后卫阿莫雷别塔居然被P（用软件对图片进行处理）掉了……因此，阿尔维斯从疑似越位直接变成了100%肯定越位。

这种程度的造假，肯定是瞒不过球迷雪亮的眼睛。很快，“P图事件”就被人识破，并且变成了比争议判罚热度还高的新闻。《阿斯报》在11个小时之后发布了道歉声明：“我们错误地采用了一张通过计算机技术修改了事实真相的图片，我们向巴塞罗那俱乐部和巴萨球迷表示歉意。”至于到底是刻意为之还是盗图被坑，真相估计只有他们自己心里清楚了。

接下来，咱们再把视线转到不甘落后的加泰媒体身上。2016年10月，皇马

2∶1击败毕尔巴鄂竞技的比赛中（毕巴：怎么又是我?），莫拉塔替补出场在第83分钟帮助球队打入了制胜进球。在他进球之后，旁边的C罗高高举起了手臂。

还算比较含蓄的《世界体育报》对此表示，C罗举起手臂的行为让人难以理解，难道他是想示意队友的进球越位了吗？至于从来都不含蓄的《每日体育报》嘛，他们详细“剖析”了C罗的内心世界：“葡萄牙人因为进球荒和表现不佳有点精神错乱。莫拉塔取得进球之后，他不但没有和队友一起庆祝，还生气地举手示意莫拉塔已经越位。这一切只是因为，这球不是他进的。”

你觉得这真的有可能吗?！毛利小五郎都不敢这么胡乱推理好吗！

事实上，这只不过是C罗在队友进球之后的一种习惯性庆祝动作，在联赛和欧冠赛场上已经出现了很多次。有的时候，拉莫斯或者本泽马还会跟着他一起举手。比如，在欧冠决赛拉莫斯补时绝杀马竞之后，C罗就举起了他的手臂。难道有人会认为，C罗在这种关键时刻也会想申请取消拉莫斯的进球吗？

所以，这就是喉舌媒体的自我修养：逮着机会就黑，没机会创造机会也要黑，只要看到死敌的腰上有个线头就一定想办法用它扯掉死敌的内裤。

当然，只会黑死敌肯定是不够的，为了服务广大当地读者，挖掘更多新闻，西班牙媒体还会和当地俱乐部建立比较紧密的联系。《马卡报》和《阿斯报》都拥有着进入皇马训练基地采访和拍照的特权，《世界体育报》和《每日体育报》与巴萨之间的联系同样如此。

甚至，他们还会在某些时候充当传声筒和测试器。比如，转会期。

【三人成虎，厕纸成真】

在转会市场上，俱乐部有时会给喉舌媒体放消息，然后由媒体负责放话、压价，试探转会市场里其他俱乐部的反应，以及动摇球员的心。

比如，2008年媒体上开始铺天盖地出现了皇马要买C罗的传闻。弗格森当时就火大了，他公开表示：“卡尔德隆说这个，舒斯特尔说那个，皇马这群家伙就是利用《马卡报》来勾引别人家的球员。事实是C罗还有4年合同，但卡尔德隆和西媒就是视而不见。另一个事实是奴隶制已经废除了很多年了，这些西班牙媒体当年告诉佛朗哥了吗?”

又比如，2017年的夏窗，偌大一个森林，在巴萨眼里只有两棵树。一棵叫作登贝莱，多特蒙德说树苗可以卖，但是要价1.5亿，摆明了就是宰你；另一棵叫作库蒂尼奥，利物浦说这树苗不卖，熊孩子可以闹可以哭，但我们就是不卖。

于是，登贝莱和库蒂尼奥为了转会放出了失联、背伤等一系列大招，而加泰媒体也同样发动了地毯式轰炸般的新闻攻势。

《每日体育报》：库蒂尼奥周二签约。

《世界体育报》：库蒂尼奥周五签约，楼上水经验。

《每日体育报》：库蒂尼奥已经准备好新闻发布会，这次是真的。

《世界体育报》：库蒂尼奥……反正马上就来。

据统计，在2017年的夏窗，《世界体育报》和《每日体育报》加起来一共发布了57期以"库蒂尼奥签约"为头条的报纸。而几轮"媒宣"下来球迷也都看明白了：你们负责旋转跳跃，我们负责闭上眼。最终，库蒂尼奥也没能在那个夏天去诺坎普颠球。当然，后面的故事证实了，那时候库蒂尼奥的确距离巴萨非常非常近。但从那之后，这两家报纸关于"立刻""马上""即将"的用词，球迷都默认至少"跳票"半年。

而且，并不是每次媒体攻势都会取得正面的效果。有时候，跟球队关系太密切，知道的内幕太多，反而会变成猪队友。

【最怕不过猪队友】

虽说这几家著名报纸和所支持的球队大方向是一致的，但是他们毕竟不属于同一部队，在切身利益发生冲突时也会时不时地唱个反调。总结下来，媒体"猪队友化"主要有以下3个原因。

原因一，为了维护自己的尊严。2013年，马德里爆发了著名的"马卡不说谎"事件。这一年的1月，《马卡报》"一不小心"报道了卡西利亚斯和拉莫斯代表球员要求俱乐部夏天解雇穆里尼奥的惊人消息。皇马主席弗洛伦蒂诺为了稳定军心本打算瞒着球迷，一看《马卡报》把这事儿捅出来就大发雷霆，怒斥《马卡报》在造谣。而《马卡报》则更加愤怒："我们作为一家以吹牛为主业的报纸，好不容易说一次真话，你竟然说我们造谣！这怎么得了！"

于是，第二天《马卡报》在封面打出了"马卡不说谎"的大号黑色字体标题，并且公布了皇马内部人士发送的几段短信作为证据。虽然短信截图打了马赛克，算不算实锤还有点争议，但是半年之后，魔力鸟的离开似乎给出了答案。两年之后，《马卡报》再次先于皇马官方爆出安切洛蒂即将下课的消息，老佛爷再次否认，然后《马卡报》反手又是一记实锤……

这两件事，不仅使弗洛伦蒂诺颜面扫地，而且和《马卡报》的关系也一度降到冰点，围观群众纷纷感慨：想不到马卡这浓眉大眼的也背叛革命了。

原因二，因为关系的亲密指数有所下降造成的反目。这回的代表人物是——《阿斯报》。《阿斯报》属于PRISA传媒集团旗下，这个集团正是皇马前主席卡尔德隆参加大选的幕后金主。再加上劳尔和那个时候的《阿斯报》主编是多年的好友，所以在卡尔德隆时期，这家报纸几乎就是皇马的官媒。而老佛爷卷土重来之后，《阿斯报》就开始精神分裂了。好起来狂吹皇马个个都是天神下界，黑起来几乎一个转会窗要把整个一线队兜售给全世界。

比如，2014—2015 赛季巴萨三冠王，皇马球迷很不开心。在吐槽球员表现不佳的时候，《阿斯报》把枪口对准了贝尔。在很长一段时间里，《阿斯报》对贝尔连珠炮般地开喷，不是表现多么不佳，就是私下多么不努力，反正每天的日常就是吃饭睡觉黑贝尔。最终，输掉国家德比之后，贝尔的豪车被愤怒的皇马球迷砸了，老佛爷也因此怒喷了《阿斯报》。

原因三，为了吸引眼球。有时候为了提高销量，媒体会故意制造一些卖点。2011—2012 赛季，小法回到巴萨之后，比利亚被抢走了不少首发机会。结果《每日体育报》把很多比利亚私下和朋友之间的抱怨都发了出来，然后还在球员已经出面否认的情况下发布了一系列证据，导致葫芦娃“压力山大”陷入低迷。随后，比利亚坚持带伤出战世俱杯，在和阿尔萨德的比赛中骨折重伤，赛季报销甚至还缺席了 2012 年欧洲杯。直到现在，巴萨球迷都觉得《每日体育报》在比利亚的下滑和离开中应当承担一定的责任。

又比如，内马尔从桑托斯转会巴萨的那笔糊涂账，当时巴萨已经为这事儿吃了官司，而《每日体育报》和《世界体育报》不仅不帮着维稳，还“跳反”了。他们抛出大料：“2011 年到 2013 年间，巴萨共签署了 7 份与内马尔有关的文件，但俱乐部只向法院递交了两份。”《马卡报》一看连你都反了我就不客气了，于是马上再补一刀，详细介绍了巴萨没递交的 5 份文件里说了些什么……总之，一旦利益相左，亲兵媒体也可能马上掉转枪口。在这方面，《马卡报》卖主帅，《世界体育报》卖球员，都是神一般的存在 。

那么，究竟还有没有吃良心饭的媒体了？答案是……

【良心，只是相对的】

西班牙比较热门的体育媒体除了这些报纸，还有几家电台和电视台。

首先向您走来的是电台方阵。排头的是塞尔电台，他们的口号是“措辞简练、短小精悍、摒弃一切主观臆断”；排第二的是零点电台，他们的口号是“语言优美、逻辑严谨、绝不把话说得太满”；排第三的是科贝电台，他们的口号是“科贝科贝，靠谱的科贝”。

然后向您走来的是电视台方阵。西班牙国家电视台首先华丽地登场亮相，他们擅长的是煽动情绪和起哄架秧子，明明消息根源有很高的可信度，硬是给自己扩充出吹牛皮的效果；紧跟在身后的是西班牙电视四台，他们是皇马的合作伙伴，负责直播皇马比赛、训练、庆典、访谈，但是没啥自己的真材实料，基本职能就相当于个婚庆跟拍；排在他们后面的是西班牙电视六台，多年以来致力于深入八卦新闻和球星花边，可信度低于 20%，跟着他们的新闻反着买博彩，可发大财。

以上的媒体，它们的主战场是电台广播和电视直播，但是也有自己的网站来发布新闻。曾经，它们的信息都相对比较准。基本上想买谁谁谁、谁谁谁提交转会申请之类的消息，虽然最终转会不一定发生，但这些事情的真实性都有个50% 以上的命中率。

不过随着足球这门生意越做越大，也有一些奇怪的新闻出现了。比如2018年年初，皇马在联赛里已经被巴萨远远抛在了身后。塞尔电台报道，皇马打算在世界杯结束之后，用C罗加钱去跟大巴黎换内马尔。

你信，还是不信？对此，皇马前主席卡尔德隆又站出来发话了。他说："这就是现任皇马管理层为了安抚球迷故意放出来的消息，但这完完全全就是一个昏招。"

而在2018年3月，两家可信度很高的塞尔电台和科贝电台又同时发布消息，说皇马内部已经想好了打算在夏窗卖掉贝尔。唉，可怜的贝尔，怎么又是你？

【通通都是厕纸？】

看完这些，你会觉得各路西班牙媒体都是一丘之貉、蛇鼠一窝，反正没一个靠谱的。它们报道的转会传闻里，最终实现的可能只有10%，甚至都不到。但是，如果考虑到它们和俱乐部的长期战略性合作伙伴关系，你就会发现，也有一些看似天花乱坠的消息，说不定它们真的得到了俱乐部的剧透甚至是默许才发布的。

比如在2014年世界杯期间，《马卡报》跟踪报道了一系列皇马要买克罗斯的消息。总结下来分这么几步：

一、6月30日报道：皇马开始和拜仁谈克罗斯的转会，转会费预计为2500万~3000万欧元。皇马与克罗斯个人已达成共识，签约5年，年薪500万欧元。

二、7月1日报道：克罗斯有望成为皇马球员，世界杯后官宣。

三、7月3日报道：皇马与拜仁达成协议，转会费2500万欧元，世界杯后官宣，签约5年。

四、7月15日报道：克罗斯将于周四（17日）正式亮相。

当克罗斯真的在7月17日走秀伯纳乌时，我们才发现《马卡报》的这一系列报道不仅有鼻子有眼步步为营，甚至连谈判进程、关键时间点和各项费用都与实际情况出奇地吻合。更神奇的是，《马卡报》与此同时又以类似的步伐和真实性跟踪报道了J罗的加盟，终于让我们相信：马卡啊，你上面有人啊！

《马卡报》当然上面有人，因为就连每年的西甲官方最佳球员、最佳阵容的评选，以及最佳射手、最佳门将等奖项的颁发，都是西甲联盟和这家媒体合办的。那么问题来了，这时候的他们，究竟是厕纸、喉舌，还是权威？

其实，大多数媒体和俱乐部之间就是这样看似亲密无间却又若即若离的关系。它们相互合作，媒体要流量，俱乐部要声势，各取所需；它们相互利用，媒体想从俱乐部那里拿到更多的一手消息，俱乐部想通过媒体放出它们的态度，施加对它们有利的影响；它们也相互争斗，真相只有一个，有时候你真的很难分辨媒体和俱乐部谁在瞎扯……

所以，看花边刷新闻只当一种业余爱好就行了，没到官宣的那一天，大家看看就好，不必太上心。是非曲直、真假虚实，局外人又如何能说得清、道得明呢？

队徽、绰号、吉祥物，让你一次看个够

每次提起西班牙足球，我们总是想到巴塞罗那和皇家马德里这么多年的恩恩怨怨，马德里竞技和瓦伦西亚等新势力的崛起，还有格拉纳达等小俱乐部的奇葩传说……但伊比利亚足球大地上还有一类独特的存在，它们或仪式感十足，或蠢萌无比，它的来源或意义深远，或让人啼笑皆非。本篇，就让我们来聊聊关于队徽、绰号和吉祥物的一切。

【队徽的组成部分】

在聊西班牙足坛队徽的故事之前，咱们先来看看西甲大佬皇马和巴萨的队徽里，分别由哪些元素构成。

第一，皇马的队徽除了皇冠之外其主体为圆形，巴萨的队徽主体则是盾形，这两种造型也是世界各地足球俱乐部里最为常见的队徽外形。原因很简单，从纹章学的角度来说，俱乐部队徽很多都起源于城市徽章，而很多城市徽章又源于中世纪时当地那些古老家族的纹章。那些曾经显赫一方的传奇领袖或者有田有钱有宅基地的当地扛把子，会把自己的家族纹章用在哪里呢？答案是三个地方：珠宝玉器、旗帜，以及骑士们的盾牌。因此，盾形徽章至今都是人们最能接受也是用途最广的徽章类型。

当然，每一位热爱欧美游戏的玩家都很清楚，盾牌的形状是多种多样的。其中既有在意大利很受欢迎的椭圆形帕尔马盾，也有正圆形的圆盾，以及各种有棱有角的不规则盾牌。世界足坛看起来很像但又有细微差别的盾形队徽，也是一样的道理。

第二，队徽里经常会出现俱乐部的名字缩写以及主色调。比如巴萨之前几十年的队徽中间都有巴塞罗那足球俱乐部的缩写 FCB，下部也有代表俱乐部的红蓝间条和足球。而皇马队徽的主色调是纯白，中间也用颇有设计感的文字写出了马德里足球俱乐部的缩写 MCF。

第三，本地的著名标志自然也少不了。皇马队徽中间的蓝紫色缎带就是卡斯蒂利亚区的代表，而巴萨队徽上部的右侧是加泰罗尼亚的红黄两色地区旗帜，左侧则是三喵军团旗帜……的起源圣乔治十字。是的，喜欢这个红白十字的并不只是英格兰人民。

说起巴萨队徽里这个圣乔治十字，还有一个非常有趣的故事。以屠龙英雄闻名世界的圣乔治，其传说有着多个版本。加泰罗尼亚地区的版本是这样的：从前有座山，山上有条龙。为了让这条龙不要来骚扰老百姓，国王想出了一个献祭活人的馊主意。就像所有搬石砸脚的故事一样，国王把所有人的名字写在纸条上丢到布袋里之后，小手一抖抽中了他的亲闺女——公主殿下。

故事接下来的发展你大概可以想象了，公主被掳走，男主角登场，勇者斗恶龙。骑着骏马的圣乔治用长枪刺死了恶龙，恶龙的鲜血染红了土地，居然化成了朵朵美丽的玫瑰花。

不过，你即使猜中了剧情的99%，也肯定猜不到最后的结局：公主获救之后并没有像无数童话故事里一样以身相许，从此和勇者幸福地生活在了一起，而是为了报答救命之恩，送给了圣乔治一本书。

什么，一本书?！救命之恩就送本书?！救公主回报率最低的马里奥还获得香吻一枚呢！

没错，故事就是这么流传的。于是，每年加泰地区的圣乔治节出现了男孩送妹子玫瑰、妹子回赠一本书的传统……各位巴萨女球迷，以后收到玫瑰请回赠《西甲风云》，谢谢。

其实，圣乔治的故事还有土耳其、意大利等多个版本，而这位图腾小哥的真实身份则是一位为了基督教殉教的罗马士兵。也正是因为他的故事被演绎得越来越玄幻，自己也成了英格兰和加泰罗尼亚等很多地方的守护神。后来，代表他的圣乔治十字出现在了曾经的热那亚共和国、狮心王理查时期的英格兰等很多地方的旗帜之上，以及，巴塞罗那的队徽之中。

不过，大部分的队徽都不是一天设计完成的，而是经过了漫长的修改和扯皮才发展到今天。如果追根溯源到20世纪初期，西班牙许多俱乐部的队徽都是非常简约的。

【从花押字到旗帜】

最初的简约到什么程度呢？直接用名字的首字母缩写就可以了。

比如西班牙人队，他们历史上的首个队徽就是一个按照红、黄、红顺序分成三块的球，每一块上面用对比色加上了俱乐部名字的首字母CEF（当时的名字叫Club Español de Fútbol）。怎么样，是不是简单又直接？

其他的一些俱乐部觉得如此直白地把自己的缩写放进队徽实在显得太没文化了，于是开始在字体的美观方面动脑筋。渐渐地，花押字（monogram）成了队徽文字界的选美冠军。这是一种通过字母组合来形成图案的“艺术字”，从当年欧洲皇室贵族的签名，到现在很多奢侈品品牌的商标，都采用了花押字。在历史上，塞维利亚（Sevilla Fútbol Club）、皇马（Madrid Football Club）、拉科鲁尼亚

(Sala Calvet)、贝蒂斯（Sevilla Balompié）等很多俱乐部都曾经根据当时的名字提取了首字母组合成花押字，变成了自己早期的队徽。

但是很快，花押字队徽都暴露了一些比较明显的缺点。

首先，大部分球队的名字里面都有足球和俱乐部这样的字样，首字母缩写里不是有 FC 就是有 CF。每家每户都有这个，球迷还怎么区分？

其次，虽然这种花押字很适合作为时尚品牌的商标，但是单独作为俱乐部的队徽，总给人一种不够霸气的感觉。两军对垒、火枪上膛，然后双方的壮汉队长恶狠狠地递给对方一条娘炮味儿十足的花押字队旗……画风瞬间就分裂了。

因此，西班牙的足球俱乐部们很快就把眼光投向了前文所说的贵族徽章世界，期待找到一种既帅气又大气的风格。在珠宝、盾牌和旗帜三大形式里，有人看中了盾牌，也有人看中了旗帜。

旗帜形队徽一般可以分成两种，一种是带有旗杆的飘逸型，比如当时还是一家人的毕尔巴鄂竞技和马德里竞技，以及拉科鲁尼亚、阿拉维斯和皇家社会等。另一种是没有旗杆元素的三角旗，比如当时的贝蒂斯、西班牙人、莱万特和比利亚雷亚尔。当然，这一类的造型其实也有那么点盾型的意思。

随着历史的演变，有些俱乐部的旗帜形队徽最终被盾形取代，但有些依然保留了下来，成了现在队徽里重要的组成部分。

除了这些共同元素之外，熟悉西甲的球迷肯定知道，有几家俱乐部的队徽上还有个特殊的元素——皇冠。这个皇冠来源于球队名称前面的皇家（Real）头衔，在西班牙足坛有此头衔的俱乐部包括皇家马德里、拉科鲁尼亚、皇家社会、西班牙人、贝蒂斯、马洛卡、桑坦德竞技等一大堆。

为什么西班牙会有这么多“皇家”俱乐部？想申请个“皇家”头衔挂脑袋

上是不是要成绩特别出众？是不是需要有西班牙王室背景？申请书的开头是用黑体还是仿宋？

嗯……你想多了。

【满天飞的皇冠】

我们都知道，西班牙俱乐部队徽里的皇冠来自它们的“皇家”头衔。而70%的皇家头衔，都来自同一位西班牙国王——阿方索十三世。对于阿方索十三世赐予了一大堆皇家头衔，坊间一直有两种说法。

说法一：他是个球迷。据说他在处理政务之余，最大的爱好和舒缓压力的方式就是踢球。因此很多比较空闲的午后，他都会找来一些皇室成员或者皇家卫队的士兵来一起踢球。嗯，估计没人敢对他犯规。

说法二：他看中了足球在西班牙国内日益红火的前景，决定将其作为王室亲近普罗大众的渠道。而且，推广足球既可以强身健体，还能激发国民奋发图强的精神，可谓是一举多得。

不管真相如何，反正阿方索十三世在1909年权杖一伸赐予了拉科鲁尼亚皇室头衔，让他们成了西班牙第一家名字里带“皇家”的俱乐部，国王大人甚至还受邀担任了他们的荣誉主席。哐当一声，一顶王冠出现在了拉科鲁尼亚1910年的俱乐部新队徽头上。

接下来，一大堆俱乐部开启了申请或者被直接赐予皇家头衔的道路。

比如，西班牙最古老的俱乐部韦尔瓦，必须有皇冠吧？比如，加泰罗尼亚和巴斯克地区出于政治考虑的西班牙人和社会，得有个皇冠镇场子吧？比如，其他自治区不甘落后的希洪、桑坦德竞技、贝蒂斯、塞尔塔等球队……一时间，队徽脑袋上没个皇冠你都不好意思出门和邻居打招呼。

在这批“皇家潮”里最出名的，自然是1920年获得皇家头衔的马德里足球俱乐部。从此以后，江湖人称：皇马。而现在最不出名的，则是包括皇家艾维拉、皇家布尔戈斯、皇家阿兰胡埃斯在内的一大堆目前混迹于地区联赛的业余球队……你们听过“皇艾”“皇布”“皇阿”吗？

反正甭管出不出名，阿方索十三世在那段时间七七八八授予了超过20家俱乐部皇家头衔。然后，1931年西班牙爆发革命建立了第二共和国，这位国王流亡海外。

风向已变，国王已跑，还要皇家头衔干吗？因此在共和国存续期间，所有受封的西班牙俱乐部都把队徽里那顶象征着封建主义残骸的皇冠通通丢掉了。也正是在这一时期，皇马队徽在去掉皇冠的同时加入了象征卡斯蒂利亚的蓝紫色缎带，并且一直保留到了今天。

再然后内战爆发，佛朗哥获胜上台，扶持出了一个没有实权的君主制，于是队徽里的皇冠和赐予俱乐部皇家头衔的仪式又回来了……

1951 年，萨拉戈萨召开了股东大会，决定从此前合并的皇家社会竞技场俱乐部那里继承皇家头衔，成了目前为止西班牙国内最后一支给队徽加上皇冠的俱乐部。是的，他们的帽子不是来自现任国王的赏赐，而是来自祖上的遗产。

1977 年，胡安·卡洛斯一世向洪都拉斯俱乐部西班牙体育授予了皇家头衔，使得他们成了目前为止最后一支被西班牙国王授予皇家头衔的俱乐部。是的，这是家大西洋另一边的外国俱乐部……

好吧，你们西班牙人真会玩。

以上，就是西班牙俱乐部队徽演变历史里的几个重要节点。此后，他们在队徽里逐渐加上了地方著名标志，比如马竞队徽里的熊、树和北斗七星都来自马德里市旗，瓦伦西亚的蝙蝠来自当地的英雄传说等。在经过数次设计改良之后，这些队徽逐渐变成了今天我们熟悉的样子。

在西班牙，几乎每一个队徽都有着丰富的历史和象征元素。那么，你知道哪家俱乐部的队徽拥有前文提到的所有特征，并且细节丰富到绝大多数本地球迷都说不清楚吗？

答案是：拉斯帕尔马斯。

【一个复杂到难以解释的徽章】

在拉斯帕尔马斯的队徽上，有盾有剑有皇冠，有狮子有狗有城堡，有名字缩写有当地格言，甚至下面还有其他 5 个风格各异的小队徽……包罗万象，不明就里。

这是怎么回事呢？

拉斯帕尔马斯，全称叫联合竞技拉斯帕尔马斯俱乐部。之所以名字里有“联合”二字，是因为现在的拉斯帕尔马斯是在 1949 年由当地的五家俱乐部合并成立的。在成立时，五家俱乐部达成了这么一项协议：球队的新队徽，必须兼顾原来五家俱乐部旧队徽的经典元素。

大家都觉得这条协议团结友爱兼顾公平，然后愉快地签字画押并把锅丢给了设计师。就像所有被甲方折磨的苦力一样，队徽设计师面对这个难题熬出了无数白发。最终，一个空前绝后、惨绝人寰的点子出现了：重新设计一个队徽，把原来五个俱乐部的队徽通通丢在下面一锅烩。

于是，拉斯帕尔马斯创造出了独树一帜的子母形队徽。在队徽主形态下面有五个小队徽，其中两个酷似拉科鲁尼亚和马竞的队徽，是因为这两家俱乐部分别是当地的拉科和马竞球迷组建的。而大队徽最顶上的那个皇冠，则是继承于五个小队徽里最左边的皇家维多利亚。

顺带一提，之所以这家俱乐部的名字叫皇家维多利亚，是因为他们的创始人曾经在英国留学，回国创立俱乐部时想向英国女王维多利亚致敬。一家在西甲都坐不稳的中小型俱乐部，带着英国女王的名字，受到西班牙国王的皇家认证，然后五神合体成子母队徽，就问你们牛不牛？

这么牛的球队，不得起个响亮的绰号啊！

【舌尖上的绰号】

和队徽的主要色调一样，西班牙很多俱乐部的绰号都来自球队或者球衣的代表色。

比如，因为身穿纯白色球衣，皇马在西班牙国内最常见的外号叫作美凌格（Merengues）。这是一种主料为鸡蛋和白糖，加以牛奶等辅料制作而成的甜品。在咱们这儿，俗称奶油冰激凌。

而他们的同城死敌马德里竞技，在西班牙国内的外号和咱们这里基本上保持一致，都叫作床单军团（Colchoneros）。原因也很简单，他们身穿的红白条纹球衣，和当年西班牙穷困时期普通人家的标配床单几乎一模一样。

这样的例子还有很多。皇家社会的外号叫蓝白军团（Txuri－urdin），赫塔菲的外号叫蓝军（Azulones），已经混到西乙 B 的皇家穆尔西亚外号叫红辣椒（Pimentoneros）……这些都是来自俱乐部的代表颜色。绰号与球衣颜色及造型最匹配的，无疑是中国球员张呈栋曾经效力过的巴列卡诺。他们的传统球衣是白底加一条从左肩斜跨到腰部的红色线条，因此人送外号红色肩带（Franjirrojos）。

除了颜色之外，西班牙俱乐部的另一大外号来源是当地的象征或者特产。其中，动物系占到了大多数。比如，老牌劲旅毕尔巴鄂竞技的外号叫作圣马梅斯雄狮（Leones de San Mamés），来源于一位叫作马梅斯的殉教士。

传说中，这位虔诚的基督教徒遭到了各种酷刑的迫害，却依然坚守着自己的信仰。恼羞成怒的统治者决定拿他去喂狮子，谁知道凶猛的狮子在他面前不仅没有伸出利爪，反而像宠物一般臣服在了他脚下。虽然他最终还是被当权者残忍杀害，但圣马梅斯的故事还是流传到了很多国家，法国和西班牙的不少地方都有着对于这位圣人的崇拜，其中就包括了巴斯克地区。因此，毕巴的主场被命名为圣马梅斯球场，球队的绰号也根据传说变成了圣马梅斯雄狮，在中国则经常被球迷称为巴斯克雄狮。

其他关于动物的外号，来源可能就很简单了。西班牙人的外号叫鹦鹉（Periquitos），是因为他们前主场萨里亚球场周围的森林里有很多鹦鹉。莱万特的外号叫青蛙（Granotes），是因为他们前主场巴列霍球场周围的河流里有很多青蛙……当西班牙人遇见莱万特，“我鹦”打“我蛙”了解一下？

甚至，有时动物系外号就真的是来源于当地的主要食物。比如，马拉加正处于西班牙著名度假胜地阳光海岸的中部，这里有美丽的海滩和丰富的海鲜。而在众多海产品里，当地人最常捕获以及最喜欢吃的是凤尾鱼。于是，马拉加俱乐部的外号就是凤尾鱼（Boquerones）。

与之类似的是，特内里费岛早期居民的主食是鲭鱼。当他们的球队成立之后，加那利群岛其他岛的球迷就将他们蔑称为鲭鱼（Chicharreros）。然而，特内里费俱乐部和他们的球迷却亲切地选择了接受，直接将其用作了自己的绰号。当马拉加碰到特内里费，“鱼类德比”了解一下？

也有些俱乐部的外号虽然来自当地的特产或者地方象征，但并非动物系。比如莱加内斯，这座农业小城堪称首都马德里的菜园，其最受欢迎的特产就是黄瓜。因此，这家俱乐部的外号就叫黄瓜军团（Pepineros）。

真是舌尖上的西班牙足坛。

【那些奇怪的昵称】

除了上面那些来源比较容易想象的食品系和动物系，也有些西班牙俱乐部的绰号充满着想象力。

巴萨在西班牙国内有两个外号，一个叫“Blaugrana”，翻译过来就是红蓝军团，原因嘛不用多解释了。另一个叫“Culés”，翻译过来叫“屁股”。

根据西甲官网的介绍，这个外号最早出现于20世纪20年代。当时，巴萨主场的两层看台已经远远不能满足日益增加的观众需求，因此很多球迷选择了坐到顶层看台的围墙上来欣赏比赛。路过的人对于这座球场的第一印象，就是一排屁股……

塞维利亚的外号则是脸盆（Palanganas）。这个外号的来源有很多种说法，有人说因为他们的主场外形像脸盆，有人说因为当年的脸盆都是红白配色（马竞和床单的翻版），不过最受欢迎的肯定是下面这个故事。

某某年，塞维利亚俱乐部想要引进一个才华横溢的年轻人。但在那个年代想去大俱乐部踢球不仅要看球技，还要考察人品和出身。可惜的是，这个年轻人来自一个非常普通的工人家庭，没钱没势没背景，也没有任何贵族愿意引荐，最终只能作罢。

一些对此事不满的董事决定离开塞维利亚俱乐部，临走前留下了一个白色红边的脸盆和这样一封信："作为永别的纪念，你们将用它来收集眼泪。不是为了你们的失败，而是为了我们未来的成功。"这个，大概是境界最高的分手台词了。

瓦伦西亚在我们这里经常被称为"蝙蝠军团"，不过他们在西班牙国内最常见的外号是"Ches"，来源于当地人打招呼的一种方式，大概就是英语里的"Hey"。因为这种用法只在瓦伦西亚地区出现，久而久之就变成了这家俱乐部的昵称。

还有绰号流传得几乎和本名一样广的比利亚雷亚尔——黄色潜水艇（Submarino Amarillo）。黄色来自他们的主色调不难理解，潜水艇哪来的呢？

答案是：披头士。曾经风靡世界的英国披头士乐队在1966年发行了著名歌曲《黄色潜水艇》（*Yellow Submarine*），这首歌以及西班牙国内的翻唱版都受到了大众的热烈欢迎。1967年，比利亚雷亚尔从地区联赛升入第三级别的西丙（现在的西乙B），全城欢庆时用的背景音乐就是这首歌的西班牙语翻唱版。

此后，黄色潜水艇这个名字就打破了音乐圈和足球界的"次元壁"。

在西班牙，还有很多俱乐部有着各式各样的外号。比如卡斯特利翁竞技的外号叫耳朵（Orelluts），是因为他们球迷的助威口号是"Pam、Pam、Orellut"。维戈塞尔塔的外号叫小凯尔特人（Os Celtiñas），因为加利西亚自治区本来就是凯尔特人后裔在欧洲大陆的主要聚居地之一，甚至队名里的塞尔塔就是西班牙语里的凯尔特人，所以俱乐部的全名翻译过来其实就是"维戈市的凯尔特人"。

限于篇幅，这里就不一一展开了。

【逗比的吉祥物】

最后，让我们来看看那些活跃在西班牙足坛的逗比吉祥物。虽然吉祥物并不是西甲的标配，但是除了皇马、拉科等少数几家之外，大部分俱乐部都搞出了活跃气氛的官方吉祥物。

它们最主要的设计灵感都是俱乐部的队徽或者外号。比如西班牙人的吉祥物是一只鹦鹉，莱万特的吉祥物是一只青蛙，比利亚雷亚尔的吉祥物是一"只"穿着黄色球衣的蓝色潜水艇，瓦伦西亚的吉祥物则是一只名叫"超级老鼠"（Super Rat）的蝙蝠……嗯，听起来好像各有各的槽点。

反正，按照大众的一般认知和审美，大部分西班牙俱乐部的吉祥物都是动物。除了前面提到的这些，还有桑坦德竞技的奶牛、埃尔切的狐狸、毕巴的狮子、赫塔菲的熊、拉帕的鸟、巴列卡诺的蜜蜂，等等。

其中最受欢迎的，可能是马德里竞技家的浣熊Indi。Indi的名字来源于马竞在当地除了床单军团的另一个外号“印第安人”。他们曾经在历史上多次引进来自美洲的球员，包括拿到西甲最佳射手的乌戈·桑切斯。很多其他球队的球迷都把桑切斯叫作“印第安人”，虽然他后来转会去了皇马，但这个外号留了下来，现在成了这只小浣熊的主要特征和名字。

看了前面那么多逗比事迹的球迷可能在想，难道西甲的吉祥物们就只有普通的动物吗？怎么可能！塞维利亚的吉祥物叫Locco，是一个有手有脚的……心脏。

这就无力吐槽了？皇家奥维耶多的吉祥物是两个天使小男孩，名字分别叫Gelu和Gelin。马洛卡的吉祥物则是一对魔鬼夫妻，名字分别叫Dimonió和Dimoniona。当这两支球队相遇，天使对魔鬼，好友对夫妻，似乎可以脑补出好几集的连续剧……

好了好了，为了安慰一下你们受伤的心灵，最后介绍一下关于巴萨吉祥物的温情故事。

巴萨的半官方半民间吉祥物，既不是萌萌的动物，也不是奇葩得不知道是个啥，而是一个地中海发型、胡子花白、穿着巴萨球衣的普通老人，名字叫作巴萨爷爷（L'avi del Barça）。

最初，这是一个漫画家为杂志创造的卡通形象。在球迷团体里受到了广泛欢迎之后，巴萨甚至在拉玛西亚建了个雕像。后来，有一位名叫胡安·卡萨尔斯的老球迷每次去诺坎普看球都打扮成巴萨爷爷的样子，成了这个吉祥物的真人版。虽然不少球迷都很爱戴这位老人，但也有质疑者吐槽他偷走了巴萨爷爷的名头。在引起了球迷里的数次争议之后，巴萨最终还是在2007年任命他为官方的“巴萨爷爷”。

不过在此之前，其实巴萨还做出了其他方面的努力，想要像其他西甲俱乐部那样设计出一个更萌的卡通形象来作为官方吉祥物。然后，成果是一个只有一只眼睛的大头男孩Clam。

据说巴萨球迷现场看过Clam之后，再也没人质疑卡萨尔斯老爷爷当吉祥物了。

CHAPTER 4

大佬是怎样炼成的

西班牙青训，以及皇马的拉法布里卡

无数足球青训历史告诉我们：从小妖升级到老妖并不是只有天赋就够了，还需要一群好老师（青训营提供）、一波资金支持（俱乐部提供）以及一个有良好竞争气氛的斗兽场用于打怪升级。

在这方面，一个俱乐部能提供给青训营的内部比赛毕竟是有限的，为了让各家青训的苗子们一起成长为参天大树，西班牙足协就把孩子们召集到一起，打造了一个体系完备、组织精良的“练级”环境——西班牙青年联赛系统。

【U18 也有三线作战】

在西班牙，虽然 7 岁以下的学龄前儿童就可以进入青训营，但并不意味着孩子们从小就需要决定一辈子去吃足球这碗饭并且一条道走到黑。事实恰恰相反，为了让孩子们能够有多种人生选择，各家青训营在周一至周五每天一般只会安排 1 ~2 个小时的训练，孩子们的其他时间和精力都要投入到文化课的学习当中。

所以，西班牙的足球小将们真正能在足球上撒欢的时间只有周末，因为每到周末他们就可以参加当地范围内的一场联赛。

其中，U8—U16 青年队一般参加的都是地区足协举办的联赛，U8 和 U10 的小朋友基本上还都是踢的七人制比赛。介于两个年龄段的 U12 青年队有半年一度的西甲承诺杯及其海外赛，不过这个为期一周的比赛充斥着春游秋游和课外教学的意味，作为一项邀请赛性质的半正式比赛，总体来说它只能算一次足球夏令营。

不过，等到小朋友们升入 U18 青年队之后，很快就会体验到成年队老大哥们的辛苦和压力。U18 在西班牙青训体系中是个重要的分界点，进入 U18 不仅意味着自己即将在足球和学业里做出最终的选择，想吃职业饭的每场比赛都要争取拿出最好的表现来为未来铺路，而且训练时间增多，竞争压力加大，甚至需要三线作战。

和职业足球的发展初期一样，U18 的小伙子们曾经也只要每年参加一项全国范围的比赛，那就是青年国王杯。这项比赛 1951 年建立，最初按照国王杯当时的命名叫作青年总统杯。首届决赛在皇马主场查马丁球场（伯纳乌前身）举行，不过皇马青年队没能杀入决赛，反而是远道而来的巴萨青年队在这里 5：1 击败了苏埃卡，捧起了第一座青年总统杯的冠军奖杯。

1977 年，青年总统杯跟随着成年杯赛的大形势改名成了青年国王杯，并且沿用至今。巧合的是，改名之后的首届青年国王杯决赛还是在马德里举行，不过比赛场地换成了马德里竞技家的卡尔德隆球场。只不过，首都球队的风水还是没有什么改变。这一年，又是远道而来的巴萨青年队在决赛里 4∶3 艰难击败了萨拉戈萨，捧起了第一座青年国王杯的冠军奖杯。历史，有时候就是在不停地画圈圈。

截至 2017 年，在这项西班牙历史最悠久的全国性 U18 赛事里，巴萨依然是夺冠次数最多的球队——他们 27 次杀入决赛拿下了 18 个冠军。不过，闯入决赛次数最多的并不是他们，而是老冤家皇家马德里。皇马青年队 28 次杀入决赛，比巴萨多出了 1 次，不过多达 15 次只是屈居亚军，夺冠次数只有 13 次。唉，大概真的是风水不对。

就像职业足球的发展史一样，随着青训在各家俱乐部的生根发芽、开花结果，西班牙足协发现仅仅一个青年杯赛已经不能满足俱乐部不断上涨的“练小妖”需求。于是，1986—1987 赛季开始，西班牙足协建立了西班牙青年超级联赛，由参加西甲联赛的各家俱乐部派出青年队参赛。没错，我们现在吐槽的“西超”其实早在 30 多年前就出现了，虽然它只是一项青年队之间的赛事。

前两届赛事中，皇马实现两连冠，巴萨屈居两连亚，青年西超名副其实。第三届，皇萨双双跌出冠军争夺，毕巴和奥萨苏纳包揽前两名，上演了巴斯克人的反击。第四届，皇马卷土重来再度登顶，亚军则换成了皇家贝蒂斯。1990 年，或许是因为成年队踢西甲、青年队踢西超实在是太怪异了，西足协终于决定将这项赛事更名为西班牙 U19 荣誉联赛。而比赛的规则也进一步升级完善：参赛者年龄限定在了 19 岁以下，每支球队最多只能报 4 名超龄球员。

接下来的五个赛季里，毕巴、皇马、巴萨这传统三强各自拿下一次冠军，塞维利亚两次夺冠独占鳌头。（塞维：我们青训也是很牛的，五夺欧联杯只是不值一提的一项小技能。）

不过，虽然比赛更加正规化，但这个联赛最大的现实问题逐渐暴露在各家俱乐部的面前：青年队全国奔波打比赛实在是太花钱了，车马费、伙食费、医疗补助一大堆，似乎有点不值当。于是，财政窘迫的巴拉多利德和拉斯帕尔马斯分别在 1993 年和 1994 年宣布退出该项赛事，而成年 B 队和 C 队分别在西乙和西乙 B 打拼的皇马觉得已经可以满足年轻人的练级需要了，也干脆选择了退出。

这一下，西班牙足协急了。这项赛事没有巴拉多利德和拉斯帕尔马斯也就忍了，但如果没有皇马……好像面子上实在挂不住。于是，为了挽救青年联赛于水火之中，西班牙足协又开始行动了。从 1995—1996 赛季开始，全方位、多层次的西班牙 U18 联赛系统正式上线，其顶级联赛的名字也正式确定为“西班牙青年荣誉联赛”。

荣誉联赛最初按照地区分为了6个小组，就近参赛的架构不仅能让俱乐部节省开支，而且还能让17～18岁的青年继续兼顾学业。首个赛季，6个小组的冠军分别是拉科鲁尼亚、毕尔巴鄂竞技、瓦伦西亚、塞维利亚、皇家马德里和特内里费。

对，没有巴塞罗那。这是因为瓦伦西亚大区当时没有足够的青年队参赛，因此并入了加泰罗尼亚大区，于是蝙蝠军团的小伙子们从巴萨青年队嘴里抢下了小组第一。

不过从2006—2007赛季开始，瓦伦西亚赛区独立出来，荣誉联赛变成了现在的7个小组，巴萨和西班牙人也从此均分了加泰区荣誉联赛的冠军。后来经过了一系列的改革和完善，2017—2018赛季荣誉联赛每组固定为16支球队，每个小组第一和成绩最好的小组第二携手参加季后赛，小组最后4位降级。

什么？U18联赛还有升降级？还有季后赛？嗯，人家的青年联赛就是这么规范。

【升降级和季后赛】

先说升降级。

西班牙还有第二级别的U18联赛，叫作“西班牙青年国家联赛”。该级别联赛共分为21个小组，每个小组的前1～2名升入第一级别的荣誉联赛。但是和成年队一样，U18 B队无法升入A队在打的同一个联赛级别。因此，皇马、马竞、巴萨这些球队的U18 B队都参加这个青年国家联赛。

此外，这个第二级别U18联赛居然还能继续降级，每个小组的最后2～4名将直接降入地区足协联赛系统，和业余足球联赛直接挂钩。

内德：想了解西班牙成年联赛系统的详细内容请从本书第一章开始重新阅读……

羽则：闪开！想了解详情，各位朋友只需要阅读《西甲，为什么没有草根英雄瓦尔迪?》。

再来说说季后赛。

1995年西班牙青年荣誉联赛改革之后，虽然就近分组解决了资金问题，但也带来了新的矛盾：每个小组都有冠军，那么谁才是王中王？于是，名为“西班牙青年冠军杯”的季后赛同步上线。在首届6个荣誉联赛小组第一名的较量中，皇马一路过关斩将成功夺冠，延续着自己在青年联赛历史上的强势。

此后，由于荣誉联赛扩充到了7个小组，青年冠军杯的赛制变得更加复杂：首先把7个分组冠军再按照3+4抽成两个小组，然后A组的3支球队打个单循环，B 组的 4 支球队打个两轮的单场淘汰，最后两个小组的冠军再比拼出总冠军……

各俱乐部表示给足协跪了。

很快，球迷、俱乐部和足协都意识到了这玩意儿比 NBA 东西区还烦人，于是拨乱反正恢复成了足球世界惯用的套路：7 个小组冠军加上一个成绩最好的小组第二，8 支球队聚集在中立场地直接开始捉对厮杀绝地求生。对嘛，这才是足球该有的样子。

2016—2017 赛季，皇马在荣誉联赛第五小组（也就是马德里大区）夺冠，同一个小组的马竞作为成绩最好的小组第二也入围了青年冠军杯。皇马 U18 的小伙子们又是在决赛的加时赛里发扬了俱乐部的传统美德，以 1∶0 绝杀了卫冕冠军马拉加成功夺冠。

赛后，皇马官网称“咱们的 U18 A 队拿下了 2017 年的三冠王”，说的就是荣誉联赛第五小组、青年冠军杯、青年国王杯这三个冠军，也可以说是国内赛场上常规赛、季后赛、杯赛的完全称霸。

不过，这个三冠王并不包括欧战，因为古蒂的球队又一次在青年欧冠半决赛被淘汰了。

【进不了决赛的马德里】

虽然欧冠和欧联都有着相对悠久的历史，但是青年队之间的正规洲际赛事，其实是个还没出现几年的新鲜事物。

2010 年欧冠决赛之前，欧足联试验性地举办了一场“欧足联 U18 挑战赛”，由闯入决赛的国米和拜仁分别派出青年队展开对决。在这次暖场性质的比赛里，国米青年队凭借罗马尼亚小妖丹尼斯·阿里贝奇的梅开二度 2∶0 击败了拜仁，简直就像是后来欧冠决赛的预演。

顺带一提，这位阿里贝奇后来并没能在国米站稳脚跟，连年外租期间还曝出了超速行驶、醉酒闹事、训练斗殴等一系列丑闻，导致被租借俱乐部直接开除。2014 年，他回归罗马尼亚联赛，可谓一路走低。

有了这次成功的试验，欧足联终于在 2013—2014 赛季开启了青年欧冠的新挑战。在青年欧冠里，32 支参加欧冠小组赛的球队都将派出自己的青年队参赛，所有的分组情况与欧冠完全相同。只不过，淘汰赛阶段并非欧冠的两回合制，而是单场定胜负，半决赛和决赛都在中立场地进行。

同时，因为各国联赛最高级别青年队的年龄限制各不相同，欧足联将青年欧冠的级别定为 U19，不过西班牙等国的俱乐部则还是按照自己的习惯以 U18 青年队为主。首届青年欧冠被欧足联官方定义为“测试赛”，在这届比赛里皇马和巴萨都闯入了四强。不过，皇马在半决赛输给了本菲卡止步四强，巴萨则击败了沙尔克 04。最终的决赛，加泰青年军 3∶0 完胜本菲卡，捧起了第一座青年欧冠的奖杯。

经过了连续两个赛季的测试，欧足联终于从 2015—2016 赛季开始将青年欧冠定为了自己的永久性正式比赛，并且一下子扩军到了 64 支球队。

哎？不是和 32 支欧冠正赛队伍一一对应吗？64 个名额你确定？

没关系，欧足联自有开脑洞的最佳方式。这 64 支球队并不像欧冠那样有着好几轮的资格赛，而是根据名额来源的不同分为了两种平行时空的比赛阶段。

首先是“欧冠组”，成年欧冠正赛的 32 强还是派出青年队参加小组赛，分组情况继续和欧冠完全相同。8 个小组第一进入 16 强，8 个小组第二进入附加赛。

其次是“本国组”，欧足联积分排在前 32 位的联赛各自派出自己国内的青年联赛冠军参加这一小组。如果这个联赛冠军因为成年队打入欧冠正赛有了资格，那么顺延给排名靠后的国家。因此，2015—2016 赛季马拉加 U18 在西甲季后赛夺冠就拿到了青年欧冠的参赛权，2016—2017 赛季皇马 U18 A 队夺冠则把资格顺延给了摩尔多瓦冠军基希讷乌野牛。“本国组”的这 32 支球队经过两轮的双循环淘汰赛，决出 8 支参加附加赛的球队。

然后是“本国组”这 8 支胜利者和“欧冠组”的 8 个小组第二展开一对一较量，赢家进入 16 强。接下来继续和以前的青年欧冠一样开始单场淘汰赛，直到最后一个“吃到鸡”的冠军……

复不复杂？要不要命？

反正，我们在写作过程中觉得这个让人怀疑自己数学能力的赛程迟早有一天会改。关键是，球员面对这个赛程远比球迷更痛苦，比如在整个欧洲飞来飞去的皇马 U18 A 队的小伙子们。

扩军后的 2015—2016 赛季，皇马青年队过五关斩六将杀入半决赛，1∶3 输给了大巴黎。2016—2017 赛季，他们再度杀入半决赛，2∶4 输给了本菲卡（怎么又是你）。青年欧冠举办的前 4 年，切尔西两夺冠军高居榜首，巴塞罗那和萨尔茨堡红牛各夺一冠，皇马身为进入四强最多的俱乐部（3 次），却连个决赛都没打过。

当然，冠军固然重要，但对于年轻球员来说，通过比赛得到锻炼机会其实更加重要。因此青年欧冠的诞生，当然也是好事一件。

综上所述，皇马和巴萨等 U18 青年队的小将们也都是三线作战，从而在升级很快的初始阶段疯狂“刷怪”长经验，才最终成了我们看到的一个个西甲球星。

这时读者或许会有所疑问，皇马青年队无论是历史还是近些年的成绩好像一点都不比巴萨差啊，为什么感觉皇马青训营的知名度和顶级球星孵化率与拉玛西亚相差甚远呢？

关于这点，让我们从皇马青训营的名字说起。

【皇马青训营，真的不叫卡斯蒂利亚】

至今，仍然有很多媒体甚至皇马球迷在谈到皇萨之间青训对比的时候，用“卡斯蒂利亚”来对应“拉玛西亚”。但实际上，卡斯蒂利亚真的不是皇马的青训营，而只是皇马成年B队的名字。

卡斯蒂利亚，最早是一家名为 Agrupación Deportiva Plus Ultra 的马德里业余俱乐部，成立于1930年。1948年，他们为了获取皇马的资金支持，就和皇马签字握手成了后者的子俱乐部。4年之后，这支球队正式成为了皇马的预备队。

1972年，因为球队名字里的那个赞助商 Plus Ultra 保险公司破产，俱乐部彻底被皇马吸收并改名为卡斯蒂利亚。后来，他们因为打入国王杯决赛拿到过欧联杯资格，也曾经由于足协制度改名为皇马B队。不过绕来绕去之后，从2004—2005赛季开始，球队还是重新换回了卡斯蒂利亚这个名字。

因此，卡斯蒂利亚就是皇马的成年B队，对应的是巴萨B队而不是拉玛西亚。真正跟拉玛西亚对应的，是拉法布里卡。

首先，拉法布里卡（La Fábrica）的意思是“工厂”，这和直译为“农场”的拉玛西亚简直就是天造地设的一对。其次，和劳利亚诺·鲁伊斯一手把拉玛西亚推上历史舞台一样，拉法布里卡也有着一位灵魂工程师——米格尔·马尔博。

俱乐部成立的早期，皇马虽然也会培养年轻球员，但始终没有完善的体系。马尔博则是一个球员时代效力于马德里当地业余俱乐部 Aficionados（狂热爱好者）的小角色，这家俱乐部就是后来的皇马C队（现已解散）。退役之后，马尔博加入了心爱的皇马俱乐部工作，并且说服了当时的主席伯纳乌建立一个系统化和正规化的青训中心。

于是在20世纪50年代，皇马的青训营正式走上历史舞台。这个青训营最早的名字就叫作“马尔博的炉子”，意思是在这里可以锤炼出足以让皇马一线队受益的黄金。不过这个很像欧美 RPG（角色扮演游戏）里某张地图的名字似乎有点儿不太讲究，所以“炉子”这名字没用多久就正式更名为拉法布里卡，皇马青训的锅炉房也正式升级为加工厂。

在之后的日子里，马尔博一直为拉法布里卡的发展与建设奋斗了40多年。为了表示对于这位老人的敬意，如今俱乐部每年都会在马德里举办由皇马、马竞、赫塔菲、巴列卡诺这4支同城球队参加的青年队锦标赛，名字就叫作“米格尔·马尔博杯”。

那么，马尔博这个工厂的成果究竟如何呢？

成立后不久，拉法布里卡就迎来了第一次井喷。从1955年到1965年的11年间，皇马拿下了8个西甲冠军、1个国王杯冠军和6个欧洲冠军杯的冠军。队内的“大腿”自然是迪斯蒂法诺和普斯卡什这样的大神，但卡萨多、马迪奥斯、桑蒂斯特万、委拉斯凯兹等十几个来自拉法布里卡的孩子先后进入了皇马的一线队，其中超过半数都成了主力球员。

20世纪80年代，拉法布里卡再度涌现了布特拉格诺等一大批好苗子，被称为“皇马五鹰”的他们升入成年队之后完成了联赛五连冠，开创了俱乐部历史上的一个黄金年代。

再然后……偃旗息鼓。之后的差不多20年时间里，能够从拉法布里卡走到伯纳乌，并且成为长期主力的只有3名球员：劳尔、古蒂和卡西利亚斯。

于是拉法布里卡的荣光也逐渐变得黯淡，名气更是完全被巴萨的拉玛西亚超越，导致现在的很多年轻球迷错把卡斯蒂利亚当作皇马青训营的名字。

这段时间，究竟发生了什么？

【为什么拉法布里卡不出名？】

其实，拉法布里卡一直都在出产人才。根据欧洲一家权威调查机构在2013年发布的报告，拉玛西亚以38名球员现效力于五大联赛高居青训榜榜首，拉法布里卡则以29人位居第三。虽说还有点落后，但完全不至于在名声上有着天差地别。

造成这一现象的原因，除了巴萨因为梦三时期青训营的顶级人才爆发之外，也和皇马对于青训的不同定位有着很大的关系。

第一，伴随着足球经济的发展，居于食物链顶端的皇马经常斥巨资买入顶级球星。而在青训方面，他们同样很乐于收集半成品来进行后期加工。媒体在罗列皇马青训的沧海遗珠时，经常会出现埃托奥、马塔、内格雷多等人的名字。但实际上，他们中的大部分都是经过了其他青训营的启蒙，转而来到拉法布里卡。

埃托奥，出身于喀麦隆国内著名的足球学校卡吉体育学院，16岁时来到皇马直接跳级进了成年B队，也就是现在的卡斯蒂利亚；马塔，10岁加入了皇家奥维耶多的青训营，15岁时来到拉法布里卡，两年之后就升入了卡斯蒂利亚；内格雷多，来自巴列卡诺青训，已经升入一线队之后才转会皇马，20岁的他同样直接加入了卡斯蒂利亚。

这样的例子还有很多很多，甚至包括一不小心捡到的大宝贝。比如，让无数人爱上皇马的“金童”劳尔原先加入的是马德里竞技的青训营。然而，1992年马竞主席希尔觉得青训营就是个亏本的买卖直接将其解散，皇马才把15岁的劳尔捡回了家。

后来，劳尔在一年之内完成了从拉法布里卡到成年C队、B队、A队的三连跳，成了当时西甲历史上最年轻的出场球员，最终在皇马的历史上留下了浓墨重彩的一笔。再后来，莫拉塔同样出身于马竞青训营，转道赫塔菲之后16岁才来到拉法布里卡。卡塞米罗更是21岁才来到皇马，自然而然地直接进入了卡斯蒂利亚。

正因为皇马在收集青训营天赋上的不遗余力，使得很多"小甜菜"在拉法布里卡短暂停留之后就加入了卡斯蒂利亚，也是在这个皇马B队逐渐吸引了人们的注意。再加上巴萨B队就叫B队，皇马B队却有着卡斯蒂利亚这个特殊的名字，球迷搞错也就不足为奇了。

第二，由于皇马一直在锋线上收购巨星，因此能从拉法布里卡走上一线队的基本以防守型球员为主。

有人说，足球说到底还是比谁进球更多的游戏，进攻球员当然比防守球员更重要。第一次成为皇马主席的弗洛伦蒂诺，就说出了"皇马应该重金收购齐达内这样的进攻球员，给球迷带来享受；然后把防守球员的位置留给帕文这样的自家青训，让他们更好地成长"。从此，弗朗西斯科·帕文作为球员的职业生涯，和"齐达内+帕文政策"彻底绑在了一起。

这样的想法或许本身并没有太大的问题，但天天强调这一概念你让拉法布里卡的小孩们怎么想？踢前锋的会觉得自己永无出头之日，踢后卫的升上一队就要面临着匹配前场巨星的压力。

帕文自己就在那段时间拒绝了无数次媒体邀他和齐达内同框的建议，甚至一度赛后不愿意接受任何采访。连博斯克都说"主席先生的这一概念太难为帕文了"，而帕文也在场上越来越害怕失误，最终沦落到了西乙和法乙，31岁就选择了退役。

第三，就像其他顶级豪门一样，皇马留给青训球员的时间和机会真的太少了。对于前文所说的拉法布里卡前锋少年们来说，难度更是噩梦级别。

现在的球迷们可能第一反应都是两度离开的莫拉塔，但其实更可惜的或许是血统最为纯正的皇马人波尔蒂略。这位少年时期就加入皇马青训营的小帅哥，真的是走过了拉法布里卡的每一级青年队，一共打入了超过700个进球，是皇马青训营历史上唯一一位进球超过400个的球员。在相同年龄段的比拼中，波尔蒂略同样打破了布特拉格诺、劳尔等一众名宿的单赛季进球纪录。

升入一线队之后，波尔蒂略很快就找到了进球的感觉，首秀赛季10场进5球，还有两次绝杀的表现让人仿佛看到了最合适不过的"劳尔接班人"。然而，巨星政策越来越强盛的皇马显然没有给他继续成长的空间。于是，他先后被租借到了佛罗伦萨和布鲁日。

在他租借之前，皇马的锋线是劳尔、罗纳尔多、欧文和罗比尼奥。等他租借回归之后，皇马的锋线是劳尔、罗纳尔多、范尼和卡萨诺。无论哪一个，都是让波尔蒂略绝望的名字。而他自己在异国租借的日子里也极为不适应，最终伤心离队后在西甲下游球队里苦苦挣扎，33 岁就结束了球员生涯。

所以，莫拉塔在加盟尤文和回归皇马之后都取得了一定的成功，其实已经算是一种幸运。

【未来的发展】

现在的皇马对于青训的态度也已经有了一定的改变。在弗洛伦蒂诺第二次担任皇马主席之后，造访拉法布里卡的次数比起当年多了很多，对于青训系统的投资建设也更加舍得批预算。

目前的拉法布里卡，有着 10 块足球训练场地，有天然草、人工草，也有混合草皮，让小球员们能提前适应各种各样的场地。甚至，皇马还自己搞了一个种植天然草皮的温室，来保证每块训练场地随时都处于最佳状态。这里有可以容纳 6000 名观众的迪斯蒂法诺体育场，梯队也可以随意在一线队的空闲时间使用他们的所有配套设备，包括顶级健身房、伤病恢复中心、医学实验室等。

虽然和巴萨一样解散了成年 C 队，但拉法布里卡除了卡斯蒂利亚之外还有 12 支各级别的青年梯队，每个赛季他们获得的地区联赛冠军数量和拉玛西亚几乎不相上下。古蒂执教时期的 U18 A 队正如前文所说，已经在与巴萨的竞争中全面占据了上风。

——还记得前面提到的那家统计青训榜单的欧洲公司吗？他们 2017 年又做了一次相同的调查，这次拉法布里卡输送到五大联赛的球员以 41 名荣登榜首，拉玛西亚以 34 名紧随其后。

——还记得前面说拉法布里卡过于看中半成品吗？虽然厄德高等人的故事还在继续，但这里也有了另一种可能性。卡瓦哈尔 10 岁就加入了皇马青训营，12 岁被老佛爷亲自带到新训练基地的揭幕仪式上说“这就是未来”，如今已经成为世界足坛顶级的右后卫之一。

说到底，皇马和巴萨对于青训的定位本就有所差距，两种模式谈不上谁高谁低。我们也许在未来能看到拉法布里卡出现一次让其声名大振的人才井喷，也许不会。但对于皇马来说，青训不是一切，金元也不是原罪。

以半成品加工为主要培养思路的拉法布里卡，或许也能开创豪门青训的新纪元。

“皇马五鹰”的过去与未来

皇马青训营拉法布里卡虽然不如巴萨的拉玛西亚那么出名，但也在过去的几十年间为俱乐部甚至整个西甲联赛贡献了不少青年才俊。而这个名字直译为“工厂”的青训基地最为优秀的一批产品，无疑就是当年的“皇马五鹰”：布特拉格诺、米歇尔、帕德萨、桑奇斯和巴斯克斯。

是的，热爱重金收购巨星的皇马也有靠着自家孩子打天下的美好时代。20世纪80年代初是“皇马五鹰”最辉煌的时期，他们带领着皇马先后拿下了西甲五连冠和联盟杯两连冠。不过，由于老哥几个在欧冠的最好战绩只是打入了半决赛，所以他们在那个媒体并不发达的久远年代有着怎样的故事，并不为国内球迷所知晓。所以，本篇就让我们来聊聊“皇马五鹰”，了解一下皇马这段极其特殊而灿烂的历史以及他们的精神传承。

【20世纪80年代初期的低迷】

和几乎所有的黄金一代类似，“皇马五鹰”的故事最初也起源于俱乐部的盛极而衰。

1977年到1980年的三个赛季，皇马迎来了西甲联赛的三连冠，1979—1980赛季拿到联赛和国王杯的双冠王。辉煌的背后必然有一群伟大的球星，比如1979年以95万英镑的价格从西布朗维奇转会而来的边锋劳里·坎宁安——他是首位登陆伯纳乌的英格兰球员，并且在首秀就上演了梅开二度，当年的高光表现甚至比几十年之后的大英同胞贝尔还要绚烂。而这颗黑珍珠身边，还站着博斯克、卡马乔、施蒂利克、华尼托等耀眼的球星，这一堆名字光是摆在一起就已经占领了“球商”的高地。

更神奇的是，那个双冠王赛季的国王杯决赛还上演了“皇马德比”。由于当年的B队还可以参加国王杯，因此卡斯蒂利亚作为皇马B队一路过关斩将淘汰了毕巴、皇家社会、希洪竞技等西甲球队成功与一线队会师决赛。要知道，毕巴和皇家社会在接下来的4年分享了西甲联赛的冠军，希洪竞技也在后续的两届国王杯里闯入了决赛，所以卡斯蒂利亚当年取得这一成绩简直就是B队版的“莱斯特城奇迹”。虽然决赛里卡斯蒂利亚不出意外地1∶6输给了皇马，但是他们还是凭借这个国王杯历史上空前绝后的亚军拿到了参加欧洲优胜者杯的资格。

总之，从 1977 年到 1980 年，皇马的一线队拿下了联赛三连冠外加国内双冠王，皇马的二线队过关斩将站在了国王杯决赛和欧战的赛场。一切看起来都在正确并且长期正确的轨道之上，接下来的剧本应该是一队二队携手踏平欧洲。

然而，足球就是像电影一样善于反转。1980—1981 赛季，皇马的运气槽突然爆缸，运气一滴也不剩。

首先，卡斯蒂利亚在欧洲优胜者杯第一轮遇到了西汉姆联。擅长劫富济贫的铁锤帮一看对面来人顶着个“皇家马德里”的旗号，一通乱锤就把卡斯蒂利亚砸回了家。其次，“黑珍珠”坎宁安就像许许多多的英格兰足球天才一样开始沉迷夜店和酒精，然后因为受伤缺阵了小半个赛季，直接导致皇马在国内赛场上的良好势头戛然而止。让皇马气愤加无语的是，他受伤的地方不是球场也不是训练场，而是一家迪斯科舞厅……

于是在那个倒霉的赛季里，皇马在联赛中因为交锋劣势被皇家社会抢走了冠军，国王杯也被希洪竞技淘汰出局。避免四大皆空的最后希望，只剩下了欧冠赛场。

一开始，这条救赎之路还是很顺利的。皇马在欧冠一路闯入了决赛，然后遇到了利物浦。在那场比赛中，尚未完全康复的坎宁安受到了利物浦球员的严密盯防，好在红军核心达格利什和索内斯也遭到了皇马后卫的膏药式防守，双方在前 80 分钟都没能收获进球。然而，比赛却在最后阶段风云突变。第 81 分钟，利物浦队的雷·肯尼迪将界外球抛给了阿伦·肯尼迪，后者沿着左路杀入禁区打进了制胜进球。就这样，皇马最终以 0∶1 的比分输给了利物浦的“雷·阿伦”连线。

被这样的名号绝杀，不冤。

这场比赛，是皇马在 15 年后首度重回欧冠决赛。当时的舆论都认为这将是皇马冲出西班牙称霸全欧洲的开始，但谁也没想到，这场决赛居然开启了皇马的低潮期。

1982 年 3 月，主帅博斯科夫因为战绩不佳引咎辞职，皇马就像近些年的 AC 米兰一样走起了“名宿轮流来救火”的悲催套路。第一个来的，是曾经在皇马效力 11 年、打入过 89 个联赛进球的莫洛尼。这位此前两度救火成功又两度被顶替的名宿，在面对主队第三次召唤的时候再度仗义前来，带队拿下国王杯冠军之后主动选择了挥手离开，把接力棒交给了名气更大、地位更高的迪斯蒂法诺。

作为 20 世纪 80 年代第二个前来救火的名宿，斯蒂法诺却没能像球员时代那样为皇马带来冠军奖杯。在他执教的那两个赛季里，皇马各项赛事都战绩平平，最接近冠军的时刻只有 1982—1983 赛季的欧洲优胜者杯决赛。

然而在那场决赛里，皇马又一次输给了一支来自英国的球队——苏格兰的阿伯丁。这支名不见经传的小球队从资格赛开始过关斩将，最终在决赛里通过加时赛 2∶1 击败了斯蒂法诺率领的皇马。而当时创造奇迹的阿伯丁主帅，名字叫作：

亚历克斯·“还不是爵士”·弗格森。

有时候，足球就像一架跷跷板，那边苏格兰爵爷刚刚走上世界舞台，这边阿根廷金箭头已经接近执教生涯的尾声。不过，就像教练的更新换代一样，一群来自拉法布里卡的孩子也在斯蒂法诺执教期间逐渐引起了人们的注意。

【阿曼西奥的“五小秃鹫”】

1963年7月22日，一个名叫埃米利奥·布特拉格诺的孩子出生于马德里。他呱呱坠地的第二天，他的父亲作为皇马死忠为他送上了一份诞生大礼——皇马的会员资格。

作为球迷，布特拉格诺已经赢在了起跑线上。但是，单纯当个球迷并不能让布特拉格诺和他的父亲满意。在先后经过了两家青训学校的启蒙之后，17岁的布特拉格诺参加了1980年的一次马德里青少年锦标赛。借助那次锦标赛的机会，父亲把他推荐给了皇马的青训营。然后，被拒绝了。

“我的孩子这么优秀，全家骨子里都是皇马的DNA，你们居然看不上?!”老布特拉格诺在愤怒之余想起了此前接到过马竞打来的电话，一气之下把孩子送到了这个同城对手的青训营，并让他在那里训练了3天。

气消了之后，老布特拉格诺很快就后悔了。他一边拖延着和马竞的签约，一边想方设法寻找着把儿子送入皇马的机会。最终，他找到了一家名叫“郁金香”的餐厅，而那里的老板是皇马球员华尼托的父亲。透过这层关系的介绍，布特拉格诺得到了第二次去皇马试训的机会。而这一次，他终于成功了。拉关系找亲戚，原来在哪都通用……

咱们先不讨论这个走后门到底对不对，反正在加入拉法布里卡之后，布特拉格诺很快就展现出了自己的足球天赋，充分证明了自己第一次被拒是因为球探眼拙。刚开始的时候，因为左右脚控球技术比较均衡，他在中场送出助攻无数。后来，教练们发现了他在门前有着出色的嗅觉和射门本能，将他推上锋线之后收获进球一堆。

经过了两年的成长，布特拉格诺升入了成年B队，也就是卡斯蒂利亚。在这里，他遇到了更多年龄相仿、天赋异禀的足球小将。比如，12岁就来到拉法布里卡的星二代小桑奇斯，他的父亲曾经穿着皇马球衣举起过欧冠奖杯；比如，米格尔·冈萨雷斯·马丁，昵称“米歇尔”，是一位能从后卫打到边锋的右路小帅哥；又比如“矮脚虎”帕德萨，是一位身高只有165厘米的专职二前锋，给队友喂饼的同时也有不错的进球效率；还有能边能中的马丁·巴斯克斯，举手投足间都有着大将之风，当时被普遍认为是西班牙最有才华的顶级“妖人”。

巧合的是，这五名球员在卡斯蒂利亚的球衣号码分别是5、6、7、8、9，正好是个同花顺。而执教这个同花顺组合的人，则是另一位皇马名宿阿曼西奥。

这位皇马历史上的传奇7号被誉为“加利西亚巫师”，曾经是伯纳乌亲自看中并且重金挖来的“上古大神”。他不仅为皇马打入了155个进球，还在欧冠决赛以及代表西班牙的欧洲杯决赛里都用进球帮助球队夺得了冠军。退役之后，他进入俱乐部青训系统工作并最终成了卡斯蒂利亚的主帅。

在阿曼西奥的执教下，卡斯蒂利亚杀回了西乙，还向一线队输送了奥古斯丁、琴多、加列戈等青训球员。而他执教卡斯蒂利亚的最高峰，出现在1983—1984赛季。那个赛季，阿曼西奥带领着布特拉格诺等一众血气方刚的年轻小伙，不仅一举拿下了西乙联赛的冠军，还杀入了国王杯的八强。直到今天，这仍然是西班牙次级联赛历史上唯一的一次B队夺冠。

1983年11月14日，一名叫作伊格莱西亚斯的记者在《国家报》上发表了标题为“阿曼西奥和他的五只秃鹫”的文章。

文章里是这么写（吹）的：“如果足球是一门精确的科学，那么卡斯蒂利亚的成功充满了数学的美感。如果足球只是一门科学，那么布特拉格诺的成功有着一个简单的数据：11场比赛打入了15个进球。但是，他的成功背后还有AA（阿曼西奥昵称）先生的努力和米歇尔、帕德萨、桑奇斯、巴斯克斯的创造力。球迷已经开始记住，这是阿曼西奥和他的五只秃鹫。”

之所以叫作秃鹫，是因为布特拉格诺（Butragueño）的开头字母很像西班牙语里的秃鹫（Buitre）。从此，秃鹫变成了布特拉格诺的绰号，而“秃鹫军团”变成了那段时间皇马这支球队的外号。但是，“五小秃鹫”这样的称呼肯定没有“四小天鹅”那么能让人接受，因此在我们这里，布特拉格诺和他的小伙伴们就有了一个更霸气的名字：“皇马五鹰”。

还记得那个时候皇马一线队是什么情况吗？没错，就在五小秃鹫在西乙疯狂撕咬猎食的同时，皇马在斯蒂法诺的率领之下正在经历第二个赛季的“四大皆空”。一队跌入谷底，二队呼风唤雨，接下来的剧情就很清晰了。在群众的呼声和主席门多萨的建议之下，斯蒂法诺开始给卡斯蒂利亚的青年才俊们提前在西甲登场的机会。

——1983年12月3日，桑奇斯和巴斯克斯在皇马客场挑战穆尔西亚的比赛里完成了一线队首秀，司职中卫的桑奇斯甚至在第82分钟打入了制胜进球，中卫绝杀果然是流传在这支球队血液里的DNA。

——1984年2月5日，在皇马客场与加的斯的比赛中，斯蒂法诺在半场0∶2落后的情况下用布特拉格诺换下了桑奇斯。然后，秃鹫先是梅开二度追平了比分，又在补时阶段送出了绝杀助攻，这种主导惊天逆转的首秀简直完美到不能更完美。

接下来，帕德萨和米歇尔先后代表一线队登场亮相，皇马五鹰在代表卡斯蒂利亚拿下西乙冠军的赛季，全都完成了皇马一线队的首秀，还顺便搞出了好几次绝杀。

赛季结束之后，斯蒂法诺被俱乐部解职，想要主打青训牌的皇马高层想起了卡斯蒂利亚的主帅阿曼西奥。于是，1984 年夏天的皇马是这么一番景象：俱乐部名宿B队主帅阿曼西奥扶正，博斯克退役成为他的助教，来自拉法布里卡的黄金一代升入了一线队，球队还买入了代表阿根廷参加过世界杯的前场攻击手巴尔达诺，华尼托和卡马乔等老臣积攒了丰富的经验……

这片欣欣向荣的景象，是不是让你想起了 20 多年后某个加泰罗尼亚青训营以及那个聪明绝顶的光头教练的故事?

嗯，历史……这次真的不是个圈。

【四鹰的黄金年代和单飞的帕德萨】

首先，我们常常挂在嘴边的皇马五鹰，其实只有四个人在皇马一线队站稳了脚跟。作为五鹰里唯一一个非马德里出生的球员，帕德萨职业生涯的大部分时间都单飞去了萨拉戈萨。因此，严格来说皇马青训的那个黄金年代应该是四鹰才对。

1984—1985 赛季，阿曼西奥虽然把皇马五鹰全都提拔到了一线队，但由于锋线上有着华尼托、巴尔达诺、布特拉格诺等充沛的人员储备，帕德萨很快就又被发配回了卡斯蒂利亚。后来，他经过了一个赛季的外租和另一个赛季的饮水机守护神，最终永久转会去了萨拉戈萨。在萨拉戈萨，单飞的帕德萨找到了自由翱翔的天空。他帮助球队拿下了球队历史上的前两个国王杯冠军，甚至后来在 1995 年带领着球队一路在欧洲优胜者杯过关斩将，最终在决赛击败阿森纳夺冠，以队长的身份举起了队史第二座欧战赛事的奖杯。

不过，这一切已经和皇马无关。在帕德萨单飞成另一支球队名宿之后，皇马五鹰只剩下了一桌麻将。而阿曼西奥作为皇马主帅的日子只持续了短暂的 8 个月，皇马在 1984—1985 赛季的国家德比中被两回合双杀，眼睁睁看着巴萨提前一个月拿下了联赛的冠军。1985 年 4 月，阿曼西奥不堪重负，主动辞职。

然后，皇马官方唯一指定救火大神莫洛尼又一次成了球队的主帅。虽然“四进宫”的他最终没能挽救球队联赛第 5 的尴尬排位，但是却拿下了另一个极其重要的冠军——欧洲联盟杯。

在联盟杯赛，皇马一路击败了安德莱赫特、热刺等球队，在半决赛遇到了国际米兰。在首回合客场 0∶2 告负的不利局面之下，华尼托说出了那句经典名言：“伯纳乌的 90 分钟可是很漫长的。”

嗯，当时还是一个可以随便立 flag① 的纯真年代。

次回合，皇马真的就在主场 3∶0 完胜国米实现了逆转，华尼托精神从此成了皇马永不服输的传承。决赛里，他们击败维迪奥顿终结了接近 20 年的欧战冠军荒。作为欧战历史最为辉煌的俱乐部，皇马的这次夺冠虽然不像冠军杯那么重要，但足以给初生雄鹰们找回强大的自信和汹涌的气势。

夺冠之后莫洛尼同意留任一年，救火之后继续负责灾后重建。而皇马高层也拉起了重整旗鼓的大旗，他们迅速从马竞手中买来了墨西哥历史上最伟大的球星——刚刚拿到西甲金靴的乌戈・桑切斯。

然后，一段传奇就此开启。

1985—1986 赛季，皇马终于拿回了阔别 6 年的西甲冠军，又在欧洲联盟杯里成功卫冕。对了，他们又在半决赛里遇到了国米，又在首回合两球落后，又在次回合神奇逆转。(国米：怎么总是你?!)

赛季结束之后，以皇马五鹰为骨干的西班牙国青队在 U21 欧青赛里成功夺冠，决赛里更是通过点球击败了拥有曼奇尼、多纳多尼、曾加和维亚利等人的意大利。小桑奇斯也凭借着中流砥柱般的表现，拿下了那届欧青赛的金球奖。

而在皇马这边，莫洛尼转任体育主管，莱奥・本哈克拿起了“秃鹫军团”的教鞭。本哈克是位足迹遍布五大洲的流浪大神，他不仅执教过十几家俱乐部，还带过沙特、特立尼达和多巴哥、荷兰等多支国家队，然后把所有的运气和荣誉都送给了阿贾克斯与皇马。

1986 年到 1989 年的这三个赛季，虽然有过巴尔达诺因为乙肝退役的遗憾，也有过舒斯特尔从巴萨加盟的争议，但本哈克的皇马还是以极具统治力的表现拿下了每一年的西甲冠军。其中，1987—1988 赛季他们领先亚军皇家社会的积分高达 11 分，在那个两分制的年代简直就是碾压式夺冠。而第二年，他们又拿下了联赛和国王杯的双冠王。

1989 年，本哈克再度踏上了征途，皇马的教鞭交给了威尔士人托沙克。主帅的更迭完全没有影响到球队的状态，他们在 1989—1990 赛季的 38 轮联赛里打入了 107 个进球，最终在积分榜上比亚军瓦伦西亚多出了 9 分，实现了俱乐部也是西甲历史上的第二次五连冠。

这次五连冠，对于皇马来说有着极其特殊的意义。

在这段时间里，俱乐部进球最多的是乌戈・桑切斯。他在为皇马效力的 207 场西甲联赛里打入了 164 粒进球，在五连冠期间拿下了 4 次金靴和 1 次银靴。再加上此前效力马竞时拿到的那次金靴，他 5 次荣膺最佳射手的纪录与斯蒂法诺、奎尼并列历史第二，仅次于毕巴传奇萨拉的 6 次。

---

① 立 flag：网络用语，指说一句振奋的话，结果往往与期望相反。

但是，这并不意味着皇马这段时间的辉煌又是靠着抱紧外籍球星的大腿。在桑切斯不断刷新进球数的背后，是以皇马五鹰（严格来说是四鹰）为代表的一大批青训球员的集体贡献，这在皇马的历史上是一段绝无仅有的黄金岁月。

“秃鹫”布特拉格诺先后与华尼托、巴尔达诺、乌戈·桑切斯等人搭档锋线，为了球队的利益屡屡回撤出禁区参与做饼和喂饼。对于搭档者来说，从桑切斯到后来的萨莫拉诺都因此吃得很饱。但对于他自己来说，这也牺牲了他原本相当突出的进球能力。直到桑切斯因为年龄和伤病开始下滑的 1990—1991 赛季，布特拉格诺才拿到了唯一一次西甲金靴。

马丁·巴斯克斯在职业生涯的初期经历了伤病和位置重叠的困扰，但他很快就找到了自己独特的风格。在中场控球时，他就是球队的指挥官和大脑，这一地位即使舒斯特尔来了之后也没有任何动摇。无球状态下，他又可以来到边路为进攻拉开宽度。套用现在的说法，这就是个类似于席尔瓦那样的边前腰。

长相最标致的那个米歇尔，也凭借实力成了皇马几十年老球迷心目中的“队史最佳右边锋”。在右路，他可以像那些伟大的边锋一样完成连续过人，送出精准的传中。更可贵的是，在他的身上还有着那个年代很少见的内切射门能力。他曾经在联赛里上演过帽子戏法，也曾经在国家队打过二前锋。

子承父业的小桑奇斯成了皇马历史上最伟大的队长之一。作为球队后防线上的自由人，桑奇斯在职业生涯初期经常前插参与进攻，也没少上演倒车绝杀的好戏。伴随着球队进攻线的愈发强大和攻强守弱的态势更加明显，他逐渐成了一名专心防守的称职中卫。

再加上同样是出自拉法布里卡的右后卫琴多、后腰加列戈等人，皇马在五连冠时期经常有 6 名以上的本队青训球员出现在主力阵容以及首发名单之上，对于现在的球迷来说简直就是一种无法想象的奇迹。要是放在今天，你们想象一下媒体上会有多少篇吹捧拉法布里卡的文章。

然而，现在的球迷在谈论青训黄金一代的时候通常会想起荷兰的“贾府”、曼联的“92 班”以及拉玛西亚的“梦三”，却很少有人首先想到出产了皇马五鹰的拉法布里卡。除了年代久远加上那段时间西班牙国家队的不景气之外，还有一个重要的原因：他们没能获得欧冠。

【止步半决赛，这都是命啊】

当年的冠军杯，是只有每个联赛冠军才能参加的欧洲最高级别赛事。因此，在皇马五连冠的第一个赛季，他们因为前一年的联赛第五只能去参加联盟杯。然后，在联盟杯成功卫冕和西甲夺冠的刺激之下，壮志凌云的雄鹰们自然就将目标放在了欧战的顶点——冠军杯。

正如前文所说，皇马在接下来的4年里拿下了每一个西甲冠军从而实现了五连冠霸业，那么这4年他们在欧冠的表现如何呢？

第一个赛季，初次挑战欧冠的皇马五鹰一路杀入了半决赛，但输给了经验老道的拜仁慕尼黑，华尼托还因为恶意踩踏马特乌斯被欧足联禁止参加5年欧战，导致皇马与他提前解除了合同。

第二个赛季，帕德萨转会去了萨拉戈萨，剩下的四鹰继续着自己的欧冠通关。而这一次，他们在第一轮就遇到了一个看起来就打不过的大佬——马拉多纳。

当时，舆论普遍认为马拉多纳就是一个无所不能的球王，其中甚至包括了皇马的大部分球员。首回合交锋前，琴多被本哈克指定为严密盯防马拉多纳的球员。桑奇斯等队友甚至还开起了这位同为本队青训出身的球员的玩笑："嘿，琴多，你猜自己会被迭戈过掉多少次呢？"

然而事实证明，攒人品真的是面对强敌的第一守则。在那场比赛里，马拉多纳被铆足了劲的琴多彻底冻结，后者甚至还在球王面前来了一次成功的穿裆过人，皇马也以2∶0击败了对手。作客那不勒斯，他们又取得了一个顽强的1∶1平局，最终迈过了球王这关。

第一关就击倒球王，后面还不是一马平川啊！气势如虹的皇马踏平波尔图、复仇拜仁，连续第二年昂首闯入了半决赛。然后，皇马主客场都和埃因霍温打平并且因为客场进球劣势被淘汰……

后来，埃因霍温又在决赛赢下点球大战捧起了欧冠金杯。从八强到夺冠，埃因霍温五场全平无一胜绩，一共就打入了两个进球，成了欧冠改制之前胜利场次最少的冠军球队。而拥有着乌戈·桑切斯和四鹰的皇马，不幸成了这次奇迹里等级最高的垫脚石。

不过，当时在国内赛场如日中天的皇马并没有气馁——哪有什么是两进半决赛解决不了的问题！如果有，那就三次！

第三个赛季，皇马真的又闯入了欧冠的半决赛。只不过，这一次他们遇到的是已经凑齐了荷兰三剑客的AC米兰……

首回合在伯纳乌战平，双方的第二回合移师圣西罗。结果，秃鹫军团在荷兰三剑客的面前，感受到了地表最强队与宇宙队之间的巨大差距。安切洛蒂、里杰卡尔德、古利特、范巴斯滕、多纳多尼各入一球，AC米兰在主场完成了5∶0的大屠杀。五位进球球员身披的号码分别是7、8、9、10、11，米兰用同花顺进球粉碎了最初以同花顺出名的皇马五鹰的欧冠之梦，这简直就是一种冥冥之中的注定。

第四个赛季，也就是皇马五连冠的最后一个赛季，他们在欧冠里又遇到了AC米兰。这一次，交手还提前到了1/8决赛阶段。

唉。

20 世纪 90 年代之后，伴随着乌戈·桑切斯和巴斯克斯等人的离开，以及克鲁伊夫的“梦一期”开启，属于皇马五鹰的年代正式终结。

在皇马五鹰之中，只有留守到 2001 年的队长小桑奇斯在职业生涯里拿到过欧冠的冠军。值得一提的是，他 1998 年举起了俱乐部阔别了 32 年的欧冠冠军奖杯，而皇马上一次在欧冠登顶之时他的父亲老桑奇斯正在队内效力。2000 年再度捧得冠军杯之后，桑奇斯在第二年选择了退役，成了皇马历史上第一位整个职业生涯都效力于本队的球员。

说起队史最伟大队长，至今仍有很多皇马老球迷会说出小桑奇斯这个名字。

【新的皇马五鹰？】

或许是承载了皇马人对于自家孩子的全部期待，每当俱乐部拥有一批青训“小甜菜”时，媒体和球迷都会将他们和皇马五鹰进行比较。随着时间的流逝，这一范围甚至还扩大到了本土青年才俊的范畴。

比如 2013 年皇马引进伊利亚拉门迪之后，西班牙媒体将他和伊斯科、卡瓦哈尔、赫塞以及莫拉塔称为了“新皇马五鹰”。除了赫塞之外，另外四人都是西班牙欧青赛夺冠的绝对主力。后来的故事我们都知道了，伊利亚拉门迪、赫塞和莫拉塔先后离开了球队，球迷期待的五鹰 2.0 版从来都没有成型过。

然后，2017 年的 3.0 版迫不及待地就来了。

在皇马一线队的阵容中，再度出现了五名同时入选西班牙 U21 国家队的队友：阿森西奥、马科斯·略伦特、马约拉尔、塞瓦略斯、巴列霍。

“新皇马五鹰”的名号，再度降临到了这五个年轻小伙的身上。和莫拉塔等人的 2.0 版相比，这次的 3.0 版又会有着怎样的未来呢？

其实，任何一个青训营的集体爆发都像是一个奇迹。在这个奇迹发生的过程中，少不了天赋异禀的孩子们诞生到了相近的地理位置、有着一位甚至多位悉心栽培的教练、一线队出现人员紧缺或者战绩不佳的困局等各种各样的主观和客观因素。

无论是来自拉法布里卡的孩子，还是皇马从其他青训营收集来的年轻天才，都不需要让他们承担过于沉重的名号与压力。说不定，他们反而会给你带来更大的惊喜呢？

拉玛西亚的成才之路

2012年12月，在巴塞罗那对莱万特的西甲比赛中，阿尔维斯因为受伤被蒙托亚换下。这一换人虽属意外，却成就了拉玛西亚的巅峰之作。因为换人之后巴萨的场上队员分别是：巴尔德斯、蒙托亚、皮克、普约尔、阿尔巴、哈维、布斯克茨、法布雷加斯、佩德罗、梅西、伊涅斯塔。这11人全都出自巴萨自己的青训营，向全世界展示了自家孩子一统江山的波澜壮阔。

西班牙低级别联赛的贫困指数和豪门B队的练级制度决定了他们很难走出瓦尔迪这样的草根明星。不过凡事皆有两面，虽然没有了那些草根逆袭升职CEO迎娶白富美的励志故事，但B队小球员提前投入战场打怪升级也促进了西班牙青训体系的发育。

在这其中，拉玛西亚无疑是西班牙小妖训练营中最闪亮的金字招牌。

【拉玛西亚，原本是个农场】

在我们的想象中，拉玛西亚作为一个训练基地应该塞满了各种高大上的训练设施、不同规格的球场草坪、整齐的球员宿舍、广阔的休闲娱乐区、三食堂、七食堂、九食堂……总之，应该有着像大学校园一样的占地面积和建筑群。

然而，真实的拉玛西亚却是个充满着乡土气息的小楼房。

其实，拉玛西亚（La masía）在西班牙语中本身就是农场的意思。早在1702年，拉玛西亚作为当地农民的农舍建设而成，屋里温暖舒适，屋外是猪马牛羊的天堂。历史的车轮就这么在岁月静好和阿猫阿狗中滚到了1951年，那一年，库巴拉的加盟使巴塞罗那的球市爆棚，为了更好地捞钱，巴萨决定提前开启建新球场的计划。于是，球队买下了诺坎普及其周边地区的地皮，其中就包括拉玛西亚。

就这样，拉玛西亚作为巴萨的一部分走上了历史舞台，并且在不同时期扮演了不同的角色。

1954年到1957年，诺坎普球场修建期间，拉玛西亚被用作建筑师的办公室和新球场的模型展示区。走进拉玛西亚，首先映入眼帘的是一堆模型和沙盘，感觉大概和售楼处差不多。

1958年到1965年，诺坎普建成之后巴萨实在没钱再收拾售楼处了，于是拉玛西亚就闲置了好几年，成为各种草本植物和木本植物繁衍的重要场所。

1966 年到 1977 年，拉玛西亚重新粉刷了一下，摇身一变成为了俱乐部的办公地点，从劳德特到阿泽马尔之间的 4 届巴萨主席都在这里生活和战斗过。

1978 年，努涅斯当选主席之后觉得拉玛西亚还是太小了，于是带着同事们迁入新的办公场所，把拉玛西亚改造成了巴萨的球员宿舍，让那些家不在巴塞罗那市内的青年球员有了个窝。

1979 年，拉玛西亚开始正式作为足球学校使用。当时拉玛西亚的条件非常简陋，巴萨 4 支青年梯队挤在一起训练，而且球场都是人工草皮。

不过，这并没有影响小球员们踢球的热情。因为巴萨从 1972 年起，就把“青训”二字提到了空前的高度。

【一场青年比赛引发的改革】

在那个库巴拉 VS 斯蒂法诺的年代，巴萨一直忙着和皇马搞“军备竞赛”，所以对练小妖这事儿没有那么大的热情。然而，一场比赛改变了这一切。

1972 年 4 月 15 日，加泰罗尼亚杯决赛，交战双方是巴萨青年 A 队和加泰当地一家以啤酒品牌命名的丹姆足球俱乐部。决赛当天，锣鼓喧天鞭炮齐鸣，不仅有 15000 名观众现场助威，还吸引了加泰罗尼亚地区足协主席、西班牙国青队主教练，以及时任巴萨主席的蒙塔尔和一线队主帅米歇尔斯等一众大咖现场观赛。

然而，巴萨青年 A 队并没有给俱乐部挣得脸面，他们在万众瞩目中以 2∶3 输给了丹姆队。比赛结束后，蒙塔尔主席雷霆大怒，他对记者说：“这个结果我无法接受！要是输给一支足球队也就罢了，我们竟然输给了一家啤酒厂！我们必须做点什么！”

很快，巴萨解雇了青年 A 队的主教练约瑟夫·明古艾拉，转而请来了当时桑坦德竞技的青训主教练劳利亚诺·鲁伊斯。鲁伊斯到了巴萨之后，发现这里的青训需要改变的实在太多了。比如，当时巴萨青训营对身材高大的球员有着无限的热爱（是的，你没有听错），球队训练基地甚至贴着这样一条标语：“如果你来推荐的年轻球员身高在一米八以下，那么，再见。”又比如，巴萨的青训营并不重视小球员的文化课，小朋友们每天除了吃饭睡觉就是踢球、踢球，还是踢球。

于是，鲁伊斯新官上任先烧了三把火。

第一把火，撤下训练基地那条“只要傻大个儿”的标语，把孩子们的足球技术和球商作为选材的第一要素；第二把火，强制所有小球员把训练之外的时间放在学习上，学习文化课或者工作技能任选其一，以保证小朋友们即便无法成长为职业球员也能有其他出路；第三把火，在青年 A 队推行 3－4－3 阵型，并且在上任一年后说服了俱乐部在每支青训梯队都推行这套阵型。

那时候的巴萨还不知道，鲁伊斯这套重视技术、重视文化学习、重视各支梯队风格统一的三大纪律对之后的拉玛西亚产生了多么深远的影响。那时候巴萨高层看到的只是，在鲁伊斯上任之后的5年里，巴萨青年A队每年都是加泰罗尼亚青年联赛和西班牙青年联赛的双冠王。是的，效果就是这么立竿见影。

只可惜，1978年鲁伊斯离开了巴萨，他所创立的青训风格也没有被延续下去。因为从1978年到1988年这10年间，巴萨一线队连续换了4位主帅，其中既有德国人拉特克，也有西班牙人阿拉贡内斯，还有英国人维纳布尔斯。这几位连语言都没统一，更别提他们的战术打法了。据比拉诺瓦和瓜迪奥拉回忆，当时的青年梯队虽然尽力贯彻着鲁伊斯的战术风格，但是这些战术根本无法和一线队对接，导致小球员们即便在青年队踢得风生水起，到了一线队还得重头再来。

好在，就在拉玛西亚眼瞅着要毁掉一大批孩子的时候，一个和鲁伊斯拥有着相似青训理念的主教练出现了，他就是克鲁伊夫。

【克鲁伊夫和他的小甜菜养成计划】

克鲁伊夫的整个职业生涯，身上都挂满了个性倔强、脾气暴躁、性格古怪、独来独往等类似的四字标签。即便他退役当教练之后，骨子里这桀骜不驯的气质也一点儿都没改变。

1986年，克鲁伊夫拿起了阿贾克斯的教鞭。第一个赛季，他就带队捧起了欧洲优胜者杯；第二个赛季，他就因为与俱乐部高层不和选择了辞职……

好吧，天才的世界我们不懂。

不过，克鲁伊夫在家赋闲没多久，巴萨主席努涅斯就签下他作为球队的新任主帅。在克鲁伊夫刚刚到达诺坎普的时候，努涅斯为了表达诚意、扬我队威，甚至对克鲁伊夫放出豪言：“你尽管花钱，巴萨有能力买下世界上任何一位球星！”

然而，克鲁伊夫的回答却是：“哦，我现在想去见见巴萨所有青年队的教练。”

就这样，努涅斯被闪了一跟头。很快，这位巴萨主席就发现，克鲁伊夫的建队思路和他预想的完全不同。克鲁伊夫上任之后先是赶走了舒斯特尔等12名老油子球员，又花了1500万美元来购买新球员，而他的终极人才培养计划也逐渐浮出水面，那就是——在巴萨再造一个阿贾克斯式的青训营！因为阿贾克斯是当时最成功的小妖培养基地！

一心想直接打造无敌战队的努涅斯默默擦了擦眼泪，自己选的教练，哭着也要继续支持。于是，努涅斯把筹建“山寨版阿贾克斯青训营”的任务交给了当时巴萨的青训教练兼球探——奥里奥尔·托尔特。很快，在拉玛西亚足球学校的基础上，拉玛西亚青训基地正式建成投入运营。

这下，轮到克鲁伊夫大显身手了。青训基地建成之后，克鲁伊夫为巴萨青训做了三件事。

第一，始终坚持4－3－3阵型不动摇，从一线队到B队C队再到各级别青年梯队都要用这个阵型。第二，树立三角传递的中心思想，“无论你处于球场的哪个位置，都至少要有两个靠近的接球点”，一切的战术配合都要围绕着三角形来建模。第三，大力提拔年轻人，一大批拉玛西亚孩子被提拔上一线队，并且逐渐成为了巴萨的脊梁。

从克鲁伊夫时代的瓜迪奥拉、阿莫尔、费雷尔、米利亚、塞尔吉、德拉佩纳、老布斯克茨，到范加尔时代的哈维、法布雷加斯、伊涅斯塔、巴尔德斯、雷纳，再到里杰卡尔德和瓜迪奥拉时代的梅西、塞尔吉奥·布斯克茨、佩德罗、皮克……

从1989年起，拉玛西亚不再是农场、办公楼、学生宿舍的代名词，而是以顶级青训营的身份，开始了他们的造星之路。

【拉玛西亚小妖是怎样养成的】

为了帮助自家的明日之星早日成才，拉玛西亚给孩子们提供了各种优渥的条件。

第一，在拉玛西亚学习，是不花钱的。

每个财年，巴萨队青训系统的总投资是2000万~3000万欧元，这个数字包括了青年队球员、教练的工资和全球各地青训合作的运营费用，其中纯花在小球员们身上的钱有650万~1000万欧元。比如，球队会为小球员们提供食宿，如果你生活在本地，俱乐部会租车每天早上接你来训练，晚上再送回家；如果你生活在外地，俱乐部会给你提供宿舍。当然，也有不走寻常路的。比如标准富二代法布雷加斯，他家距离拉玛西亚40公里，不过他不乐意坐校车，所以每天打出租车去学校。后来小法觉得这样太耽误时间，于是他父母就给他在拉玛西亚附近买了房子……

第二，在拉玛西亚学习，是有成熟的训练规划的。

6~10岁的孩子们每周训练3次，周六进行一场比赛，主要目的是培养孩子们的兴趣爱好，训练以有球小游戏为主，在游戏中培养孩子们的灵敏性和协调性；11~14岁的孩子每周训练4次，周六进行一场比赛，开始增加场地控球训练，培养团队意识并学习基本战术；15岁以上的孩子每周训练5次，周日进行一场比赛，开始训练攻防的战术打法以及开启体能训练课程。更重要的是，无论是6岁还是18岁，拉玛西亚各个梯队的战术思想始终和一线队保持一致，以保证小球员将来能和成年队无缝对接。

第三，在拉玛西亚学习，学校是很负责的。

在训练方面，拉玛西亚有一项著名的“40% 规定”。这项规定指的是小球员在青年 A 队（大约 18 岁）之前的所有比赛中，每一名队员整个赛季的出场时间都不能少于赛季全部比赛分钟数的 40%。这样一来，每一个小球员都有了均衡的上场锻炼机会，不会因为一两次表现不好就丧失了出场时间。

第四，在拉玛西亚学习，学校会照顾你的方方面面。

比如，有些小球员的家长为了给孩子陪读背井离乡衣食无着，巴萨就会尽可能地给这些父母提供一份工作，当年梅西的父亲就曾在诺坎普做了很长时间的球场管理员……

总之，拉玛西亚尽可能给小球员们提供最大帮助，以解除球员甚至球员家庭的后顾之忧。说到这里大家可能会产生这样的疑问：既然拉玛西亚的条件如此优渥，那么球队为了迅速收回成本，是不是要求小球员们像签了卖身契一样，每天都在学院里进行大运动量的魔鬼训练呢？

其实，并没有。

一个拉玛西亚小球员每天的作息是这样的：6 点 45 分起床，7 点 30 分之前吃完早饭，然后全体球员坐大巴车去学校学习科学文化知识，下午放学回来后进行 1 个半小时的足球训练，晚餐后继续在拉玛西亚学习文化知识、做作业，20 点 30 分之后自由活动，22 点 30 分准时熄灯。

没错，拉玛西亚的小球员们每天的专业足球训练其实只有一个半小时，剩下的时间都用来学习。他们的学习内容和普通学生没啥两样，语数外理化史政甚至音乐美术和公共演讲！更夸张的是，住校的球员还会由辅导员监督做作业，如果没做完作业或者考试不及格将受到停训惩罚或者干脆丧失去看巴萨一线队比赛的机会！

这真的是足球学校吗……

这就是拉玛西亚的教育理念，从鲁伊斯那时候开始，学院就坚持抓孩子们的文化课教学，以保证即使他们成不了职业球员照样也能上大学然后走其他成才之路。2010—2011 赛季，巴萨 B 队曾创造过 11 名首发球员都是在校大学生的奇迹，这放在其他球队身上是无法想象的。

不过，新的问题来了。由于拉玛西亚越发展越变得充满母爱光辉，不断增加的功能导致原来的小农场已经不够用了。所以 2009 年 12 月，巴萨开始筹建新的拉玛西亚青训基地。

2011 年 10 月 20 日，这个位于甘珀体育城、耗资大约 1100 万欧元的托尔特训练中心正式竣工，这也就是我们俗称的新拉玛西亚。托尔特训练中心占地面积达到 6000 平方米，主体为五层楼面结构，其中 3/5 被用作培养年轻球员的青训学院，而另外的两层则规划为留待未来使用的储备部分。

原来的拉玛西亚最多容纳60个小球员住宿，新拉玛西亚则上升到了83人。包括员工宿舍在内共有3个四人间、36个双人间和39个单人间，每个人都有自己的桌子和柜子，每个房间都有独立的卫生间和浴室。除了教职工之外，顶级小妖也可以享受单人间待遇，学院甚至专门为高大球员设计了特大号加长床……当然，这床估计并不常用。

现在的新拉玛西亚，配有7块非常接近天然草的混合草皮训练场，大楼内还有休闲区、自助餐厅、饮料吧、电脑房、放映室、医疗室、病房等各种配套设施。不过，为了严格控制小球员的身材和培养良好的饮食习惯，自助餐和饮料都经过了严格的筛选和定量，除了吃饭时间之外也不会给青训球员提供任何主食。

除了高规格的物质条件，拉玛西亚也在继续进行着精神文明方面的发展和升级。

2016年10月，巴萨把俱乐部旗下的足球、篮球、手球等所有项目的男女共计600多位青训球员及他们的家长请到一起，举办了盛大的“玛西亚360”（Masia 360）启动仪式。

在“玛西亚360”项目中，巴萨未来将利用俱乐部在各个领域长期积累的专业经验，为所有青训球员和家属提供最大程度的支持。这一步，相当于把以前代代相传的“成球星前先成人”彻底写入了俱乐部的长期规划。

翻开“玛西亚360”的项目规划，你可以体会到俱乐部的用心良苦。小到每个孩子参加完任何一场正式比赛之后，都会安排一名教练进行持续一周的专业和心理指导，帮助他在吸取经验的同时更能接受职业体育和胜负观念，大到每一个孩子无论是否成为职业球员，甚至直到退役转为教练，都会得到来自拉玛西亚和巴塞罗那俱乐部关于未来工作、生活全方面的支持和建议。

除了专业足球训练和日常学习之外，拉玛西亚还会安排警察、心理医生、优秀残疾人运动员等各行各业的人士来讲课，分享他们生活和工作的经验，让一门心思只想踢球的青年球员们增长见识、拓宽眼界。

当青训小球员受伤时，俱乐部会安排专车接送你上学放学，直到你痊愈或者家长接过接力棒；当成为职业球员转会离开巴塞罗那后，在个人能力和职业规划方面也可以随时找拉玛西亚的老师们寻求建议；当你因为种种原因只能选择结束职业生涯时，巴萨还会主动为你寻找其他适合的工作岗位……

知道为啥叫“玛西亚360”项目了吧？因为这个项目既是360度无死角，又是圣母马利亚。这哪里是一个青训营，分明就是个从托儿所到养老院的一条龙服务中心。

用拉玛西亚青训主管卡洛斯·福尔格拉的话来说：“我们的目标不光是成为世界上最优秀的青训营，还希望成为世界上教育水平最高的俱乐部。未来当我们谈论一名从拉玛西亚走出的男孩时，人们除了关心他的球技，还会称赞他身上拥有着巴萨的文化。更重要的是，他会永远自豪地说‘我来自拉玛西亚’。”

聊到这里，大家估计口水已经流了一地。那么，怎么才能进入拉玛西亚青训营呢？是不是需要加泰罗尼亚户口？是不是需要买个学区房？是不是需要报名填表或者毛遂自荐，站在拉玛西亚门口喊“我要称霸伟大航路，因为我是要成为梅西的男人”？

答案当然是否定的。

【怎样加入拉玛西亚】

事实上，拉玛西亚并不是一个你想报名就能报名的地方。他们的选材渠道一般有下面三种方式。

方式一：自家的球探发掘。现在，巴萨有40名球探分布在世界各地，其中加泰罗尼亚地区15人，西班牙其他地区15人，世界各地散落着10人，这些球探每天的工作就是替巴萨满世界搜罗值得培养的孩子。一旦发现值得扔出精灵球的对象，便是——“小朋友，我看你骨骼清奇，来我拉玛西亚大农场试训可好?”事实上，每年进入拉玛西亚学习的孩子中有80%都是这些职业球探挑来的，所以不要轻视任何一场野球，说不定球场边就站着亮着招子的巴萨球探。

方式二：别人的球探发掘。在地球上，有15家俱乐部和巴萨建立起了长期的合作关系，有些俱乐部甚至已经成为巴萨的卫星队，拉玛西亚淘汰下来的孩子会输送到这些俱乐部撑场子。相应地，这些俱乐部的球探发掘了自己驾驭不住的天生丽质，也会推荐给拉玛西亚。

方式三：在其他国家建立足球学校。现在，巴萨已经在许多国家开办了足球学校，比如拉玛西亚青训营墨西哥分营、巴萨小妖培训中心埃及分部、加泰罗尼亚足球天才联盟日本分盟，以及“经过考证梅西祖上可能是我们韩国的思密达”等等。这些巴萨的嫡系学校每年都会把优秀学员推荐到拉玛西亚，像多斯·桑托斯、久保健英、东格乌、昂多阿这些小妖，都是巴萨在全球的足球学校培养的优秀成果。

每一年，大约有150个年龄在7～15岁的足球少年有机会加入拉玛西亚，经过初试淘汰掉30个，剩下的120个参加复试。然后再淘汰掉60个，剩下60个作为重点培养对象充实到拉玛西亚的各级青训梯队之中。

说到这里，大家是不是看见了一条通往诺坎普的康庄大道，只要层层升级然后打通B队关卡，就可以代表巴萨出现在舞台中央?

很可惜，答案依然是否定的。

因为巴萨的梯队建设如同变态级横版通关游戏一样复杂，即使不算理论上没有年龄限制的成年 B 队，目前巴萨常备的青年梯队共有 15 支。

【拉玛西亚的练级之路】

这么说吧，如果你 6 岁加入巴萨青训，那成为巴萨一线队成员之前你会经历以下过程。

第一步：U10 代表队，分别有 A、B、C、D 和 PRE - U10（实际上一般是 U8）五支球队。为了让孩子们都有球可踢，每支球队的人数在 11 ~ 13 人，分别有自己的主教练和助理教练，分别参加地区足协组织的各个小组九人制少儿联赛。没错，这些拉玛西亚的小天才七八岁就开始一周单赛了，Lamine Yamal（拉明·亚马尔）和 Marc Bernal（马克·伯纳尔）这两位小球员在 2015—2016 赛季的 U10 C 队互相投喂出了双双 50 + 的进球数。各位请先留个记忆，10 年之后说不定可以吹“他 9 岁时我就知道他必成大器了”。

第二步：U12 代表队，分别有 A、B、C、D 四支球队。每支球队球员人数为 13 ~ 14 人，踢的也是九人制。2015—2016 赛季巴萨 U12 A 队在青年联赛里 30 战全胜，还拿下了加泰这一年龄段联赛和杯赛的双冠王，简直残暴。

第三步：U14 代表队，分为 A 队和 B 队。因为缩编成了两支十一人制球队，每队的人数也增加到了 22 人左右，3 名门将、9 名后卫、5 名中场、5 名前锋，基本与职业球队的配置差不多。不过，到了这个年龄也开始出现了小部分离开拉玛西亚专心学习的孩子。

第四步：U16 代表队，分为 A 队和 B 队。人数和配置基本和 U14 相同，但到了这个年龄段，已经要开始挑战全国杯赛和跨国邀请赛的日常了。

第五步：U18 代表队，分为 A 队和 B 队，一般情况下实际操作是按照年龄分成 U18 和 U17。这是通往成年 B 队的最后一步，也因为会有通过转会到来的新人扩充到了每队 25 人左右。

这样算下来，拉玛西亚全校一共有 220 名左右的在校生，而且数量维持稳定。U18 A 队的球员们到了 19 岁后，能有 6 ~ 10 名球员进入巴萨 B 队，跟随 B 队征战西乙。拔尖的 B 队成员可以进入一线队，逐渐进入球队大名单，天天和饮水机相伴，然后开始漫长的处子秀等待……

说到这里，悲观的球迷可能已经放弃自己以及自己孩子的拉玛西亚梦了；而乐观的球迷也许会说：“这过程不就是和我们从幼儿园上到大学差不多吗？只要慢慢长大，自然会进入一线队的。”

嗯，大家可能已经忘了，每年都会有 60 个新搜罗来的孩子加入各个梯队当中，这就意味着梯队之中将有 60 个被淘汰。每个赛季结束，各个梯队都会评估孩子们是否适合在拉玛西亚继续训练，不达标的将会被送到合作俱乐部或者建议寻找新的出路。

事实上，即便能够顺利熬到18岁，拉玛西亚每年的毕业生中也只有一小部分能进入顶级联赛。截至2010年，拉玛西亚共出产442名球员，其中41人在巴萨获得出场机会，38名球员效力西甲其他俱乐部，363名球员效力其他联赛，但像梅西、哈维这样的成名者其实寥寥无几。截至2014年，拉玛西亚共毕业503名球员，能够有机会代表巴萨一线队出场的，不足10%……

比如阿苏林，曾被视为梅西之后拉玛西亚最好的青训产品，后来在西乙都踢不上球；比如克罗萨斯，曾被视为新的瓜迪奥拉，但却生不逢时遇到了同样位置的布斯克茨，后来转会墨西哥蓝十字队，还被租借到了次级联赛的坦皮科马德罗；就连法布雷加斯这样的拉玛西亚和西班牙宠儿，也是兜兜转转出道英超，衣锦还乡之后再次背上行囊。

这就是职业足球的残酷，即便是拉玛西亚这样成材率相当高的足球学校，即便他们在踏入校门之前已经经过了千挑万选，但最后真正能够成为顶级巨星的球员仍然屈指可数。

因为，一个球员成才的背后，除了自己实力之外，还需要天时地利人和等各种机缘巧合。

尤其是，一个好教练。

【瓜迪奥拉和拉玛西亚】

其实，就在拉玛西亚黄金一代养成之前，巴萨青训刚刚经过了一段艰难时期。

2006年5月，巴萨时隔14年重新捧得欧洲冠军杯，哈维、伊涅斯塔、普约尔等拉玛西亚少年班毕业生纷纷挑起大梁，巴萨迎来梦二队的巅峰期。然而就在一年之后，2007年5月，曾经杀到冲西甲资格圈的巴萨B队一路降级到了西班牙第4级别联赛——西丙联赛。

因为回避规则，巴萨B队不能和C队待在同一级别联赛之中，所以当时同在西丙联赛的巴萨C队必须降级；又因为西丙已经是最低级别的全国联赛，再掉级意义不大，所以巴萨C队最终选择了解散。

这一选择，意味着几十个18～23岁的球员要各奔东西，也意味着后面各年级的球队都会受到不同程度的影响。而且B队已经掉到了第4级别，拉玛西亚的金字招牌该去往何处?

这时候，拉玛西亚等到了他们的师兄、导师、贵人——瓜迪奥拉。

虽然瓜迪奥拉2006年才拿到教练证书，但他2007年来到巴萨B队时却已经有了清晰的执教思路。比如，他把球员分为有潜力成长为球星的年轻球员和资质一般的骨干力量，把蓝筹股推荐给一线队，同时把稳健的长期持有。

有人说，理论上征战西丙已经不需要那么多有资质的球员，还不如趁着这些孩子能值俩钱先行套现。但瓜迪奥拉并没有草率地卖掉 B 队已经超过 21 岁的“大龄青年”，而是让他们再留队观察，虽然损失了卖小妖的仨瓜俩枣，却保证了 B 队的即战力。

很快，巴萨 B 队就被瓜迪奥拉卓越的执教能力所统治。在瓜帅和他的助手——已故的比拉诺瓦教练的带领下，B 队仅仅在西丙蛰伏了一个赛季就重新冲回了西乙 B。

那个赛季，巴萨 B 队 25 胜 8 平 5 负顺利进入了附加赛，并且在附加赛中进 9 球 0 失球取得了碾压式升级。在重回西乙 B 的那场比赛过后，瓜迪奥拉激动地说：“这是我足球生涯中最快乐的时刻之一。”

坏消息是，2008 年瓜迪奥拉就不再担任巴萨青训教练了；好消息是，他成了巴萨一线队的主帅。

在接手巴萨主教练之后，瓜迪奥拉一方面强化轮转体制，一方面又熟悉 B 队情况，一个好教练配上一帮好青训，拉玛西亚再次开启了“开挂式”输出。布斯克茨、佩德罗、蒂亚戈等一大批青训球员陆续成才，再加上先后召回的皮克和法布雷加斯，瓜迪奥拉靠着一帮自家孩子开创了巅峰的梦三。

——2009 年，梅西、哈维和伊涅斯塔三名拉玛西亚优秀毕业生一同跻身世界足球先生评选五强和金球奖前四，最终梅西包揽了金球奖和世界足球先生。

——执教巴塞罗那四个赛季，瓜迪奥拉带队打了 247 场比赛，战绩 179 胜 47 平 21 负，胜率达到了让人惊掉下巴的 72.47%。在此期间，他率队夺得 14 座冠军奖杯，包括 3 个西甲冠军、2 个欧冠冠军、2 个国王杯冠军、3 个西班牙超级杯冠军、2 个欧洲超级杯冠军和 2 个世俱杯冠军。2009 年，他们更是完成了自然年内“六冠王”的不朽伟业，“宇宙队”从此得名。

——依靠着拉玛西亚的班底，西班牙国家队也一飞冲天。2008 欧洲杯、2010 世界杯、2012 欧洲杯，三座连号的大赛冠军可谓前无古人后也一时半会儿不会有来者，皇马教练出身的博斯克平躺着就享受到了巴萨送给他的红利。

2010 年，瓜迪奥拉曾经说过：“最伟大的成功是你让一名从拉玛西亚毕业的年轻球员为一线队首秀的那一刻，那要比赢得一项冠军更加激动人心。”

瓜迪奥拉说到了，也做到了。在他的任期内，一共给了 28 位巴萨青训球员一线队首秀的机会。当年他带的那支成功升级的巴萨 B 队，不仅走出了蒂亚戈、佩德罗等名将，而且 18 人主力阵容全部在西甲有过登场亮相，成材率达到了 100%。

当然，这一切既有瓜迪奥拉的功劳，也得给后来接手巴萨 B 队并带队冲上西乙的恩里克发个军功章。再加上好搭档比拉诺瓦在瓜迪奥拉走之后成了巴萨的新任主帅，拉玛西亚似乎即将迎来对世界足坛新一轮的主宰……

然而让人意想不到的是，巴萨小妖的成才之路戛然而止了。

【拉玛西亚的危机】

这一切，最初的起源是2010年开始担任巴萨主席的罗塞尔。罗塞尔新官上任之后，趁着热乎干了两件事。

第一件，清除前朝遗老，换成自己的亲信。他把当年拉波尔塔任命的青训主管阿列申科和贝奈吉斯赶走，转而任命了寸功未立的阿莫尔和普伊格，让他俩负责青训营的日常运营以及跟踪观察西班牙从少年队到二队的所有青少年球队。

第二件，任命了尤西比奥·萨克里斯坦作为新任的B队主教练，结果这位教头上任之后明显只是为了把B队作为他职业生涯的跳板。2014—2015赛季，前一年还在西乙杀入前三的巴萨B队身陷降级区苦苦挣扎，萨克里斯坦中途下课，恩里克又在保级关键时期把B队大腿穆尼尔召入一队备战。

5月31日，就在巴萨赢得国王杯一天之后，巴萨B队以2∶5的比分惨败给莱加内斯，提前一轮从西乙联赛中降级。

驱除老功臣，用人没眼光，不仅使得青训陷入了一团乱麻，还因为新任青训主管缺乏经验的操作导致巴萨接到了来自国际足联的“超级罚单”：2014年，由于巴萨在购买未满18岁小妖方面存在严重的违规行为，所以他们两个转会期内都不能再购买新球员。当时巴萨球迷一片哀号，唯一值得欣慰的是：在转会禁令的情况下，拉玛西亚作为“妖孽”的摇篮，很可能会创造新一波的输出高峰。

然而事与愿违，当时担任巴萨主帅的恩里克按了按计算器，做出了一个这样的决定：既然未来两个窗口都不能花钱，那我就在禁令生效之前把钱花光……

于是在2014年，巴萨一口气购置了7名新援。苏亚雷斯、布拉沃、特尔·施特根、拉基蒂奇、道格拉斯、马蒂厄和维尔马伦，再加上后来提前半年跟队训练的图兰和比达尔，都是当打之年，都是球星。MSN（南美三叉戟）成型，球队坚挺地度过了转会禁令期，但却一下子把拉玛西亚孩子们的路堵死了。

事实上，在瓜迪奥拉之后，虽然比拉诺瓦和恩里克都是B队主帅出身，但他们对从拉玛西亚提拔新人都没什么兴趣。在比拉诺瓦执教的一年时间里，他只给了普拉纳斯一个拉玛西亚毕业生一线队首秀的机会。更夸张的是恩里克，他在任3年真正算得上从拉玛西亚提拔上来的只有一个罗贝托。不给孩子们机会也就罢了，在恩里克执教期间，法布雷加斯、德乌洛费乌、博扬以及佩德罗还相继离开了诺坎普，稍早之前离开的蒂亚戈更是自掏腰包为转会拜仁铺路。

蒂亚戈为什么这么做？

第一，瓜迪奥拉当时是拜仁的主教练，一个重视自家孩子的教练召唤，的确很难拒绝。

第二，蒂亚戈的合同里有8000万欧元的违约金条款，但是这条款和出场次数挂钩。因为蒂亚戈拿到的出场机会太少，所以他的违约金打折后只剩1800万欧元。而且，打折这事儿巴萨的技术团队竟然不知道，直到其他球队问价了才发现……

可见，当时的巴萨高层对青训的关注几乎为零。

【未来，会怎样?】

比起瓜迪奥拉接手B队时的西丙危机，这次拉玛西亚头上的阴云似乎更大更浓。是拉玛西亚的产品质量下降了吗?

并不完全是。

翻开战绩，最近几个赛季，拉玛西亚的各支梯队依然在青年联赛和欧洲赛场上大放光彩。比如2014年，他们各级梯队一共拿下了14个冠军，创造了队史最高纪录，U18 A队还在青年欧冠决赛里3∶0击败了本菲卡顺利捧杯。2017年，算上巴萨B队在西乙B第三小组拿下的冠军，拉玛西亚各级别梯队同样获得了14个国内联赛的冠军，追平了三年前的最高纪录。

此外，在2016年12月到2017年12月的这一年间，巴萨U12 A队的小朋友们参加了4届西甲承诺杯及其国际赛，4次全部夺冠。在他们的冠军之路上，先后击败过皇马、马竞、塞维、瓦伦、黄潜、罗马、尤文、本菲等一众同龄青年队。身材高大的哈维·普拉纳斯因为各种碾压式进球，已经被《马卡报》等媒体称为“未来的新苏亚雷斯”。

那么，为什么不给2014年夺冠的那批自家小妖机会?

原因很简单。在金元足球的压力下，更好的战绩就等于更多的钱，更多的钱就等于更多的球星吸引力，更大牌的球星就等于更多的商业机会和吸粉能力，更多的商机和更多的粉就等于更多的钱……

对于巴萨这种世界顶级球队来说，等待小妖成长和给小妖交学费的代价甚至比直接购买成名球星更加昂贵。所以，与其高风险地等待某个孩子成才，巴萨近几年和其他五大联赛豪门做出了完全相同又类似的无奈选择：买!

于是，苏亚雷斯来了，内马尔也来了；内马尔走了，20岁的登贝莱又来了。再加上随后到来的马尔科姆，这意味着10年之内巴萨B队甚至好几级青年队和登贝莱、马尔科姆同一位置的小妖，都很难在一线队拿到一个位置。这折损的并不仅仅是一个B队的边锋，很可能从B队往下9个梯队的边锋到了成熟之时通通都要被卖掉……

2016年夏季转会，巴萨引进了6名球员，其中5名是23岁以下的年轻球员。对于拉玛西亚的孩子们来说，这真是一个让人绝望的数字。一位不愿意透露姓名的前拉玛西亚教练就曾经对媒体抱怨过这样的转会：“不给穆尼尔和桑佩尔比赛的机会，他们怎么成长？像瓜迪奥拉之前那样好好锻炼一两年，他俩真的会比帕科和戈麦斯差吗？”

2017年后，巴萨球迷把青训的希望放在了巴尔韦德身上。在巴尔韦德的教练生涯中，他先后在毕尔巴鄂竞技、西班牙人、比利亚雷亚尔让36名青训球员在一队上演了首秀。其中就包括伊劳拉、略伦特、伊纳基·威廉姆斯、卡西利亚等知名球员。就在2017—2018赛季上半段，一名拉玛西亚青训教练激动地在采访中表示：“3年后终于有一线队主帅来看青年队比赛了。”经过了恩里克执教的那3年，拉玛西亚的孩子们对于巴尔韦德有着和球迷一样的期望。

但是，把一个踢足球的孩子造就成巨星，路实在太过艰难。而把一个青训营打造至黄金一代，更难。巴尔韦德上任之后，真正得到机会的拉玛西亚孩子依然是寥寥无几。

就像曼联的“92班”、巴萨的“梦二”“梦三”一样，历史的巧合让一群天赋极佳的孩子在相近的时间出生，又出于各种机缘巧合被挖到同样的青训营，遇到了肯提拔年轻人的一线队教练、重视青训的俱乐部主席，幸运地没有遭遇毁灭性伤病，最终在一个时间点实现了井喷。

这一切，其实是个奇迹。

但这个奇迹是怎样产生的呢？

——还记得我们提到的巴萨青年A队败给啤酒厂队的那段历史吗？当时那个带着巴萨输掉比赛的主教练名叫约瑟夫·明古艾拉，他被解雇之后成为一名经纪人。20年后，正是他把梅西推荐给了巴萨。

——还记得我们提到的被努涅斯主席派去筹建拉玛西亚青训基地的奥里奥尔·托尔特吗？他作为青训教练兼球探为巴萨工作了40年，有3个小朋友是他在野球场上发现并且亲自带到拉玛西亚的。这三个小朋友分别是：瓜迪奥拉、哈维、伊涅斯塔。正是为了表彰托尔特的功绩，前面提到的新拉玛西亚正式名字才叫托尔特训练基地。

这就是拉玛西亚。有鲁伊斯、克鲁伊夫、范加尔、瓜迪奥拉等优秀教练不断的努力，有许许多多不知名的拉玛西亚人默默地耕耘，接力棒一代又一代的传承，才促成了球队以拉玛西亚毕业生为骨干构筑王朝的壮举，才助推了2008年到2012年西班牙国家队的碾压。

而现在，虽然有买卖和培养之间的矛盾，也有学院人才的暂时断层，但球探和教练们仍在努力工作，孩子们仍在学习训练，只要拉玛西亚按照它惯有的节奏继续前行……

巴萨球迷坚信，奇迹终会再一次发生。

有一支宇宙队，叫“巴萨梦三”

西甲历史几乎就是一部皇马巴萨的相爱相杀史，两支球队做出的任何一个重大决定里都能找到对方的影子。2009 年，巴塞罗那俱乐部获得了“六冠王”。同一年，皇马球迷请弗洛伦蒂诺重新出山。老佛爷在 2009 年之所以能够以压倒性的优势当选主席，一方面是因为卡尔德隆的各种丑闻集中爆发，更重要的原因是因为皇马球迷在老对手身上感受到了史无前例的压力。

是的，皇马球迷无法忍受银河战舰的沉沦，但让他们更加无法忍受的是：在自己沉沦的同时，对手建成了“梦三期”。

【说到梦三，首先要聊聊一和二】

熟悉巴萨的球迷都知道，他们最近 30 年一直在西甲食物链的顶端玩耍，并且每隔一段时间就会组出一支逆天级别的队伍。

比如，20 世纪 90 年代初的“梦一期”。教练是克鲁伊夫，球队中有一系列直到今天仍然如雷贯耳的名字。后来担任巴萨体育总监的苏比萨雷塔，后来在全世界各地刷教练经验的科曼，后来因为侄子而变得更加有名的纳达尔，后来成为主帅标杆的瓜迪奥拉，后来在巴萨和曼城先后担当体育总监的贝吉里斯坦，丹麦足球的杰出代表大劳德鲁普，左脚和脾气一样火爆的斯托伊奇科夫，以及“比脾气我连自己人都不会输”的罗马里奥。这支球队曾经从 1990—1994 赛季取得了四连号的西甲冠军，还顺便拿了两座国王杯和一座欧冠。

又比如，在“银河一期”开始走下坡路时崛起的“梦二期”。在里杰卡尔德带领下，组建了由罗纳尔迪尼奥为核心，以哈维和德科为辐射半径，以久利和埃托奥为箭头的冠军阵容。“梦二期”建设始于拉波尔塔当选巴萨主席时，球队的巅峰是 2004—2006 赛季拿下了西甲两连冠，并且击败阿森纳捧起了大耳朵杯。

然而，随着罗纳尔迪尼奥的体重、脾气、夜店次数、散漫程度呈现出几何级数的增长，巴西帮和西班牙帮开始内斗，再加上埃托奥对小罗和里杰卡尔德的炮轰，巴萨不仅在双冠王之后连续两年无冠，而且“梦二队”逐渐变成了一部肥皂剧，各种奇葩剧情不断在巴萨喉舌报上定期播放。终于，在 2007 年 11 月 21 日，这部剧达到了最高潮——“黑羊门”事件爆发。

这一天，巴萨的巴西中卫埃德米尔森在接受电视台采访时爆了个大料：“巴萨更衣室里面有很多职业球员的典范，但总有少数人看起来一无所求。我们整支球队是一个大家庭，就像兄弟姐妹一样。但现在，里面却有一些黑羊。”

在西方国家中，黑羊有两个特点：一是羊毛不如白绵羊的毛珍贵，二是黑羊混杂在白羊之间容易使白羊害怕。所以，“黑羊”常被用于比喻道德败坏的人或者害群之马。或许是为了让“黑羊门”更加实锤，埃德米尔森补充说：“球队里的某些人，无限热爱金钱、名誉和女人，这些在他们看来远比职业精神更为重要。”

此言论一出，麻烦可就大了。就像切尔西爆出的“内鬼”事件一样，“黑羊”的诞生让巴萨这部肥皂剧变成了悬疑剧，“猜黑羊”成为巴塞罗那人民茶余饭后的最大消遣。

于是，里杰卡尔德再也没有掌控局势的可能，甚至他都没能坚持带队打完那个赛季——2008 年 5 月 9 日，在球队被皇马 4∶1 羞辱不到 24 小时之后，巴萨宣布里杰卡尔德下课。

终于，这部剧只剩下了一个悬念：接任巴萨教练的，会是谁?

这时候，最大的热门人选出现了：何塞·穆里尼奥。

【穆里尼奥的巴萨情结】

穆里尼奥和巴萨之间有数不清的故事。

他从 1996 年开始以翻译的身份先后跟着罗布森爵士和范加尔在巴萨混，一边同声传译一边在旁偷艺。在此期间，善于学习、头脑清晰、思维敏捷的他得到了两位主教练的充分肯定，而穆里尼奥也跟着两位名帅学习了大量足球知识和战术理念。到了 2000 年的时候，穆里尼奥决定离开巴萨：“我不想做跟班了，我要当教练。”

后来的故事我们都知道了，穆里尼奥一路从波尔图走向了切尔西，成了世界足坛“特殊的一个”。再后来，他自带的嘴炮和引战属性、更衣室的失控以及和阿布的矛盾，让他在 2007 年 9 月 19 日这天黯然离开了斯坦福桥。

熟悉穆里尼奥的人都知道，这是个好胜心极强的家伙。在他的执教生涯中，很少有休息的时间，因为他倒下之后就想马上爬起来。然而，从他 2007 年 9 月下课到 2008 年 6 月在国际米兰上岗，他有大半年的时间没有去找新工作，这也是穆里尼奥执教生涯中赋闲最长的一段时间。

那么问题来了，这一年穆里尼奥在干吗呢？答案很简单，他干了两件事。

其一，等里杰卡尔德下课。

其二，写简历。

没错，就像普通人成就了大事业之后总要搞一番荣归故里的排场一样，穆里尼奥对巴萨也有一股子“故乡情结”。当他在葡萄牙和英格兰都证明了自己之后，迫切的愿望就是回巴萨，将之后的故事续写在自己梦开始的地方。于是，他给巴萨寄了一张光盘。非蓝光，非九区，容量不超过4.5G，里面就两方面内容。一方面是回首往昔，他此起彼伏波澜壮阔的执教经历。另一方面是战术分析，把巴萨一条条掰开彻底地讨论利弊，还附上了改进意见和应该补充的球员。

当然，穆里尼奥并不是剃头挑子一头热。2008年1月10日，当时的巴萨副主席英格拉和体育总监贝吉里斯坦就曾经专门跑到穆里尼奥在里斯本的家进行了双边会谈。这次会面中，双方在亲切友好的气氛中就很多问题达成了一致。比如，如果穆里尼奥回到巴萨，球队将进行哪些引援；又比如穆里尼奥可以自带一名助手，但也接受俱乐部为他指定的助手，人选包括瓜迪奥拉和恩里克……

只是仍然存在两点分歧，穆里尼奥坚持不愿意依照巴萨的要求改变自己面对媒体的方式，以及，克鲁伊夫的强烈反对。

然而四个月之后穆里尼奥发现，只要这两条达不成一致其他的通通都是扯淡。克鲁伊夫成了他进入巴萨的最大绊脚石，而克鲁伊夫选择的教练人选则是当时给他做助手备选项的——瓜迪奥拉。

就这样，穆里尼奥被放了鸽子……

2008年5月9日，巴萨宣布瓜迪奥拉成为球队新任主帅。

2008年6月2日，穆里尼奥决定接过国际米兰的教鞭。

两年之后，穆里尼奥在国际米兰拿到三冠王决定急流勇退，并且直接站到巴萨的对立面，成为皇家马德里的主教练。

其实，所有故事都是一环扣一环。

【瓜迪奥拉的故事，其实更精彩】

让我们说回瓜迪奥拉。

2007年，瓜迪奥拉成为巴萨B队的主教练，第一个赛季就把前一年降级的球队重新带回了西乙B。他们在加泰区分组联赛里取得了25胜8平5负的成绩高居首位，附加赛对卡斯蒂略和巴巴斯特雷的两轮主客场比赛中进9球失0球，昂首升级。

当然，这些成绩比起有欧冠、英超联赛、足总杯、联赛杯等各色奖杯的穆里尼奥来说根本不是一个等级，但瓜迪奥拉比穆里尼奥更适合巴萨的是：他从小就是拉玛西亚的孩子，深知这支球队的历史和传统，以及球队真正想打造的战术风格。

不过，瓜迪奥拉拿起教鞭之后面临的问题也有很多。比如他在教练生涯方面的苍白资历和队内一大帮老油条之间的矛盾，比如他追求的极致团队配合和混乱的队内气氛之间的矛盾，又比如罗纳尔迪尼奥的大佬地位和他本身的个性能力已经不适合当大佬之间的矛盾……所以，瓜迪奥拉到巴萨的头等大事就是：整顿更衣室。

瓜帅手起刀落干了三件大事。

其一，清理不安定因素。巴西帮帮主罗纳尔迪尼奥、帮委会书记德科、管不住自己嘴巴的埃德米尔森，第一批清理。到岁数的图拉姆、体力已经不能支撑上下翻飞的赞布罗塔、已经进入养老模式的埃斯奎罗，第二批清理。再加上不适合瓜迪奥拉战术思路的多斯·桑托斯和奥莱格，瓜帅上任的第一个夏窗，足足送走了10个人。

其二，确立拉玛西亚系在队中的优势地位。将哈维确定为中场核心，伊涅斯塔紧随其后，提拔了B队的布斯克茨和佩德罗，召回了拉玛西亚出身的皮克，然后让全队必须说西语或者加泰语，连用餐座位也进行了重新安排。这一切，为的都是让更衣室有本土的领导者，并且促进团队更好地融合。

其三，立太子——梅西。其实，当时的巴萨有两位“未来接班人”的人选，一是博扬，二是梅西。不过瓜迪奥拉异常坚定地站在了梅西一边，并且为了确定梅西的未来大佬地位动了清洗埃托奥的念头。之所以没清洗，是因为——

瓜迪奥拉：我需要一个“真正的9号”球员，“最好一个赛季能进60球”。

巴萨高层：世界上没有。

于是，瓜迪奥拉决定再留下埃托奥一年。就这样，瓜帅在短短的一个夏窗就清理了几乎所有不和谐的前朝遗老，大刀阔斧地开始设计自己梦想中的足球。这时候我们突然明白克鲁伊夫“弃鸟保瓜”的根本原因，因为瓜迪奥拉的梦想，和克鲁伊夫的一样。

在之后的日子里，瓜迪奥拉将克鲁伊夫时代的传控打法进一步发扬光大，让三角传递、全攻全守进化到了极致的境界。这种打法配上拉玛西亚那细腻的血统，一切如愿，开花结果。

2008—2009赛季是瓜帅执教一线队的首秀，梅西打入38球，埃托奥和亨利分别有34球和26球进账，而球队也获得了欧冠、联赛和国王杯“三冠王”，之后在2009—2010赛季前半段又先后拿下了欧洲超级杯、西班牙超级杯和世俱杯，史无前例的“六冠王”就此诞生！

然而，这种成绩在瓜迪奥拉眼中并不算完美，因为他那套心心念念的进攻体系还没有最终成型。比如，埃托奥足够勤勉，但是他对于瞬间爆发力的依赖太大，所以需要一定的冲刺空间；又比如，埃托奥虽然足够高效，但是他的性格实在不适合共建巴萨和谐更衣室；再比如，埃托奥我早就想换了，没有理由！我需要一个更有想象力、技术更细腻，还能天天进球如麻的前锋！

于是，伊布来了，怀着一颗领导巴萨人民统治地球的崇高之心来了。来之后他立刻和瓜迪奥拉进行了友好会谈，然后发现事情好像和自己想象的不太一样。

瓜迪奥拉：你很伟大，但是首先别忘了我们的核心是梅西。

伊布：……

【朕不给你，你不能抢】

在瓜帅心里，梅西是特殊的一个。因为，巴萨的传控到了极致一定是压迫在对方30米之内，压迫到极致一定会遭遇狭小的空间，而梅西就是那个开瓶器——他的瞬间变向、个人突破、传球反跑、在人群中穿梭取敌将首级的能力，在瓜帅的体系中是无可代替的。

所以，你能够理解瓜迪奥拉和伊布的矛盾。一个桀骜不驯以我为主的中锋遇到一个对团队配合要求近乎变态的主教练，无异于蝙蝠侠大战超人。

后来，伊布接受采访时说："在效力巴萨的前半年中，我进了很多球，帮助巴萨赢得了西超杯和欧超杯，那6个月是完美的。之后我们改变了阵型和打法，这对我很不利，瓜迪奥拉说要和我谈谈。我告诉瓜迪奥拉，他为了梅西牺牲了其他球员，他的回复是他很理解我。然后我就成了替补球员，接下来一直都是。我想，他还真是找到了解决问题的好办法啊。从那之后，他就没和我说过话，他甚至懒得看我。"

这就是这二位的相处方式，谁都不肯让步的主儿。伊布讨厌有人挑衅自己，一怒就失控；瓜帅更讨厌别人挑衅自己，一怒就会把球员扔进冰柜，甚至贴上个永久封印。更重要的是，伊布根本没办法认同瓜迪奥拉的执教理念，认为以自己的能力他理所当然就是老大。而瓜迪奥拉呢？早已把球队老大的位置留给了梅西。

那话怎么说来着？朕赐给你，才是你的。朕不给你，你不能抢！

好吧，矛盾真的无法调和。

这事儿实在无法评判谁对谁错，只是单纯的一山不容二虎。瓜迪奥拉没有错，他的打法在2009—2010赛季日渐成熟，并且以主场18胜1平保持不败、联赛最终积99分的近"满分"纪录卫冕西甲桂冠。而伊布也没有错，他的确有大佬的能力，在那个不太受重用的赛季，依然交出了22球和15次助攻的成绩单。

两人唯一的遗憾，就是没能拿下那一年的欧冠冠军。而冠军的获得者，正是之前被巴萨放了鸽子，之后被伊布称为"良师、益友、精神领袖、为了他我可以去死"的穆里尼奥……唉，又是一部由史诗级大佬们联袂主演的肥皂大戏。

那个赛季之后，伊布转战亚平宁，补上空缺的是28岁的比利亚。至此，再也没有人能够撼动梅西的核心地位，再也没有人去质疑瓜迪奥拉的战术思维。当然，也没法质疑，因为即便弗洛伦蒂诺买入了C罗、卡卡等巨星，也无法避免被巴萨双杀的结果。在2010年造访中国的时候，有记者问拉波尔塔："您对皇马被中国球迷称作银河战舰怎么看？"拉总轻蔑地一笑："他们要是银河战舰，我们就是宇宙最强。"

"宇宙队"的名号，就此打响。

【地球保卫战】

2010—2011赛季，巴萨梦三期进入全盛。

他们颠覆了防守的概念：防守从中前场开始，一旦丢球就迅速合围反抢，封死对方的出球点，然后迅速夺回球权，进行下一轮传控。

他们颠覆了防线位置：防线向前提得很高，将对手压迫在半场，使之承受巨大的防守压力。哈维和伊涅斯塔坐镇中场，牢牢掌控着一切，可以敏锐地捕捉到场上的每一个空当。

他们颠覆了防守球员的概念：瓜帅看中的防守球员往往不是人高马大、身材强壮而是脚下控球传递技术过硬的球员。所以，才有了踢中卫的马斯切拉诺。

而一切对于防守的颠覆，都成就了进攻的高投入和高产出。所有人都能参与进攻，无数的进攻点和交叉换位，无数小范围的精妙配合和充满想象力的传球，这一切还都建立在超高的传球成功率上……Tiki－Taka① 被演绎到了极致。

那是一个怎样的时代啊。全世界都在研究巴萨，每个球员的战术特点、体能分配、武功路数和大招CD（技能恢复）时间，恨不能所有优缺点都写成武林秘籍免费传播。然而，即便你把秘籍全背过，真开打之后就会发现还是没用——拦不住"打野"②，刚不过正面，只要你的防线中有任何一个小小的缝隙，巴萨立刻开启团灭模式，ADC③ 跟上，辅助全开。

那是一个怎样的时代啊。巴萨动不动就制造出大比分惨案，每输一次球都是大新闻，每一支欧冠抽到他们的球队都高喊"枪在手，跟我走，灭巴萨，保地球"。

2010—2011赛季，巴萨在西甲联赛中以进95球失21球积96分的成绩，实现了西甲三连冠。即使皇马进球破百积分超过90分，也只能屈居联赛第二。而在欧冠决赛里，巴萨在温布利大球场以3∶1战胜曼联，历史上第4次捧起了欧冠冠军。

地球人绝望了……到底谁能摧毁这样一支尚在巅峰年龄的巴萨？

---

① Tiki－Taka：以精准短传为基础来追求极致控球的战术。

② 打野：游戏用语，指击杀野外NPC敌人获取经验和金钱。

③ ADC：普通攻击持续输出核心。

答案只有一个：自己。

【再见，瓜迪奥拉】

哈维曾经这样形容瓜迪奥拉："我发誓，他是一个完美主义者。要是佩普决定要当一个音乐家，他一定会成为一个出色的音乐家；要是他想做一个心理学家，他也一定能做一个优秀的心理学家。他很固执，会一直坚持直到做对为止。他对自己的要求如此之高，而他给自己施加的压力，还有这些要求可都是会传染的——能传给周围的每一个人。他想把一切都做得完美。"

然而，这样一位完美主义者，却碰到了一个几乎是无解的千古难题——球队因为太强大，产生了偷工减料也能拿下冠军的错觉；球员由于拥有太多荣誉，缺乏对胜利的渴求和对冠军的饥饿，觉得自己已经赢得了在非重要比赛不全力以赴的权利。然而，瓜迪奥拉的追求是以文艺青年的思维打造一支如仪器般精细、精致、精密的球队，一旦有个环节松动，很多部件都会接连出现问题。

完美主义遇到王者骄傲，本身就是一个无法调和的矛盾。更何况，他的对手还是一直虎视眈眈的穆里尼奥。

2011—2012 赛季，巴萨在一周内先是输给皇马失去联赛争冠希望，后是在欧冠被切尔西淘汰。最终，穆里尼奥的球队以 100 分的成绩问鼎西甲联赛冠军，不仅改写了巴萨创下的积分纪录，也终结了巴萨的三连冠。在那个赛季后，前进动力的缺乏、和主席罗塞尔的矛盾，以及不能再像刚入主巴萨时那样能够对不合适的球员大刀阔斧地下狠手，这些都让瓜迪奥拉萌生了退意。

2012 年 4 月 27 日，瓜迪奥拉正式宣布赛季结束后离开巴萨。

虽然比拉诺瓦在 2012—2013 赛季上任之后马上重新夺回了联赛冠军，也追平了皇马 100 分的积分纪录，但那个赛季欧冠半决赛两回合在拜仁那里喝了瓶七喜，仍然被视为"梦三期"开始走向衰落的标志……

其实，这都是没办法的事。

任何一支伟大的球队，他们最后的克星都是时间。无论球队曾经如何强大如何完美，也敌不过时光的侵袭。身体和精神都无法永远保持在巅峰，以前举手之劳的事情，忽然变得万分艰难；以前已经成为肌肉记忆的配合，全都会因为体能或集中力的些微下降而慢了半拍，然后堂堂常山赵子龙也拾掇不了一个姜维。

所以，凑齐一支好球队也许不难，难的是持续的吸引力和造血功能，能让繁华得以延续。这也就是我们常说的——底蕴。很明显，巴萨就是一支有底蕴的球队。虽然"梦三期"早已落幕，但还是有一批又一批拥有巴萨特点、拉玛西亚血统的球员和教练走上前台，继承前人的打法，延续先辈的梦想。也许他们不能像“梦三期”一样一出手就屹立在地球的最顶端，却拥有足够承上启下的实力，去等待一套更加无解的班底，去成就新的未来。

新一届的“宇宙队”，巴萨球迷们仍然在期待。

弗洛伦蒂诺的是非功过

说起皇家马德里的主席，很多球迷的第一反应肯定是弗洛伦蒂诺。作为伯纳乌之后最伟大，也是最富争议的皇马主席，他的经历、头脑、未来规划都足以为我们如今的许多年轻人提供参考、反思和“哇，还能这么玩”的惊叹。

来，让我们好好瞻仰和学习一番。

【并非一帆风顺，第一步就上错了船】

1947 年出生于马德里的弗洛伦蒂诺，根正苗红地在首都接受了完善的教育。18 岁那年，他考入马德里理工大学开始了愉快的大学生涯。关于这所大学大家可以了解两个背景知识：

A. 马德里理工大学最初由几所工程和建筑类学校合并而成，校训是“我们设计未来”。

B. 弗洛伦蒂诺选择的就是土木工程学专业。

不过，弗洛伦蒂诺在系统研习了材料力学、结构力学、流体力学、混凝土结构、房屋结构、桥梁结构、地下水管怎么修、如何铺设一条康庄大道等一系列逼死文科生的课程之后，脑子里产生了一个不成熟的想法：

“我想从政。”

于是，弗洛伦蒂诺毕业之后就在马德里政府当了个公务员，先负责公路维修，又负责公共运输，职业生涯的巅峰是在市议会全面负责马德里市的环境和卫生。不过，弗洛伦蒂诺并不满足于一辈子就当个城管领袖。要想更深入地投身政坛就必须得加入一个党派，所以，弗洛伦蒂诺在 1979 年加入了民主中心党派，然后又以惊人的眼光看中了 1984 年刚刚成立的民主改革党。跳槽、运作、成为党派推举人、参加西班牙大选，一气呵成。

然后，1986 年民主改革党宣布解散……是的，由于他们在西班牙大选中票数太少没能拿到议会席位，所以大家决定就地散伙。从奠基到祭奠，这个政党在西班牙政坛其实就存活了短短的两年。

这次失败让弗洛伦蒂诺深刻认识到他和科班出身的文科生之间的差距，于是他决定把自己的专业捡起来，继续和土木工程打交道。

这次，他成功了。

在退出政坛之后，他和几个朋友共同收购了一个名叫 Padrós 的小型建筑公司，不仅趁着西班牙房地产业迅速膨胀的时期蓬勃发展起来，还走上了一条并购之路。

——1993 年，Padrós 公司与 OCISA 公司合并，新公司命名为 OCP 集团。

——1995 年，OCP 集团与西班牙著名的财团 Cobra 合并，顺便吞并了濒临破产的 Auxini 建筑公司。

——1997 年，OCP 集团与 Ginés Navarro 公司合并，把公司的名字正式更改为 ACS。

在短短 10 年之间，名不见经传的 Padrós 公司就变成了西班牙第一地产商 ACS 集团，而弗洛伦蒂诺也从一个短命政党的领导人摇身一变成为了 ACS 集团的总裁兼主席。

啊，这仿佛开了挂的人生。

这时候，在地产世界已经吞食天地的弗洛伦蒂诺环顾四周，发现已经没什么可吃的了，于是他的目光转向了一个新玩具——皇家马德里。

【谁能想到他能赢?】

其实早在 1995 年，弗洛伦蒂诺就参加了皇马主席的竞选，当时他的主要竞争对手是门多萨。

相比门多萨那“连续四任皇马主席、皇马五鹰缔造者、6 次西甲冠军、2 次国王杯冠军、4 次西班牙超级杯冠军、2 次联赛杯冠军、1 次联盟杯冠军”的简历，弗洛伦蒂诺的简历上就两行字：

A. 我是皇马第 2486 号会员。

B. 我很有钱。

然后呢，没了。

毫不意外地，弗洛伦蒂诺输掉了他人生中的第一次皇马主席竞选。5 年之后的 2000 年，弗洛伦蒂诺第二次参加主席竞选，这一次他的对手换成了“在担任主席期间曾经 3 年之内两夺欧冠”的现任皇马主席桑斯。

面对桑斯简历上的巨大荣誉，弗洛伦蒂诺依然没啥胜算。于是他在自己的简历上添上了新的一行：

A. 我是皇马第 2486 号会员。

B. 我比 5 年前更有钱。

C. 如果我当选，第一件事就是买下菲戈。

看到第三条时，皇马球迷炸锅了：“你说的是那个巴萨队长？主心骨？右路第一人？菲戈?!”弗洛伦蒂诺：是的，就是他。

这一切是怎么回事儿呢？下面请名侦探内德还原一下现场当时的场景。

时间：2000 年夏天

地点：某咖啡馆/小酒馆

出场人物：弗洛伦蒂诺和菲戈的经纪人维加

弗洛伦蒂诺：维加兄弟，你为啥唉声叹气？

维加：菲戈涨工资的事儿，我和巴萨总谈不拢啊。

弗洛伦蒂诺：我给你出个主意哈。我正在竞选皇马主席，先给你们 50 万美元，你和我草签个菲戈转会皇马的协议，然后拿着这协议去威胁巴萨，巴萨一看肯定立马给菲戈涨工资。

维加：就你？还竞选皇马主席呢？

弗洛伦蒂诺：就是说嘛，我肯定竞选不上。竞选上了这协议才生效，现在你只需要拿着协议去吓唬巴萨就行了，顺便还能白拿 50 万。

维加：成交。

于是，维加为了逼迫巴萨给菲戈加薪而放了这么个狠招，因为他觉得弗洛伦蒂诺根本没可能获胜。然而，就在维加把这份“菲戈抬价合同”放在巴萨面前时，弗洛伦蒂诺也同时把这份“菲戈转会皇马”的合同摆在了皇马球迷的面前。你可以想象，当看到“菲戈”名字的那一刻，对皇马球迷造成了怎样的视觉冲击。

皇马球迷：什么什么？一旦你当选皇马主席，你马上就能挖来巴萨队长？

弗洛伦蒂诺：是的，如果不能让菲戈加盟，我就会掏 850 万美元为俱乐部会员购买季票。

皇马球迷：那还等什么，把选票投给你！通通投给你！

2000 年 7 月 16 日，弗洛伦蒂诺以 55% 的得票率令人意外地战胜桑斯当选了皇家马德里新任主席。

这下，轮到菲戈傻眼了。因为弗洛伦蒂诺和维加草签的协议上约定，如果弗洛伦蒂诺当选皇马主席菲戈就必须转会，如果菲戈不转会就必须支付弗洛伦蒂诺高达 3000 万美元的违约金。你想啊，一个为了涨薪拿着自己和死敌签约去要挟母队的球员，会自掏腰包支付这 3000 万吗？所以，惊慌失措的菲戈只能去找巴萨高层，妄想让巴萨去支付这 3000 万。

巴萨看着这张账单，心头泛起一股愤怒和恶心。然后，巴萨扔给菲戈两个字：滚吧。

2000 年 7 月，皇马官方宣布：巴萨队长菲戈以 5610 万美元的当时世界第一身价转会到了皇家马德里。后来弗洛伦蒂诺形容此次交易为：“仿佛挖了巴萨的心。”

然而，当时弗洛伦蒂诺并没有时间欢庆胜利。因为他从桑斯手上接下的，不仅是前任“3年之内两夺欧冠”的巨大压力，还有一个欠债高达2.7亿欧元的烂摊子。再加上买菲戈的钱，弗洛伦蒂诺上任之后的第一要务就是——

还债。

【勤俭持家还贷款？太小儿科了】

在上任之初，有不少皇马高层都建议弗洛伦蒂诺兜售几个球星填补球队账户上的大窟窿。然而，这时弗洛伦蒂诺却把他这些年在政坛、商界、囤房炒房卖房圈子的打拼经验全放了出来，制作了一份“拆迁方案”摆在董事会面前。

董事会的老同志们很少见到弗洛伦蒂诺这样的操作，所以方案很快就顺利通过了。2001年，弗洛伦蒂诺与马德里市政府达成协议，将原来位于市中心的迪波提瓦训练基地以折合4.8亿欧元的价格卖给了市政府。这样，皇马不仅拿拆迁补偿还了债，还用剩下的钱在郊区重建了一个基地，新基地还比以前的面积更大、设施更全。而且，还完钱之后的弗洛伦蒂诺并没有勤俭持家奔小康，而是祭出了著名的“一年一巨星”政策。

回想起来，那是一个怎样的时代啊，皇马高举着“不求最好，但求最贵”的牌子，每年都收购一个全球最炙手可热的巨星。2001年，刚刚率领法国队拿到世界杯和欧洲杯双料冠军的齐达内来了；2002年，地球上已经没有对手的“外星人”罗纳尔多来了；2003年，全世界绿茵场上最帅的贝克汉姆来了；2004年，英格兰“金童”欧文告别了一手培养他的利物浦，抛家舍业地也来了……银河战队一期工程，就此竣工。

一个个巨星固然让球迷天天欢欣鼓舞，但问题是，皇马作为一个刚刚靠卖房子还完债的穷队，这些钱到底从哪儿来？其实，这种质疑从刚开始就有。甚至，在弗洛伦蒂诺签下齐达内时，各家报纸对这事儿的评论都是：“弗洛伦蒂诺是在给自己和皇马签署一份自杀令。”

对此，弗洛伦蒂诺的回答则是：花更多的钱才能赚更多的钱，因为这些巨星本身就是摇钱树。

然后，弗洛伦蒂诺就逮着这些摇钱树疯狂地晃了起来。比如，他会榨干每一个巨星的商业价值。他在买进菲戈时就把肖像权牢牢握在手里，菲戈签下的每一份代言合同，都要把一半的收益上交给皇马。又比如，弗洛伦蒂诺2011年为俱乐部注册了“皇马”运动服品牌，并在全世界范围内开设了多家连锁特许经营店。再比如，2002年皇马迎来百年庆典，弗洛伦蒂诺提前一年就公布了一系列庆典计划，各大赞助商早早就排着队来给皇马送钱了。

巨星效应的确让皇马收获颇丰。在弗洛伦蒂诺执掌皇马的前3年里，球队共获得了2次西甲冠军和1次欧冠冠军。而弗洛伦蒂诺的终极赚钱方法也逐渐浮出水面：他根本不屑于去买卖人口赚差价，而是要把皇马打造成为干净如洗衣粉广告、金贵如钻石广告、健美如运动鞋广告、品位如威士忌广告、成功自信如帝都别墅广告、健康长寿如保健品广告、一路顺风如汽车广告……从里到外无瑕疵的人肉移动活广告。

更重要的是，弗洛伦蒂诺在潜移默化间向世人灌输了一个理念：皇家马德里是世界上最大最好最高贵最有钱的足球俱乐部！

一旦有了这个耀眼标签，好球员，愿意来；赞助商，愿意来；投资商，愿意来。在那段时期，皇马的年度财政收入较上一赛季的提升率连续五年突破 10%，增长最疯狂的一年收入激增了 26%。有了钱之后，皇马就可以再买更好的球星，再赚更多的钱，子又生孙，孙又生子，子子孙孙无穷匮也……

2001 年，皇马年度收入大约为 1.37 亿欧元；2002 年，1.52 亿欧元；2003 年，1.92 亿欧元；2004 年，2.36 亿欧元，2005 年，2.75 亿欧元；2006 年，2.922 亿欧元，皇马由此正式超越曼联成为世界上营收最高的俱乐部！

毫无疑问，弗洛伦蒂诺的经营理念是先进的、超前的，甚至是自带上帝视角的，皇马的案例如今已经被收录进哈佛商学院，全球都在研究他们的生财之路。

但球队经营的毕竟是人而不是物品，所以这套经营理念依然有着 3 点致命的缺陷：

A. 成品的球星过几年就会老。

B. 并不是每年都能买到合适的新球星。

C. 万一战绩下滑怎么办?

于是，随着银河一期巨星们的老去，皇马的问题开始集中爆发了。

【齐达内 + 帕文，又是一个新名词】

回顾那些年弗洛伦蒂诺买下的巨星，会发现他们其实有些并不是最有用的，但是一定是最有商业价值的，而且要洁身自好，性格不能太坏，长得也不能太丑。

这一点大大限制了弗洛伦蒂诺的选材范围，也让他毫不犹豫地放弃了罗纳尔迪尼奥，选择了更符合皇马高贵气质和赚钱需求的贝克汉姆，即便小贝的位置和菲戈重合也在所不惜。而对于那些名气、颜值都不太够的球星……

2003 年那会儿，马克莱莱的工资在皇马阵中算是最低档的，但当他提出加薪申请时，却被弗洛伦蒂诺一口回绝。随后马克莱莱提出转会申请，远走切尔西。对此弗洛伦蒂诺毫不惋惜，他评论说：“我们不会想念马克莱莱，他的球技很平庸，缺乏盘过对手的速度和技术。而且，他 90% 的传球都是分边和回传。”

当然，结果就是打脸了。

2004—2005 赛季，西甲联赛刚刚开打三轮，皇马教练卡马乔就宣布辞职。一是因为巨星政策对防线补充的不重视让皇马开始头重脚轻；二是弗洛伦蒂诺抛出的“齐达内 + 帕文”概念让球队的生瓜蛋子们强行上线瞎鼓捣；三是球队大佬实在太多，更衣室崩了。

2005 年 2 月，接替卡马乔的代理教练雷蒙也表示“干不下去了”，前巴西国家队主帅卢森博格走马上任。这时候的弗洛伦蒂诺再次显示出了他对商业价值的无限追求，据卢森博格后来透露：“对阵赫塔菲的比赛中，因为贝克汉姆上半场被罚下，所以我在下半场换下了罗纳尔多。对此弗洛伦蒂诺大发雷霆，他要求我以后不能在比赛中换下罗纳尔多。”

很明显，在赚钱的球星不能赢球时，球队利益就会出现分歧。弗洛伦蒂诺想要秀，球队教练想要赢球。但是，总不赢球哪能有更多的秀？弗洛伦蒂诺当然也明白这个道理，所以他像一切被战绩和金钱逼上绝路的西甲主席一样——决定梭哈①。

2005 年 8 月，皇马斥资 9000 万欧元签下了罗比尼奥、巴普蒂斯塔、迪奥戈、巴勃罗・加西亚和拉莫斯。很明显，这时候弗洛伦蒂诺已经开始病急乱投医，不仅不要最高质量，连最高颜值也放弃了。这样临时拼凑的联盟自然没能拯救世界。

2005 年年底，由于战绩欠佳卢森博格辞职，技术总监萨基也跟着撂了挑子。2006 年 2 月，皇马先后在欧冠和联赛中不敌阿森纳和马洛卡，但这时候队内实在没什么有分量的角色能辞职了。

于是，弗洛伦蒂诺决定亲自扛下这口锅。2006 年 2 月 7 日，弗洛伦蒂诺辞去了皇马主席职务，结束了他在皇马为期 1962 天的统治。当他收拾行囊离开俱乐部总部时，门外守候已久的皇马球迷们高喊着“唯利是图”“皇马是俱乐部不是摇钱树”“滚回去卖你的房子吧”进行了夹道欢送。

2006 年世界杯之后，齐达内宣布挂靴，贝克汉姆、罗纳尔多、卡洛斯也相继离开。就这样，在巴萨梦二队开始接连收获冠军的时候，弗洛伦蒂诺和他的银河一期战舰一起走下了神坛。

【离婚之后，发现新娶的还不如前任】

2006 年 7 月，皇马官宣了一个新主席：卡尔德隆。

在担任主席的两年半时间里，卡尔德隆拿下了两个冠军，换了 3 任主帅，买了 20 个球员，花掉了 3 亿欧元。其实，这个成绩和消费水平基本还是配得上皇

① 梭哈：扑克牌游戏术语，指把自己带的现金一次性全部压为赌注。

马的。问题是，弗洛伦蒂诺已经把皇马从球队到球迷养成贵族范儿了，所以卡尔德隆的种种做法实在是不得民心。

其一，卡尔德隆热爱开空头支票。从刚刚就任皇马主席起，C 罗、卡卡的名字就成天在卡尔德隆嘴边上挂着。2006 年，卡尔德隆说 C 罗、卡卡一定会来，然后球迷等来的却是卡纳瓦罗、埃莫森、迪亚拉和范尼；2007 年，卡尔德隆继续说 C 罗、卡卡一定会来，然后球迷等来的却是斯内德、海因策、德伦特、萨维奥拉、佩佩、梅策尔德、杜德克。虽然其中许多球员都很有能力，但是豪华程度却一再降低。

其二，卡尔德隆热爱一拍脑袋就花钱。2009 年 1 月，卡尔德隆在冬窗挖来了亨特拉尔和拉斯・迪亚拉，等到欧冠注册的时候才知道按照新规则两人只能选一个增补进名单；从西汉姆联挖来了福贝尔，连球员自己都表示“我能加盟皇马简直就是天方夜谭”……

其三，卡尔德隆爆出了太多丑闻。在他执掌皇马期间，一再爆出公费旅游还带家属之类的光辉事迹，总之就是自己的工资基本不动，吃的喝的基本靠送，当个主席就是为了想方设法地捞钱，极大地刷新了皇马会员对自家主席认知的下限。

再加上连年欧冠 16 郎，收入增长速度大幅下降，多次被巴萨打残，内讧、伤病一个都不少，莫名解雇了带领皇马重新拿回西甲冠军的卡佩罗，接任的舒斯特尔第一年成功夺冠，第二年却扔下一句“我们不可能赢巴萨”就逃离了这个烂坑，甚至《马卡报》和《阿斯报》都倒戈了。等到皇马球迷回过味儿来，发现皇马钱没少花，球队却已经从银河战舰变成了近海游轮。

最后，皇马球迷一致认为：这个姓卡尔德隆的，绝对是马竞派来的卧底。

两相对比之下，皇马球迷开始万分想念一个人。虽然他赶走了莫伦特斯和耶罗，但至少没像卡尔德隆那样把皇马烤肉店承包给自家亲戚吧；虽然他大权独揽，但是他女儿做记者那么多年，却从来没报道过任何一条皇马内幕吧；虽然他的买人政策是有些跑偏，但皇马实打实地赚到钱了啊！

于是 2009 年 5 月 3 日，当皇马在伯纳乌被巴萨踢成了耻辱的 2∶6 时，球迷们沉默了许久，突然开始齐声高喊一个名字：“弗洛伦蒂诺！”

【他，回来了】

2009 年 5 月 14 日，弗洛伦蒂诺召开新闻发布会，正式宣布将参加夏天的皇马主席大选。

有了卡尔德隆时期那窝囊的两年半，皇马会员们这一次显示出了空前的团结。球迷们纷纷上街造势，媒体到处无偿宣传，真到了选举那会儿已经没了任何悬念——弗洛伦蒂诺以巨大的优势成功当选。

回归后，他做的第一件事就是为皇马描绘了这样一个未来："我们将用一支强大的球队和一幅超出人们想象的体育蓝图来吸引会员。除了这个，我们首先还需要解决俱乐部的当务之急，制定一套组织模式，以消除过去一段时间俱乐部经历过的不规范行为。对抗困难，我们会有一套稳定的计划；对抗动荡，我们需要把沉静摆在第一位；对抗失望，我们会有清晰的想法、超强的职业精神。"一系列排比句，让颓唐了很久的皇马球迷再次热血沸腾！

而且，弗洛伦蒂诺从来就不是一个只会吹泡泡的主席。他到任之后的第一个夏窗，皇马真切感受到——一切，都回来了。

2009年6月9日，官宣：卡卡正式加盟皇家马德里，转会费6500万欧元。

6月25日，官宣：克里斯蒂亚诺·罗纳尔多正式加盟皇家马德里，转会费9400万欧元。

7月2日，官宣：本泽马正式加盟皇家马德里，转会费3500万欧元。

8月5日，官宣：利物浦接受皇家马德里对哈维·阿隆索3300万英镑的报价。

短短3个月之内，弗洛伦蒂诺就疯狂地烧掉了2.5亿欧元，转会费纪录的棺材板压都压不住。

虽然C罗是卡尔德隆时期就敲定的，但在球迷看来，弗洛伦蒂诺上任之后马上就能把当时的英超、意甲、法甲的头号球星都带到伯纳乌，实在是立下了旷世奇功。而且，除了C罗、卡卡、本泽马这三巨头之外，哈维·阿隆索、阿尔比奥尔、阿贝罗阿、内格雷多等一干西班牙球员的加盟也让皇马重新构筑了自己的土著军团。又过了一年，德甲的厄齐尔和赫迪拉也先后到皇马报道。

不过，弗洛伦蒂诺在银河战舰一期工程时的消费行为有过之而无不及，但他最终却和自己的战舰一起沉没了。那么，球迷们肯定有两个问题要问：船为什么会沉？以及，新船还会不会再沉？

【银河战舰一期工程质量分析报告】

在第一次当主席的那几年，虽然弗洛伦蒂诺在赚钱和买人方面表现出了"真命天子，哈哈哈哈"的水平，但这些方面的成功也大大助长了弗洛伦蒂诺对于皇马的控制欲，最终让他膨胀成了一朵蘑菇云。

比如，2002—2003赛季皇马夺得西甲冠军的第二天，弗洛伦蒂诺就解雇了时任主教练博斯克。直到今天，博斯克为什么被炒鱿鱼仍然是个谜。官方说法是因为"博斯克已经显示出能力的衰竭"（弗洛伦蒂诺原话）；坊间传闻是因为博斯克与弗洛伦蒂诺的关系早已交恶；时尚界猜测是因为博斯克长得过于乡土，气质太像面团不符合皇马的贵族之风；爱国主义者最后拍板定论：弗洛伦蒂诺这是为国牺牲，把最好的教练让给了国家队……

好吧，不管为了什么，当年博斯克的下课都引起了世界足坛和皇马更衣室的轩然大波。皇马队委会书记耶罗和副书记劳尔明确站出来表示抗议，然后弗洛伦蒂诺立刻枪打出头鸟，把耶罗扫地出门。耶罗和博斯克的含恨离去让皇马在球场上和更衣室内都失去了主心骨，这也是白衣军团在此后三个赛季都无缘冠军的重要原因。

而且，博斯克事件只是弗洛伦蒂诺一期工程期间行事风格的缩影，总体来说他在那段时间表现出了以下两个特点。

其一，这队除了我弗洛伦蒂诺之外，所有人都不是非卖品。耶罗由于维护博斯克被逼离队，马克莱莱因为要涨工资被甩卖到英伦，抛弃莫伦特斯是为了给罗纳尔多腾位子，以及，提前一年与菲戈解约。可怜菲戈当年可是弗洛伦蒂诺当选皇马主席的头号功臣，但是5年之后就被嫌弃人老珠黄。

其二，这队除了我弗洛伦蒂诺之外，其他人都没有决定权。在银河一期，弗洛伦蒂诺除了兢兢业业做个主席之外，还插手了球队转会、排兵布阵甚至换人调整等大大小小的事儿，达到了“上到卖军火、下到抄作业”的权力全覆盖。

总之，用两个字形容弗洛伦蒂诺那时候的经营方略就是——独裁。

虽然皇马的经济赶上了资本主义发展的大潮，但政治上却仍然停留在封建社会。最终的结果：主教练想要的不给买，几任主帅只能靠劳尔·布拉沃、梅西亚和帕文们勉强支撑防线；主教练不想要的硬塞，贝克汉姆和菲戈位置重叠，欧文、罗比尼奥压根就不是当时皇马需要的类型。再加上弗洛伦蒂诺对商业价值的重视达到了走火入魔的程度，所以……

一般的主席：这球员可以提升战绩，所以买。

阿布拉莫维奇：这球员我喜欢，所以买。

弗洛伦蒂诺：这球员能赚钱，所以买。

主教练：喵喵喵①?

当战术需要和商业需要冲突时，弗洛伦蒂诺总是一拍大腿就把赚钱放在第一位。于是皇马球迷不乐意了：“我们作为一家会员制的俱乐部，又不用资本积累，如果成绩还在原地踏步，那你现在赚两亿花两亿和之前赚一亿花一亿到底有什么区别?”

所以，随着银河一期的老去，弗洛伦蒂诺在皇马的第一段旅程也走到了头。

为什么要说这些呢？因为只有明白了弗洛伦蒂诺在银河一期时的中央集权，你才能理解他对穆里尼奥是真爱。

---

① 喵喵喵：网络用语，表示莫名其妙。

【穆里尼奥来了，一切都变了】

其实在弗洛伦蒂诺二进宫之后，他最先看中的主教练是温格。因为教授符合弗洛伦蒂诺所有的选材标准，比如温文尔雅风度翩翩，比如底蕴深厚战术华丽，比如往场边一站就浑身上下透出一股子超凡脱俗的贵族气息，简直完美匹配皇马啊。

然而，温格却很快拒绝了弗洛伦蒂诺的邀请。弗洛伦蒂诺后来在采访中透露，温格拒绝的原因是觉得自己“肩负着阿森纳的过去和未来”。

没办法，在时任皇马体育总监巴尔达诺的建议下，弗洛伦蒂诺选择了和温格经历、打法、身材都相似的佩莱格里尼。遗憾的是，佩工拿着 2.5 亿欧元的引援打了一个赛季，结果却依然是“欧冠 16 郎”的唯一指定冠名商。

终于，弗洛伦蒂诺痛下决心，签下了穆里尼奥。对于皇马来说，穆里尼奥桀骜不驯的脾气是个隐患，但是他却有着其他主教练所没有的正向指标——有能力、有颜值、有话题度、有影响力、荣誉一大把、气场强大。总之，进可驱鬼，退可镇宅。

就这样，穆里尼奥带着一腔野心来到了伯纳乌。

第一天，他视察了球场，参观了荣誉室。

第二天，他掏出小本本写下了引援名单。

第三天，他被告知“引援这事儿吧，主席心情好的时候主席说了算，主席心情不好的时候体育总监说了算”。

穆里尼奥：喵喵喵？

咳咳，说到这里必须要先给大家普及一下英超教练和西甲教练在权力上的不同。在英超，球队的主帅其实被称为经理（Manager），而不是教练（Coach）。因为像弗格森、温格这些老派教头，他们除了为球队制定战术并选择上场球员之外，还在转会市场、球员工资、球探系统、青训体系上有着绝对的控制权。老板和高层只需要专注于怎么赚钱就行了，至于钱怎么花，只要不超预算，完全是主教练说了算。

而在西甲，主教练就是主教练。在引援方面，体育总监负责制订俱乐部的长期规划，亲自选择或与主席共同选择主帅人选，从而避免财政上的重复浪费和球员的大幅度变动。比如，弗洛伦蒂诺两次给银河战舰攒零件，体育总监巴尔达诺都是他的左膀右臂；又比如，贝吉里斯坦也是以体育总监的身份为巴萨绘制建队蓝图，从而形成了梦三期的基础。体育总监模式的优点在于“让最专业的人去做最专业的事”，而缺点在于主教练对于转会的话语权严重不足。

这一点，是穆里尼奥完全不能接受的。毕竟，穆里尼奥在英超就经历了一个爱给乱塞人的阿布，刚到国际米兰过了几天舒心日子，来到皇马又要和别人抢班夺权？

于是，在隐忍了一年之后，穆里尼奥和体育总监巴尔达诺的矛盾趋向白热化。

当然，穆里尼奥有足够的资本这么做。在执教皇马的第一个赛季，皇马在欧冠摘掉了“欧冠16郎”的称号，进入了四强；在国王杯战胜巴萨夺冠，这是皇马2008年以来首次赢得国家德比。所以，对于弗洛伦蒂诺来说这是个两难的选择：左手边是好兄弟巴尔达诺，很多年来一直并肩作战；右手边是“新媳妇”穆里尼奥，挥舞着漂亮的战绩亭亭玉立。

最后，弗洛伦蒂诺的选择是……

2011年7月23日，皇马在其官方网站上宣布：“皇家马德里董事会已经通过了改组管理层的决议。何塞·安赫尔·桑切斯将成为新任总经理，曼努埃尔·雷东多将负责主席办公室的事务，主帅穆里尼奥则将兼任球队的体育总监。”

这则消息翻译成白话文就是：“皇马正式废除了内阁制度，哦不对，体育总监制度，穆里尼奥从此将独揽一切竞技层面事务的大权，包括签约球员、接管青训、安排球队出行以及选择队医。”

那句话怎么说来着——新闻越短，事儿越大。

【然而，事情并没有那么简单】

在赶走了巴尔达诺之后，穆里尼奥终于可以按照自己的想法玩儿了。2011—2012赛季开始前的夏窗，皇马收购了5名球员，除了瓦拉内是齐达内推荐之外，沙欣、卡列洪、阿尔滕托普和科恩特朗都是穆里尼奥指定的引援对象。

而穆里尼奥也没有辜负弗洛伦蒂诺的信任。在能量爆棚的“穆二年”，皇马打出了联赛22轮不败的骄人战绩，以100分成为西甲历史上单赛季得分最高的冠军，连续第二个赛季打入欧冠四强。更重要的是，这一成绩冲破了巴萨对联赛冠军长达3年的统治，让生活在宇宙队阴影下的皇马球迷看到了希望的曙光。

那个赛季结束之后，弗洛伦蒂诺把一份6年的长约摆在了穆里尼奥面前。

6年是个微妙的数字，这不仅意味着弗洛伦蒂诺肯定穆里尼奥已经取得的成绩，而且意味着——在2017年皇马主席下一次大选之后，弗洛伦蒂诺依然想和穆里尼奥继续携手走下去。

简直是一份白头偕老宣言。

不过，穆里尼奥并没有接受这份合同，因为他觉得当时的合同已经足够长了，一切等蜜月期过了再说。弗洛伦蒂诺恐怕要庆幸穆里尼奥的选择，因为仅仅一年之后，他就亲自宣布了穆里尼奥下课的消息。

他们之间，终于还是出现了裂痕。2012—2013 赛季，皇马的各种矛盾开始集中爆发。大牌云集、派系林立、水位太深，穆里尼奥冷落了功勋队长卡西利亚斯，并参与了更衣室西班牙帮与葡萄牙帮的内斗。以及，他的处处树敌、讽刺对手、打法保守、对大牌明星不屑一顾、为了胜利不择手段的表现，都与贵族气质的皇马格格不入，而且已经伤害到了弗洛伦蒂诺最重视的球队形象。这一点，触及了弗洛伦蒂诺的底线。

对于此事，《米兰体育报》点评得恰到好处："穆里尼奥妨碍的不是皇马的主席，而是皇马的传统。"

虽然弗洛伦蒂诺曾经为了穆里尼奥甘愿低头交权让皇马的管理方式进一步向着英超俱乐部靠拢，虽然在穆里尼奥执教期间弗洛伦蒂诺几乎是动用了一切的资金、资源、精力和诚意去支持——让穆里尼奥大权独揽，从不干涉穆里尼奥的战术和管理，甚至为了照顾门德斯的生意高价买下了多个球员。但当一切已经演变成为一场闹剧的时候，对立的双方究竟谁对谁错已不再重要，对于弗洛伦蒂诺而言，这永远是一道两害相权取其轻的选择题。

所以，弗洛伦蒂诺唯一的选择就是——离婚。

穆里尼奥：我最后想问一个问题……

弗洛伦蒂诺：爱过。

【村里又来新人了】

穆里尼奥走之前，留下的是球员各立山头的烂摊子。而收拾烂摊子的最佳人选，当然是足坛老好人、更衣室心理学家、温和派领袖、顶级和稀泥大师——安切洛蒂。

其实，一般人是不敢接皇马教鞭的。因为这球队实在太闹心了，媒体、球员、球迷，一个比一个难伺候。所以，你得佩服安切洛蒂，因为他居然把各方都伺候得不错。

而弗洛伦蒂诺也展现出了又一次的大手笔，2013—2014 赛季夏窗一开，皇马就开始漫天撒钞票。贝尔、卡瓦哈尔、卡塞米罗、伊斯科、伊利亚拉门迪依次来伯纳乌报到，再加上从预备队提拔的莫拉塔、纳乔，安切洛蒂迅速地把球员团结在一起，以 BBC（本泽马、贝尔、C 罗）为核心，以攻守平衡为原则，一路哇呀呀地冲杀过来。

在执教皇马的第一个赛季，安切洛蒂就率队举起了皇马的第 10 座欧冠冠军奖杯，并且拿下国王杯。如果不是在倒数第二轮掉队，安帅甚至可能在处子赛季就拿到三冠王。再加上之后的欧洲超级杯和世俱杯，安切洛蒂在 2014 年一共率领皇马拿到了 4 座冠军奖杯，创造了俱乐部历史纪录！

长此下去，霸业可成，皇马可兴！

然而过了一年，安切洛蒂也下课了……

2014—2015 赛季，皇马三线崩盘。欧冠被尤文淘汰，联赛中被马竞双杀，老佛爷甚至重出江湖，亲自到皇马队内整风。不过，那个赛季皇马还是拿到了联赛第二，再加上安切洛蒂的好人缘和之前的优异战绩，当时大部分皇马球员都在力挺安切洛蒂。《阿斯报》甚至还做了个民意调查："你最想看到谁成为皇马下赛季主帅？"结果有高达 43.9% 的球迷希望安切洛蒂留任。

尽管如此，安切洛蒂还是下课了。曾经有记者在新闻发布会上逼问弗洛伦蒂诺："意大利人到底哪里做错了？"当时弗洛伦蒂诺犹豫了一下，然后说："我不知道，可能因为皇马对主帅的要求真的很高。"

好吧，这就是皇马主帅的命运：生得计划，死得随机。在最没人性的老板方面，老佛爷又完胜了阿布一局。

紧接着入主的贝尼特斯，让皇马球迷更加怀念安切洛蒂。因为贝尼特斯入主之后，从未在西甲战胜过排名前三的对手，胜率和进球率创造了 2010 年以来的新低。结果毫无悬念——从皇马主教练到皇马前任主教练，贝尼特斯只用了 215 天。

然后，还没等球迷们对未来有太多猜测，新主帅齐达内已经走马上任。从安切洛蒂到贝尼特斯到齐达内，三任主帅按顺序排列，组成了一部头发的退化史。

【老佛爷，究竟带给了皇马什么?】

其实，弗洛伦蒂诺和齐达内之间有很多事值得说一说。

比如，他们俩曾经一起出席了 2000 年欧足联在摩纳哥举行的聚会。在那次吃饭喝酒撸串的间隙，弗洛伦蒂诺递给齐达内一张餐巾纸，上面写着"你愿来皇马吗"，齐达内在餐巾纸上写下"是的，我愿意"。半年之后，皇马官宣签下齐达内，这段小故事也成为弗洛伦蒂诺"撩汉子"方面的佳话。又比如，弗洛伦蒂诺始终对齐达内非常器重，2009 年二进宫后邀请法国人担任其私人顾问，之后又让他从二队主帅直接拿起了一队的教鞭。

当然，齐达内的确超额回报了弗洛伦蒂诺的信任。他以代班主教练的身份拿到了 1 个西甲冠军、2 个世俱杯冠军、2 个超级杯冠军、1 个西班牙超级杯冠军以及三连号的欧冠冠军。而弗洛伦蒂诺也给了齐达内比其他人更多的支持，他接受齐达内不让 J 罗上场的决定，而对于贝尼特斯——他曾经要求拉法在国家德比中必须安排 J 罗、本泽马、C 罗、贝尔同时上场，结果球队以 0∶4 惨败。

弗洛伦蒂诺就是这样，他会给信任的人无限的支持，但一旦他失去对此人的信任，也会毫不犹豫地就挥起屠刀。上一秒歃血为盟，下一秒割袍断义，真正的枭雄所为。

而他的这种气质配上他的商业天赋，究竟带给了皇马什么？

其一，他把皇马变成一台疯狂的印钞机。巨星政策让皇马在全球的影响力一升再升，从2006年开始，皇马爬到了“世界最赚钱俱乐部”榜首，而且在这个位置上一坐就是10年，直到2016年才因为英超的巨额转播合同被曼联赶超；2017年，皇马和阿联酋航空续签了4年合约，以每年7000万欧元超越了曼联从雪佛兰那里拿到的6200万欧元的赞助，成了“全球第一胸”；同年，皇马的商业收入突破了3亿欧元大关，在拉赞助方面完成了对巴萨的反超。

其二，他带给皇马良好的薪金结构。他从不允许有球员凌驾于球队之上，厄齐尔、迪马利亚、拉莫斯闹加薪时他所采取的强硬态度，让皇马能够用最合理的价格留住球员。截至2017—2018赛季，千万年薪的只有C罗、贝尔、克罗斯、拉莫斯；500万以上级别的有莫德里奇、本泽马、伊斯科、马塞洛；500万以下白菜价的有纳瓦斯、卡塞米罗、瓦拉内、卡瓦哈尔、科瓦契奇、巴斯克斯；还有看着都于心不忍的120万的纳乔和100万的阿森西奥。弗洛伦蒂诺给球员灌输的思想只有一个：皇马是最好的俱乐部，如果你为了钱而为难球队，那么好走不送。

其三，他在一次次失败中总结改变，给皇马确定了更好的发展方向。阿隆索、莫德里奇、瓦拉内、科瓦契奇、卡塞米罗，这些球员的特点都是他之前所忽视的，而二进宫之后他却果断为他们掏出了钱包。从银河一期到现在，弗洛伦蒂诺的消费理念从无脑堆砌巨星转变为实用主义，这无疑是更加稳固而长远的发展思路。

毫无疑问，弗洛伦蒂诺是个真正的商业大咖。

在2017年之后的转会泡沫期，他选择了屯小妖、改造球场；当在土豪开始围攻解约金时，他早已经把球队核心球员的解约金都提升到了新高度；他在谈判方面有着无数的神操作，曾经用临时合约签下菲戈，用餐巾纸拿下齐达内，在游艇上买下罗纳尔多，亲顾茅庐说动本泽马……如果真有需要，他甚至可能拿出一份大合同去续约拂尘、桃木剑和道袍。

这就是弗洛伦蒂诺，所有的消费方式和策略转变，都以皇马的需要为本。

他曾经说过：“我情愿在一个优秀球员身上花巨资，而不是五个次一点的。皇马不像其他俱乐部，今年花300万欧元买一名球员，明年卖出2500万。如果要为一名球员花1个亿，我们掏钱时眼睛都不会眨一下。”

他也曾经说过：“告别亡妻之后，我现在只爱皇家马德里。”

如果说前者是他的经营理念，那么后者就是他的毕生信仰。

虽然在他身上有太多的是非争议，但文章最后，让我们向这位老人致以崇高的敬意。感谢他为皇马所做的一切。

CHAPTER 5

那些年我们迷过的足球

铁血军团，马德里竞技

如果你翻看西甲的历史，会发现比利亚雷亚尔、马洛卡、瓦伦西亚、萨拉戈萨、皇家贝蒂斯等许多曾经辉煌的西甲球队都走过非常类似的沉浮之路。他们来了，他们火了，他们没钱了，他们走了……江湖上只剩下一段传说。

于是，我们不禁开始担心另一支球队的未来。他们看起来比以上球队更稳定、更坚挺，他们以一己之力在“西甲双雄”的基础上硬是创造了“西超”这么个名字，并且在西班牙华丽的背景板上，涂下了一抹铁血的色彩。

他们就是——马德里竞技。

【独在异乡为异客，每逢建房瘦十斤】

有些人输在了起跑线上，有些人生在了终点线上。此类戏码在古今中外角角落落每天都在上演，足球也不例外。在马德里的地界上，皇家马德里几乎集结了所有的优势资源，而马德里竞技一直是那个颜值挺高、表现挺好，但绝对不可能拥有王位继承权的小儿子。

甚至，他们都不是亲妈生的。

1903 年，三个在马德里求学的巴斯克学生想成立一家足球俱乐部，一方面丰富自己的课余生活，保证德智体美劳全面发展；另一方面也想借着老乡会的形式和当地俱乐部搞搞联谊，团结一下出门在外的巴斯克人民。于是，这哥仨回家去找自己家乡球队竞技俱乐部（毕尔巴鄂竞技的前身）聊了聊，然后决定搞出个竞技俱乐部马德里分部，俗称“马竞”。

在成立之初，马德里竞技和（毕尔巴鄂）竞技俱乐部一直穿着同款球衣，由于其卫星俱乐部的特殊身份，他们甚至连独立参加国王杯的资格都没有。直到 1907 年，马竞才正式从毕尔巴鄂竞技独立出来，两支球队由上下级变成了好朋友。

后来，他们在马德里租下了大都会体育场作为自己的主场，默默在皇家马德里的眼皮子底下发育成了一支强队，在 10 来年间先后拿下了 4 个西甲冠军。是的，在 1951 年之前马德里竞技账本上的西甲冠军其实只比他们的“母公司”毕尔巴鄂竞技少一个，简直让巴斯克人民感慨：“对不起，我想竞竞。”

不过，随着马竞的成绩节节攀升，俱乐部高层开始觉得“我们作为一支强队，不能长期租房子住啊”。所以在 1950 年 4 月 15 日这天，马竞决定以 1180 万比塞塔的价格正式把自己租的大都会体育场买下来。熟悉西甲套路的球迷们，此时多半能猜到其剧情的发展：买房→还钱→变穷。

说起来，皇马和巴萨也曾有过因为建伯纳乌和诺坎普而背负房贷的苦日子。但是，这两家俱乐部都是当地的太子爷，所以他们可以找银行贷款，找政府帮忙，找会员集资，找赞助公司搞到长期按揭和短期贷款。但这事儿搁在没门没路的马竞身上就没这么容易了，于是他们只能选择最简单粗暴的还贷手段——卖球员。

在卖了几个顶梁柱之后，这支冠军球队第一个赛季掉到了第四，第二个赛季掉到了第八，第三个赛季掉到了第十一……来啊，卖家当啊，学霸三步变学渣。

马竞买球场带来的苦日子一直到了 10 年之后才缓过来，经历了漫长的蛰伏之后，1959—1960 赛季他们终于杀回联赛前列，并且拿下了球队历史上首座国王杯冠军。

对于马竞来说，1961 年的春天是温暖的，球队成绩好转、财政好转，开始在欧洲赛场上有所突破。然后马竞高层觉得“我们不能躺在现有层次上睡大觉啊，我们得吸引更多的观众、更多的会员啊，这么安逸的环境不利于球队铁血性格的养成啊”，一通讨论之后高层觉得解决以上问题的最好办法是：“要不，我们再盖个新球场?”

好吧，苦日子又来了……

【这时候，总得有人站出来扛下球队】

由于新球场建设的进展极为缓慢，马竞财政危机的大坑越挖越深。1963 年，球队被迫将队内最值钱的前锋华金·佩罗卖出，俱乐部似乎又开始走上了“越穷越卖，越卖越穷”的老路。为了找人接手这个烂摊子，马竞不得不在 1964 年改选了主席。危难之中，马竞历史上最伟大的主席——维森特·卡尔德隆接下了这个职位。

伟人之所以伟大，就是因为他们能挽狂澜于既倒，扶大厦之将倾。卡尔德隆接手球队之后，商人出身的他通过引入投资和勒紧裤腰带等多种方法，不仅把球队的成绩稳在了第一集团，还以独到的眼光签下了何塞·加拉特和阿拉贡内斯（对，就是我们熟悉的那位阿拉贡内斯）。这两位射手分别在 1964 年和 1966 年加盟球队，在之后的岁月里联手打入 232 球，拿了 4 次联赛金靴，为马竞奠定了优良的神锋传统。

然后，球场也差不多盖好了。1966 年 10 月 2 日，新的大都会体育场开启了边建边用模式。更神的是，此前一个赛季马竞力压皇马拿下了联赛冠军，带着奖杯昂首搬入了新球场。边建球场边拿冠军，瓦伦西亚泪流满面……

不过，卡尔德隆主席并没有停下自己的脚步。在那之后，马竞又吃进了乌法特和伊鲁埃塔（就是后来成为超级拉科主帅的伊鲁埃塔），与加拉特和阿拉贡内斯一起组成了一支年龄结构合理、战术攻守兼备的球队。1969—1970 赛季，马竞在最后一轮力压当年的“母公司”毕尔巴鄂竞技，拿下了球队的第 6 座西甲联赛冠军奖杯。

1971 年，新大都会体育场的最后一个看台终于竣工，成了全西班牙第一座拥有 62000 个座位的球场。在温锅庆祝之前，俱乐部决定给球场起个新名字。其实，这个名字毫无疑问，毫无争议，毫无讨论的必要，当然是：维森特·卡尔德隆球场。

在这座球场里，马竞迎来了自己又一个黄金时代。20 世纪 70 年代，他们拿到了两次联赛冠军、两次国王杯冠军、一次欧冠亚军和一次洲际杯冠军。而且，他们全员作战、勇敢拼搏、不知疲倦、稳扎稳打的俱乐部 DNA 也在悄然形成。这一切都让马竞球迷质朴地相信：即便没有踢法特别绚烂的明星，他们依然能够用积极弥补天赋，最终跑碎对手的肺……

然而，一切并没有想象的那么顺利。这时的马竞遇到了所有王朝都会面临的问题：辉煌了一段时期之后，他们的主力阵容到岁数了。

因为换血，马竞开始了新一轮的财政危机。1979—1980 赛季，马竞在联赛中只拿到了第 13 名，而且在欧洲联盟杯第一轮就早早打道回府了。之后的几个赛季虽然战绩有所好转，但是没钱的问题却始终没办法解决。当时已经退居二线的卡尔德隆甚至重新出山拯救球队，然而这次的坑实在是深不见底。

——1985 年夏天，球队眼瞅着再不平账就要彻底垮掉了，只能把在之前刚刚拿到联赛金靴的墨西哥球星乌戈·桑切斯卖给了同城死敌皇家马德里。

——1987 年 3 月 24 日，卡尔德隆主席在俱乐部加班时突发心脏病，永远地离开了他挚爱的马德里竞技。

一个时代就此终结。

3 个月后，另一位将对马竞产生深远影响的俱乐部主席走上了历史舞台，他就是赫苏斯·希尔。

【一个奇葩的主席】

在伟大的卡尔德隆之后接手球队，又赶上球队财政风雨飘摇的当口，按理说赫苏斯·希尔应该低调行事。然而，这位主席的人生词典里充满了无数华丽的形容词，唯一缺少的就是这个“低调”。

比如，他是个有名的大嘴巴，曾经在街头遛弯的时候对妓女们破口大骂，尽管他年轻的时候还在类似的第四产业中当过会计；比如，他是个著名的房地产商，曾经建过一座没有设计图、施工许可证、监理师的三无建筑，然后这楼盖起来不久就塌了，还砸死了58名住户；比如，他脾气乖戾、喜怒无常，曾经被前皇马主席门多萨赶出过贵宾包厢；除此之外，他的履历上还写着合同毁约、和其他俱乐部老板掐架、和裁判对骂、为佛朗哥建雕像、买通其他俱乐部的主教练打假球等斑斑劣迹。

对于马竞来说，希尔唯一的优点大概是：他是马竞的铁杆球迷，真的很爱这家俱乐部，虽然，他爱的方式总是很独特。

在希尔上任之后的最初几年，他先后办了两件大事。

第一件，解散球队青训营。是的，你没有看错。希尔“登基”之后首先就把青训的孩子们赶走了，因为他觉得养孩子实在太慢太费钱了，有这工夫还不如直接买。

这样做的好处是，他大手一挥就签下了富特雷、巴尔塔萨等一众球星，前者后来入选了马竞的名人堂，后者至今还保持着马竞的单赛季个人进球纪录；坏处是，由于他解散了青训营，所以一群无家可归的孩子只能自己找下家。其中一个小朋友兜兜转转去了同城的皇家马德里，他的名字叫劳尔……

当然，1992年的马竞球迷还不知道自家主席放走的是个多大的宝贝。他们只知道，通过希尔的一系列投资改造计划，马竞在这位新主席上任的前4年里都稳居联赛前四，1991—1992赛季他们还击败了对门的皇马，捧起了国王杯冠军，真是太爽了。

然而，球迷还是太年轻了，因为希尔很快就完成了他的第二件大事——重组俱乐部。

1992年7月，希尔把马德里竞技改制成为一家股份制的俱乐部。这在当时政府强制要求股份化的当口上倒也不是什么新鲜事，但问题在于改制的过程中希尔动了歪脑筋。他和后来也成为马竞主席的恩里克·塞雷佐一起“收购”了俱乐部高达94.5%的股权，认购款却一直都是两张空头支票，“空手套白狼”这事儿甚至直到超过诉讼时效了才被发现。至今，马竞还有57%的股份掌握在希尔家族的手里，就连万达集团后来入股时都没能撬动。

当然，这些黑幕马竞球迷当时也不知道。对他们来说，重要的是1993—1994赛季马竞在3球落后的情况下梦幻般地连进4球逆转战胜了巴萨，一切还是那么爽。

就这样，希尔把马竞成功搞成了自己家的俱乐部，然后他的心气儿就更足了。一方面，床单军团开始成了造星工厂，基科、卡米内罗、西蒙尼等一大堆球员被买来之后踢了没多久就身价大涨；另一方面，马竞也成了主帅的“断头台”，因为希尔对教练毫无耐心，前7年换了8个教练，最奇葩的开除理由居然是“那个教练在全家福里的颜值对不起马竞的形象”。

不过在这波教练走马灯中，希尔总算找到了一位大神级人物，他就是山东人民和河北人民的好朋友——安蒂奇。

【从天堂到地狱】

1995—1996赛季，安蒂奇开启了自己的神奇之旅。他在完全不被看好的情况下一路带着马竞在联赛和国王杯双线齐飞，并且都杀入了最后的决战。1996年5月25日，马竞只要在最后一轮主场击败阿尔巴塞特就能拿下联赛冠军。那一天，卡尔德隆球场创纪录地涌进了70000多名观众，一时间锣鼓喧天、鞭炮齐鸣，大家都在等待着球队创造新的历史。

然后，球队真的赢了。进球的是当时的马竞国王基科和当时没人能想到他将是后来的国王、领袖、扛把子、山大王、斧头帮帮主的西蒙尼。几天之后的国王杯决赛，球队又赢了，成就双冠王伟业！兴奋的希尔因为找不到让自己显得足够伟大的马，所以骑着大象参加了马德里市内的庆祝仪式……

这样的主帅，这样的战绩，是不是百年不遇？是不是应该稳稳地带着球队继续一路走向巅峰？

希尔微微一笑：当然不是。

在之后的一个赛季里，安蒂奇交出了联赛第三、国王杯半决赛、欧冠半决赛的答卷，然后希尔给他的奖励是一张下课通知书……好吧，炒教练是种惯性，希尔根本就停不下来。

当然，希尔也不完全是固执的。他在球队夺得双冠王的那个赛季重建了青训营，然后签下的第三个小朋友名叫费尔南多·托雷斯。

当然，他的转变绝对不是没有原因的。主要原因有两个：其一，1994—1995赛季17岁124天的劳尔代表皇马上演了处子秀，并且在随后的赛季一口气轰进了19球；其二，马竞又没钱了。

这并不奇怪。这么多年马竞的青训营不造血，只能靠着买买买，很贵啊；这么多年希尔随心所欲地炒教练，截至2000年一共炒掉了16个主教练和5个代理教练，这一笔一笔的违约金、遣散费、精神损失费、“主席是二货但是不能说”封口费，也很贵啊；再加上球队一直在马德里就是一平头老百姓的朴素形象，在商业赞助上没啥发展，青训又不是一天建成的……

为了成绩，希尔只能继续烧钱。1997年，他花了1650万美元从尤文图斯买来了维埃里，一年之后因为缺钱又把这个刚刚拿到西甲金靴的强力神锋转卖给了拉齐奥；1998年，基科在打巴萨的比赛中严重受伤，锋线无人可用；1999年，希尔再次斥资3200万美元从利兹联买来了哈塞尔巴因克。

这回，球队终于穷得爬不起来了。于是，希尔迈出了他人生中最铤而走险的一步。

【希尔最后的日子】

1999年10月19日，西班牙宪兵包围了卡尔德隆球场，对马德里竞技俱乐部进行了全面的搜查。搜查原因是，国家法院怀疑希尔在担任马贝拉市市长期间通过虚假发票和商业文件，挪用了市政府2900万美元用于支付马竞的转会费。

此外，法院还怀疑他一边把公款挪给马竞，一边还从马竞把钱挪到自己口袋。1998年1月，马竞花费2000万美元“购买”了4名非洲球员，然而这几名球员既没有在卡尔德隆球场出现，也没有被外租给其他俱乐部，反倒是希尔的建筑公司在同一时期入账了差不多数额的不明汇款。

不过，希尔宁愿冒着坐牢的危险，也不愿意出售自己手里的股份还债，并且在案发之前未雨绸缪地通过公证处把马德里竞技队大部分股权都转移到了儿子的名下。

好吧，我们真不知道该怎么形容这位主席了。

虽然后来因为证据不足希尔没有入狱，但是在对希尔调查期间，马竞却被托管了。这一折腾麻烦可就大了，比如主席没了债还在，临时接手的俱乐部负责人路易斯·鲁比上任之后第一件事就是把何塞·马里和查莫特打包卖给了AC米兰，后来甚至提出将卡尔德隆球场抵押来支付欠税务局的钱；又比如主席没了人心散了，球员们都忙着找下家根本无心踢球。最终，在赢得双冠王4年之后的1999—2000赛季，马德里竞技降入了乙级。

2001年4月，法院最终判决，将俱乐部还给希尔家族管理。眼看着自己的球队已经身处乙级，老希尔又拿出了他当年刚接手球队时那股子给球队填财政坑的劲头。只不过这一次，他选择了只砸时间不砸金钱。

首先，希尔宣布全员降薪，节省开支。有的球员马上就接受了降薪计划，比如后卫安东尼·洛佩斯等一批青训小将。还有基科，甚至宣布将免费为球队在乙级服务一年。然后，希尔开始清理那些不愿意降薪的球员，包括巴拉圭后防双子星座加马拉和阿亚拉、捷克国脚中场大将拉德克、本土新秀前锋克雷阿、主力守门员托尼以及刚刚拿了联赛金靴的哈塞尔巴因克。再然后，希尔开始了靠青训打天下的日子……

人生就是这么讽刺，最先放弃的青训营成了马竞最后的救星。2001年5月27日，17岁零68天的托雷斯上演了自己在西乙的处子秀。2002—2003赛季，马竞重新杀回西甲；2003—2004赛季，19岁的托雷斯在西甲的第一个赛季就打入了19个联赛进球，并且成为球队历史上最年轻的队长。

2004 年，统治马竞长达 17 年的希尔告别了人世。他最后的遗言是："我已经失去了一个劳尔，我不想再失去托雷斯。让他的经纪人离马德里竞技远一点，你们不要卖了 Nino（托雷斯昵称）。"

然而 3 年之后，托雷斯以 3500 万欧元的高价转会利物浦。

【马德里竞技会回来的】

就这样，马德里竞技先后经历了卡尔德隆时代和老希尔时代，两位主席都深爱着马竞，不过区别在于前者特别能做事儿，而后者特别能"作"事儿。老希尔在 2004 年离开人世后，当年一起"骗取"马竞股份的恩里克·塞雷佐成了俱乐部的新主席。塞雷佐继位时的心情大概和嘉庆爷登基时差不多：前任活得特别花哨，而留给自己的却是一个连虚假繁荣都算不上的烂摊子和一个空虚的国库。甚至，塞雷佐手上连个能当储备粮的和珅都没有。

马竞真的没钱，托雷斯是球迷最不舍得的一个平账型球员，但却不得不忍痛割爱。但是，马竞真的有眼光，2006 年起马竞开始了自己的倒卖前锋之路，而且成功达成了"一处神锋供全球"的非凡成就。

2006 年，阿圭罗来了，在效力马竞的 5 个赛季里他共登场 234 次，打入 101 球。2007 年，弗兰来了，在此后的 4 个赛季他共登场 196 次，打入 96 球。两个火枪手开始为马竞的重新崛起批量收割进球，并且在 2009—2010 赛季一起帮助球队捧起了欧联杯和欧洲超级杯。然后，他俩被卖掉了。

2011 年，"老虎"法尔考来了。第一个赛季法尔考就来了一波猛虎下山，在西甲联赛打进 24 粒球，在欧联杯更是轰进了 12 粒球，然后剔着牙给马竞带回了第二座欧联杯冠军。第二个赛季中的法尔考依然勇猛无比，在各项赛事中打进了 34 粒球。然后，他也被卖掉了。

没办法，塞雷佐一直过的就是这种一边发育一边割肉的苦日子（当然那些神锋也动了投奔大庙的心思）。坏消息是，这些大宗的交易并没有改变马竞那孱弱的经济基础；好消息是，这么多年的底蕴积攒下来，总有一些名宿会仅仅为了"马德里竞技"的名号就毫无怨言地投奔而来。

比如，迭戈·西蒙尼。

【竞技挖竞技，不费吹灰之力】

2006 年退役之后，西蒙尼走上了教练的工作岗位。谁也没想到，这个球风刚猛的糙汉子竟然在当教练方面表现出了非凡的天赋。2006 年 2 月，他在阿根廷竞技当了 3 个月的临时主帅，然后带着球队顺利完成赛季；同年 5 月他拿起了拉普拉塔大学生队的教鞭，当年就带着球队夺取了阿根廷春季联赛的冠军；2007年年底，西蒙尼跳槽去了伟大的河床俱乐部，一年之后又拿到了阿根廷秋季联赛冠军；2009年他开始带圣洛伦索，虽然这次成绩有点儿坑，但两年后他就在意甲找回了场子，率领风雨飘摇的卡塔尼亚保级成功。

回想起来，虽然西蒙尼的执教之路没能像齐达内那样出道即巅峰，但也基本上算是个行走的成就刷子。2011年6月，他再次回到阿根廷竞技俱乐部续写辉煌——在他回归之前的一个赛季（2010—2011秋季联赛），阿根廷竞技联赛排名第十五；他回归之后的第一个赛季（2011—2012春季联赛），球队就噌噌噌地爬到了第二。按照正常套路，西蒙尼将一路带领着阿根廷竞技脱贫致富奔小康，然后收获冠军一箩筐。然而，这理想中的剧情却以迅雷不及掩耳之势崩坏了……

阿根廷竞技夺得亚军之后的第4天，西蒙尼宣布辞职，理由是："新当选的俱乐部主席不喜欢我。"

第7天，马德里方面传来消息：时任马竞主帅的曼萨诺下课。

第8天，马竞官方宣布：迭戈·西蒙尼成为球队的新主帅。

是的，只因为马竞一声召唤，西蒙尼就迅速收拾铺盖卷去了马德里，甚至连对阿根廷竞技的违约金都是他自己掏的。而且，那时候接手马竞教练这个职位绝对需要很大的勇气。

曼萨诺下课时，马竞是个什么光景呢？西甲16轮仅取得5胜4平7负的战绩排在第十，国王杯上被丙级球队耻辱地双杀出局。然而，在西蒙尼执掌球队半年之后，马竞就以联赛第五、欧联杯冠军的身份结束了那个赛季。

真是点石成金啊！

不过，在完成了"带球队走出泥潭"的任务之后，西蒙尼必须要面对下一个问题，那就是……缺钱。

好吧，这简直是马竞永恒的话题。

2012年的夏窗，摆在西蒙尼面前的是一大堆冗员和可怜的几毛钱转会费预算。没法子，西蒙尼只能先着手送走了不符合他打法的多明戈斯和萨尔维奥，然后又送走了洛佩斯、阿松桑、佩雷拉、米歇尔等几位老将，紧接着租下了埃姆雷、库尔图瓦和C. 罗德里格斯，最后拿出了100万欧元的"巨款"，从赫塔菲签下了后卫迪亚兹。引援结束，球队就是这么穷得叮当响。

虽然这个承上启下的赛季马竞最终止步欧联杯16强，但是球队却在赛季末击败皇马拿到了国王杯冠军。更重要的是，西蒙尼的战术开始一点点地融合进球队，再加上他在2013年的夏窗钦点了比利亚、吉梅内斯等一干物美价廉的好货……

盼望着，盼望着，2013—2014赛季来了，冠军的脚步近了。

【像个爷们儿一样战斗】

在2014年的福布斯排行榜上，皇马俱乐部价值34.4亿美元，2012—2013赛季营业额6.75亿美元；巴萨俱乐部价值32亿美元，营业额6.27亿美元；马竞俱乐部价值3.28亿美元，营业额1.56亿美元。

可世界上，偏偏就有金钱买不到的东西，比如西蒙尼信仰的——钱不够，汗来凑。

2013—2014赛季的马竞，浑身都打着西蒙尼的标签。因为西蒙尼的外号叫El Cholo（最早是西班牙语里对美洲原住民的蔑称，后来在美国等地含义演变为拉丁裔帮派），所以马竞的球风就被称为“Cholo主义”。总结下来，这主义主要包括以下特点。

其一，能跑。2013—2014赛季欧冠一共有32支参赛队超过760名球员，平均跑动距离排前十名的球员里马竞一家就占了仨：科克、加比和胡安弗兰。很多球队都有个体能充沛的跑不死，而马竞全队都是跑不死，你想想这有多可怕。

其二，能拼。在淘汰赛对阵AC米兰时，马里奥·苏亚雷斯和对手相撞血流了一脸，但缠上绷带之后继续干；劳尔·加西亚扭伤了脚，西蒙尼在场边示意换人，加西亚却表示“老子还能踢”，然后一直踢到坐在地上站不起来。

其三，能对抗。早在执教河床那会儿，西蒙尼就创造了一整套增强对抗能力的训练模式。比如在奥特加身上绑个降落伞，又比如在抢球权的时候引入橄榄球式的集体对抗。然后，他又把这一套完整地搬到了马竞。

图兰在转会巴萨之后表露了自己的心声：“终于逃离西蒙尼魔鬼训练的魔爪了。”想想吧，一个崇尚“打架式”训练法的教练天天在你耳边喊着“训练永不停止”的口号，而且这教练还长得像个西西里地区的黑手党头子，如果不跑起来他可能分分钟就会掏出枪……这是一种什么样的生活?!

四个字形容：水深火热！再来四个字：民不聊生！

还有呢？天道酬勤，石可成金。

是的，正是由于这样的训练才造就了这样一支球队：他们的每个位置都训练有素，每个点都精确计算，每个球员都是疯跑狂人，一群悍将锻造出了悍马般的进攻和悍匪般的防守，全队组合在一起就像一台运转精密的大型机器。

2013—2014赛季，马竞在西甲联赛的19场主场比赛中以15胜4平保持不败，卡尔德隆球场成了西班牙其他球队的地狱。在欧冠赛场上，马竞提前两轮就从小组赛突围，然后从淘汰赛到半决赛刀刀宰豪门——先擒米兰，后斩巴萨，穆式大巴，命丧刀下。

那个赛季之后，《马卡报》用9个词来总结马竞：决心、力量、胆识、汗水、努力、刻苦、团结、果断、技能。而西蒙尼自己总结时，却更为简单直接："我的球队没有成功秘诀，就 3 个关键词：刻苦，刻苦，还是刻苦。"

他这话，是在 2014 年 5 月 18 日说的。那一天是赛季的最后一轮联赛，马竞和巴萨决战诺坎普。

【成功，到底该如何定义】

赛前，马竞和巴萨分别排在积分榜的前两位，马竞拿一分就可以夺冠，巴萨拿三分就可以翻盘。这本是对马竞形势一片大好的棋局，然而，老天爷却开始闹着玩儿了……

开场第 16 分钟，迭戈·科斯塔受伤下场，他坐在板凳上蒙头大哭；第 20 分钟，图兰也受伤下场，他趴在西蒙尼怀里哭；第 33 分钟，桑切斯进球，巴萨领先，马竞球迷坐在看台上哭。比赛踢了还不到 1/3，马竞从球员到球迷就哭成一片，所谓"出师未捷身先死"也不过如此了。不过，不屈的血液那时候早已经灌溉了全队的身心，第 49 分钟戈丁高高跃起扳平了比分。然后，守住比分是那个赛季马竞最擅长的事情。

于是，大家全神贯注、咬紧牙关、众志成城，仿佛此生只剩下这几十分钟比赛了……最终，1∶1 的比分被马竞顽强地保持到了最后。在诺坎普球场阻击巴萨捧起联赛冠军，不仅是西甲历史上的一项新成就，也足以跟自己的子子孙孙吹一辈子牛了。

一周之后，欧洲冠军杯决赛在里斯本光明球场打响——史无前例的同城德比。这回，老天爷靠谱了，马竞第 36 分钟就早早取得领先。然后那话怎么说来着？守住比分是那个赛季马竞最擅长的……然而，这次的马竞是真的顶不住了。

夏窗的贫瘠造成了板凳的薄弱，整个赛季西蒙尼几乎是靠着同一套阵容坚持到最后。38 场西甲联赛，马竞的 11 人主力几乎人人都能拿"五一劳动奖章"：库尔图瓦出战 37 场，科克、加比和比利亚 36 场，迭戈·科斯塔和胡安弗兰 35 场，劳尔·加西亚和戈丁 34 场，米兰达和费利佩·路易斯 32 场，图兰 30 场。自打欧冠淘汰赛开始，这帮人更是没能松一口气。

最终，阵容的深度成了比赛的决定性因素。打光的子弹，耗光的体力条，西蒙尼手里再也没有什么"黑科技"了。下半场补时第 4 分钟，拉莫斯在门前 11 米处甩头攻门扳平了比分。加时赛，已经跑不动的马竞被贝尔、马塞洛和 C 罗连下三城，皇马 4∶1 逆转马竞，捧起了大耳朵杯。

虽然这个结果已经不能撼动马竞那个赛季的伟大，但真的掰开算算，西蒙尼距离封神其实就只差了两分钟。

那么，这两分钟的差距如何弥补呢？

夏天来了，转会窗开了。

【钱，是解决一切问题的关键】

2014 年夏窗，马德里竞技的账单如下。

收入：8750 万欧元。卖掉了迭戈·科斯塔、费利佩·路易斯、阿德里安、罗贝托、阿森霍；租掉了吉拉沃吉、奥利弗·托雷斯、曼基略、迭戈、鲁文·佩雷斯、莱奥·巴普蒂斯唐、贝拉斯克斯；归还了到期的库尔图瓦。

支出：1.1 亿欧元。买进了格列兹曼、曼朱基奇、切尔奇、奥布拉克、劳尔·吉梅内斯、西凯拉、莫亚、赫苏斯·加梅斯、安萨尔迪；租来了萨尔迪。

马竞球迷放了个暑假，回来就发现老板给换了个主队。对于那个赛季马竞的这种操作，足球界有两种不同的看法：一种是胸怀天下说，认为马竞用一笔大钱展现了西超新贵的野心和财力；另一种是恐慌收购说，认为马竞是先卖后买，饥不择食。

不过，我们仔细研究了一下马竞那年的财报，发现了一个更有趣的现象：2013—2014 赛季，马竞在各条战线收获累累的同时，他们的球员工资只有皇马的 1/4、AC 米兰的一半。跟别人比那叫一个物美价廉，但和自己比呢？还是比 2012—2013 赛季增长了 77%。

这事儿很容易理解。球员表现好，老板一高兴不得加个餐啊；球队夺了冠，老板一高兴不得发个年终奖啊；球员表现好，球队还夺了冠，经纪人掏出一纸新合同："我们也不是吃干饭的啊。"

然而，这薪水加来加去马竞的财报可就受不了了。欧洲足坛普遍认为，出于长远考虑，球员工资最好不要超过球队收入的 70%，而 2013—2014 赛季结束之后一算，马竞的球员工资已经占到球队收入的 66%。警戒水位临界，橙色预警拉响，没有土豪援军，这时候最好的办法是什么？

当然是，换一拨人。毕竟，新人都是拿实习期工资的……

好消息是，在之后的 2014—2015 赛季，马竞的球员工资比例已经下降到球队总收入的 60%；坏消息是，这一届的新援出现了大面积的水土不服，包括曼朱基奇、安萨尔迪、切尔奇、劳尔·吉梅内斯、西凯拉和加梅斯在内的绝大多数人都没能在马竞待满两年就陆续离开，即便是后来大杀四方的格列兹曼也是经历了 3 个月的球荒。甚至，这次过度消费还透支了冬窗的预算，2015 年冬窗马竞花 750 万欧元买的科雷亚都不能算是即战力，只能算是着眼未来。

在这种情况下，球队的战绩也就可想而知。联赛提前两个月就退出了冠军争夺，欧冠在 1/4 决赛又被皇马绊倒了一回。更可怕的是，一支以"神锋制造大本营"为己任的球队竟然陷入了进球危机，那个赛季马竞在联赛中打进了 67 球，不仅和皇马（118 球）、巴萨（110 球）没法比，甚至还低于瓦伦西亚和塞维利亚。

这一切，都让球迷回想起马竞在这几十年间走过好多遍的老路：球队成功—大换血—换血成功—建球场—换血失败—三年自然灾害。

好在，还没建新球场不是？

马竞主席擦擦汗：其实，已经在建了……别动手啊，这次不花钱！政府送的！

【分水岭，不成功便成仁】

为什么马竞又要建球场？

主观原因：卡尔德隆球场自 1966 年 10 月 2 日正式启用以来已经经过了近 50 个年头，设施严重老化，球场容量也渐渐不能满足日益增长的球迷数量，软硬件都已经无法匹配“西超新贵”的头衔。所以，马竞确实需要个新球场。

客观原因：卡尔德隆球场地处马德里市中心，是一个连《刺客信条》电影都会不小心拍到的黄金位置。2007 年 8 月，马德里政府要重搞市区规划，然后觉得卡尔德隆球场的位置似乎有些碍眼。于是，政府决定炸平卡尔德隆球场，在那地方盖个新公园。

现在的问题是，马竞要搬到哪儿呢？

市长往地图上一看：“郊区有个佩内塔体育场，本来是准备在那里改建奥运主场馆的。现在申奥失败，马竞你们去那块地皮上盖个新球场吧。”如果按照计划，新球场建成之后马竞的主场容量将达到 74000 人，有更先进的设施、更漂亮的草坪，而且能够达到承办欧冠决赛的标准。当然，代价是马竞必须从“皇城根”底下搬到“东六环”。

2011 年 3 月，马竞和西班牙建筑巨头 FCC 公司签署了协议，俱乐部新球场正式动工建设，计划 36 个月完工。然而 60 个月过后，球迷发现这球场盖了整整 5 年还没盖好！

2014—2015 赛季的采购失败、球场建设的后续增加投入，再加上又有一批球员过了实习期要加薪……在 2015 年的那个夏窗，摆在马竞面前的其实是一场豪赌。

选择一：捂紧腰包，猥琐发育，青训挖潜，一不小心就可能告别西超。

选择二：毕其功于一役，再挥霍一个赛季，一不小心就可能告别西甲。

这一次，马竞又“梭哈”了。

在 2015 年的炎炎夏日里，马竞卖掉了图兰、曼朱基齐、阿尔德雷维尔德、马里奥·苏亚雷斯、劳尔·吉梅内斯、劳尔·加西亚、因苏亚、罗德里格斯，租掉了米兰达，收入1.01亿欧元；然后又吃进了杰克逊·马丁内斯、萨维奇、卡拉斯科、比埃托、费利佩·路易斯、伯纳德·门萨、桑托斯·博雷、克兰尼维特，花掉了1.4亿欧元。总之，又换了一支球队。

好在，他们赌赢了。赛季结束后，马竞以领先第四名比利亚雷亚尔24个积分的成绩守住了西超的位置，西蒙尼也打消了人们对他“战术被看穿”“打法没新意”的质疑。

2016年4月9日，西蒙尼的媳妇卡拉通过INS（社交软件）宣布当时已经46岁的西蒙尼再次当爹。2016年5月4日，西蒙尼带队凭借客场进球多的优势淘汰了拜仁，三年之内第二次挺进欧冠决赛。嗯，这伙计还行哈。

只可惜，西蒙尼和欧冠总是八字不合。这一次，还是皇马，还是那块石头，马竞第三次被绊倒了。5月29日的欧冠决赛，格列兹曼在常规时间罚丢了点球，马竞和皇马在120分钟内1:1打成平手。胡安弗兰在点球大战也罚丢了点球，皇马创纪录地第11次夺冠，马竞则成了历史上首支3次进欧冠决赛全部告负的倒霉蛋。

但是，这个结果已经足以让马竞满意了。可能很多人都没有意识到，相比于两年之前的欧冠决赛，马竞当时的18人名单中只有5个人仍然留在队中。他们分别是戈丁、胡安弗兰、费利佩·路易斯、加比和科克，其中费利佩还是从切尔西回购的。而皇马，原班人马则多达9个。

是的，马竞就这么成功地换血了。年轻的格列兹曼、科克、萨乌尔、科雷亚、奥布拉克、萨维奇已经开始挑起大梁，青训营也恢复了造血功能，这一切意味着：虽然在建球场，但马竞还是顽强地守住了西超的位置，避免了历史上新一次的大动荡。

然后，是时候停下脚步攒点儿钱了。

【马竞的崛起之路】

对于马竞来说，没什么比一个会赚钱的高层更重要了。很幸运，他们现在就凑齐了这么一套班子成员。来，让我们一起认识一下他们。

球队的CEO米盖尔·希尔。他是老希尔的儿子，从20世纪90年代就开始进入球队的管理层。小希尔和他爹最大的区别是他足够冷静，为了保持这份冷静他甚至从不去现场看马竞踢球：“赛前和赛后我从不去更衣室，因为心跳加速并不利于做正确的决定。我会在赛后看电视回放，当你静下心来，才能客观地评价球队表现、球员发挥和教练决定。”

球队的高级顾问彼得·肯扬。他曾经在曼联和切尔西都担任过CEO，有着丰富的全球圈钱和拉赞助经验；同时他还是门德斯的合伙人，能依靠走后门为马竞囤积一大堆人才。

球队的首席球探古兹曼。他曾先后帮助马竞发掘了科斯塔、科克、萨乌尔、格列兹曼等一众顶梁柱，后来被财大气粗的曼联挖走了。

在这些管理者的带领下，马竞在2013—2014赛季的辉煌之后并没有裹足不前，而是办了几件惠及子孙后代的大事。

其一，巩固营收。由于西蒙尼来了之后球队战绩出色，再加上西甲的转播权改革，马竞在各条战线上的转播权收入都大幅增加。从2011年到2015年，马竞的营业收入从1.08亿欧元增长到了1.75亿欧元。而2015—2016赛季，马竞仅欧冠转播权和奖金就入账了6966万欧元。

其二，广拉赞助。马竞与阿塞拜疆石油天然气财团Baghlan达成合作，这位矿产大亨可以每年为马竞带来1200万欧元的胸前广告收入；先后与耐克、可口可乐、La Caixa银行、华为等金主续约，以上几位会在2016年到2020年为马竞带来每赛季至少4000万欧元的保底收入。

其三，发展卫星俱乐部。2016年7月13日，马竞正式收购法乙朗斯俱乐部34.6%的股份并接管了其青训网络。朗斯俱乐部拥有着法国顶级的青训营，专业的球探网络和教练组成员都会提供给马竞使用。马竞这一笔交易，不但获得了一个富矿，也给自家“小妖”找到了“练级”的好去处。

2016年，一切都在往健康的方向发展。这一年马竞的年收入达到1.871亿欧元，在德勤俱乐部排行榜上比2015年提升了足足5个位次，在前30强俱乐部中荣获最快进步奖。他们唯一闹心的事儿大概是……球场依然没建好。

欸，说好的36个月竣工呢？

其实，装修过房子的球迷都有经验。装修工程是越做越大，越做毛病越多，不到竣工的那一天，预算总是会无休止地往上蹿。马竞拿到佩内塔体育场之后，在原先市政府给出的免费设计方案上做出了一系列的修改。比如，佩内塔体育场以前是有跑道的，这个要拆掉；又比如，球场要刷成红白，不能太朴素；再比如要增加球场的附属设施，餐厅、商店、博物馆、VIP包厢要一应俱全；还有，这地方实在太偏了，还得在体育场周围新增汽车和地铁站，最好能再扩大一下停车场。

这么折腾下来，马竞这个新球场的造价差不多3.1亿欧元。其中1.4亿欧元来自卡尔德隆球场的置换，剩下的1.7亿欧元全靠俱乐部自己凑，再这么拖下去球队又得被拖死……

这时候，我们中国的马竞球迷看不下去了，提出了一系列建设性意见：“把中国施工队送去吧，保证你们明年就能用上新球场。哎，你们别不信，我们那旮旯有个到处建广场的公司，从平地到开业，只需要18个月。”

于是，王健林先生就带着他的万达来救场了。

2015 年 1 月 21 日上午，万达集团宣布出资 4500 万欧元，正式收购西甲马德里竞技足球俱乐部 20% 的股份。2016 年 7 月，新的万达大都会球场基本竣工，开始晾甲醛。所以说到搞基建，还是我们中华民族经验丰富。

为了感谢中国的建筑队，哦不是，为了感谢万达集团每年提供的 1000 万欧元冠名费，马竞的新主场被命名为——万达大都会体育场。

2017 年 9 月，马竞正式告别了卡尔德隆球场。自 1966 年 10 月 2 日正式启用以来，卡尔德隆球场已经作为马竞主场存在了 51 年，马竞在这里一共踢了 1227 场比赛，取得了 774 场胜利、257 场平局和 196 场失利，打进了 2313 个球。在卡尔德隆的最后一场比赛中，马竞球迷打出了巨型标语送别这座球场："曼萨雷斯河，我是多么爱你！我会永远怀念你！"

9 月 16 日晚上 7 点，超过 70000 名马竞球迷拥进万达大都会球场迎接新主场的揭幕战。赛前，一只雄鹰出现在万达大都会球场的上空。

马竞以这种充满荷尔蒙的形式，向过去告别，更向世界宣告着球队崭新的未来。

【尾声】

读到这里，也许大家会有一个新的问题：同样是西超，还有更夸张的高投入引援和高工资支出，为什么皇马、巴萨就不像马竞活得这么艰难？原因有以下 3 点：A. 皇马、巴萨的收入高；B. 他们俩都没建新球场；C. 他们俩都是当地的太子爷。

嗯，就马竞自己是庶出。

如果仅仅从账面上看，皇马、巴萨、马竞都是高负债经营的球队。但实际上，他们的背景有很大的不同。

其一，皇马、巴萨背后有银行。2009 年夏窗，皇马主席弗洛伦蒂诺要打造银河战舰，桑坦德银行和马德里银行给皇马掏出了 1.5 亿欧元的贷款，用于打包 C 罗、阿隆索、卡卡、本泽马等一众球星。2010 年夏窗，巴萨也同样从桑坦德银行、La Caixa 银行、马德里储蓄银行等多家银行贷款 1.55 亿欧元，买进了马斯切拉诺和比利亚，并且给球员大幅涨了一次薪。

更重要的是，类似曼联和阿森纳那种银行连环夺命催的情况从来都不会在皇马和巴萨身上出现。不是西班牙银行都很慈善，也不是这两家会员制俱乐部有什么幕后金主，而是不管负债的数字多高，银行都明白他们肯定能凭借强大的影响力每年稳定地拿流水来还账。

皇马或者巴萨破产？球迷信，政府都不信。

其二，皇马、巴萨背后有政府。2013 年年底，欧盟的反垄断机构对皇马和巴萨展开了调查，怀疑西班牙中央和地区政府或明或暗地给了他们资金支持。其中有两个比较有代表性的案例：1998 年，马德里市政府买下了皇马当时的训练场，并拿北郊一块地折价了 48.8 万欧元，后来发现“这块地好像并不在政府名下”，于是在 2011 年又以 2300 万欧元的价格将其回购；2012 年年初，西班牙政府曾经计划通过一项决议，减免皇马、巴萨这样的会员制俱乐部尚未结清的税款，来缓解他们的债务压力。

而这些优惠政策，马竞都没有。虽然近几个赛季马竞的财政一直处于良性发展的正确道路上，但残酷的事实是——在积累到像曼联那样的底蕴和财富之前，马竞依然需要依靠着欧冠奖金和买卖人口的眼光过活，一个赛季的投资不慎就可能再次导致满盘皆输。

那么，马竞有什么呢？

退役之后的西蒙尼说：“如果我回到西班牙执教，那么唯一的选择就是马竞。”

而立之年的托雷斯回到了卡尔德隆，似乎又穿越到了曾经的 17 岁芳华。

马竞球迷会在球队 0∶3 落后时打出“站起来，去战斗”的巨幅标语，马竞球员会在走回更衣室后重新集结到卡尔德隆球场上，只因为球迷还在歌唱……

马德里竞技，就是这么一支满载着铁血、坚持、抗争的球队，虽然历经了许多浮沉和变迁，但就像球迷唱的那样：“催人泪下的卡尔德隆，这是我的家。它教会我怎样成长，怎样忍耐，怎样生活，怎样面对困境。不管贫富，我们永远是第一！Forza Atleti（加油马竞）！”

这段歌词，就是对马德里竞技最好的注解。

一身傲骨的巴斯克足球

在西班牙的地界上，北方有一块不容被忽视的足球版图。论独立，他们曾经比加泰闹得更凶；论顽固，他们把血统看得比什么都重。

他们，就是以不屈和顽强著称的巴斯克足球。

为什么毕尔巴鄂竞技只用巴斯克人？为什么他们对于独立的诉求渐渐偃旗息鼓？看完本篇，相信你会找到更多的答案。

【神秘的巴斯克人】

如果想要研究某个民族的起源，那么随便谁都可以从谷歌和百度那里追溯到几千年以前。但你若是想要深究巴斯克人的祖先，那么就算读个“户口本学”博士学位也很难找到一个准确的答案。

因为，压根就没人知道巴斯克人是从哪块石头里蹦出来的……

按照人类学家的说法，巴斯克人的天然发色、瞳孔颜色和西班牙人不同，DNA鉴定和近现代所有欧洲民族都不一样，与北非的什么柏柏尔人、摩尔人也都不同源。也就是说，他们和周边所有国家的所有民族，几千甚至几万年前都不是一家。哪儿来的？难道是大陆板块碎片漂移？难道是伊比利亚灵长动物基因突变？没人说得清。

按照语言学家的说法，英语、德语、法语、意大利语、西班牙语甚至加泰罗尼亚语都属于印欧语系，全部都有着同一个祖宗。而巴斯克语，和上述五大联赛语言完全不同，甚至毫不相关。然后，语言学家只能把巴斯克语和古代美索不达米亚地区的苏美尔语、日本北海道原住民使用的阿伊努语一起划为没有任何亲属关系的孤立语言。哪儿来的？难道是外星人入侵地球？难道是狼族在巴斯克森林中的跨物种演变？还是说不清。

最后地理学家有了个大胆的猜测：在古代不可逾越的山峦与大海包围之下，巴斯克地区很可能成了民族大融合里的一座孤岛，傲然矗立于世俗之外。嗯，虽然不太明白，但还是觉得很厉害的样子，简直有一种阿凡达的即视感。

因此，至今学术界对于巴斯克人最为靠谱的猜测是，他们大概、可能、也许、估计是克罗马农人的后代。这是一种生活在3万多年前旧石器时代的欧洲大陆上，平均寿命不超过40岁、智商水平较高的早期人类，和咱们这里周口店发现的山顶洞人属于同一时期。虽然这一学说没有直接的证据，但已经得到了大多数顶尖学者的点头认可。毕竟，总不能真的说巴斯克人和美猴王同宗吧……

总之，如此自成一派的远古血脉，造就了巴斯克人极其强烈的民族情结。

【他们很难搞】

在古罗马文明的全盛时期，欧洲大部分种族都被古罗马彻底同化。巴斯克虽然深受古罗马文明的影响，却依然成了整个伊比利亚半岛唯一一个没有被全部消化吸收掉的种族。古罗马史学家斯特拉波和作家大普林尼都曾经在自己的著作中提到过巴斯克人和他们独特的语言文化，其中的核心思想用今天的话来说就是："他们很难搞。"

到了中世纪，经历了摩尔人入侵以及法兰克帝国的扩张之后，巴斯克地区的版图逐渐被分裂。南部被卡斯蒂利亚王国吞并，后来成了西班牙的领土。北部则加入了法兰西王国，也就是今天的法国。

如今，巴斯克地区横跨在西班牙和法国的接壤之处。从地图上看，比斯开（Bizkaia）、吉普斯夸（Gipuzkoa）和阿拉瓦（Araba）抱团组成了西班牙的巴斯克自治区；拉普迪（Lapurdi）、下纳瓦拉（Nafarroa Beherea）、索巴罗（Zuberoa）等三个省份属于法国领土，人烟稀少且没有自治区，大部分时间属于被人们遗忘的角落。而地图上版图最大、历史地位最高的纳瓦拉（Navarra）地区，则独自成了西班牙的一个自治省。

为什么纳瓦拉没有加入巴斯克战队呢？因为在西班牙内战时期，纳瓦拉选择了佛朗哥的国民军阵营，而巴斯克三省却组队加入了共和政府。也就是说，在世界大战时西班牙正忙着内战，而西班牙内战时巴斯克兄弟们正忙着小内战。等到佛朗哥去世之后，巴斯克三省成立自治区时曾经希望邀请纳瓦拉重新入伙，却被纳瓦拉以"三观曾经不合"为名断然拒绝了。

对同胞都如此记仇，巴斯克人对那些外来统治者的反抗情绪可想而知。无论统治者是卡斯蒂利亚王族还是佛朗哥，他们对于巴斯克人的评价都和古罗马前辈没什么区别，那就是"他们真的很难搞"。

不过，西班牙社会虽然普遍认为巴斯克人顽固又难搞，但依然觉得他们有着一颗"闷骚"的内心。只要有机会，巴斯克人也可以很奔放。

比如，他们很早就开始踢球了。

【两座海港，两支球队】

看过本书开篇的各位，可能都还记得巴斯克是西班牙最早开展足球运动的地区之一。和安达卢尼亚、加泰罗尼亚一样，足球最早通过海路来到了这里。

首先登陆的，就是两座历史悠久的海港。

比斯开省的首府毕尔巴鄂，其整个城市大区集中了巴斯克自治区大约 1/3 的人口。大号的城市规模、便利的地理位置，使毕尔巴鄂成了巴斯克地区乃至整个西班牙北部的工商业中心。这里点燃了西班牙工业革命的火把，这里齐聚着各种跨国企业的地区总部，这里还有着巴斯克人引以为傲的古根海姆博物馆。

有一位建筑学家如此称赞古根海姆博物馆："与悉尼歌剧院一样，它们都是提前来到的未来建筑，属于不是凡人能理解的城市诗篇。"我们这样的凡人虽然不懂未来建筑学的真谛，但只要查看一下古根海姆博物馆的照片，就会觉得这玩意如果伸出炮台飞上天空，变成塞伯坦星球的母舰，看起来肯定也没什么违和感。

而巴斯克人的另一个骄傲，就是毕尔巴鄂竞技俱乐部。1898 年，一群从英国留学归来的巴斯克学生创立了竞技俱乐部。1900 年，在海外务工的英国打工族组建了毕尔巴鄂俱乐部。后来，这两支同城球队密切交流，最终合体，变成了我们熟悉的毕尔巴鄂竞技。

自打成立以来，毕尔巴鄂就成了西班牙足坛的一支传统劲旅。他们拿下了第一届国王杯的冠军，也走出了西班牙足坛的第一位巨星。这位巨星名叫拉斐尔·莫雷诺·阿兰萨蒂，而他还有一个流传更广的名字——"皮奇奇"。敲黑板，不是蒙奇奇，是皮奇奇。

拉斐尔 19 岁时成了家乡球队毕尔巴鄂竞技的一员，因为他身高只有 154cm，于是得到了"皮奇奇"的外号，"皮奇奇"在巴斯克语里就是"小鸭子"的意思。1913 年国王杯半决赛，皮奇奇在毕尔巴鄂对阵皇马的比赛中上演了首秀进球的好戏，帮助球队 3∶0 击败了对手。接下来的 8 年时间里，他带领着毕尔巴鄂拿到了 4 次国王杯冠军、3 次北部联赛冠军和 2 次比斯开杯冠军。虽然当时还没有全国范围的足球联赛，但皮奇奇在 170 场比赛中打入了接近 200 个球，成了西班牙足球的全民偶像。

然而，天赋异禀的他在足球生涯中始终逃不开一个阴影：球迷骂他太独，只会自己刷进球数。这样看来，100 年前的球迷和现在的网络喷子也没什么两样。

不过，当年的足坛可没有现在这么名利双收。皮奇奇在进球如麻的同时却总是被观众骂太独，久而久之他终于不堪忍受，然后在 29 岁那年一怒之下退役转行当裁判去了……所以，"键委会"的同志们，且黑且珍惜啊。

尽管巅峰年龄退役，皮奇奇仍然成了毕尔巴鄂竞技、巴斯克乃至西班牙足球的第一个传奇。

1953 年起，每年西甲、西乙最佳射手的荣誉都被命名为"皮奇奇奖"。从迪斯蒂法诺和乌戈·桑切斯，到如今的 C 罗和梅西，这些伟大的射手都捧起过这一奖杯。

即便在皮奇奇退役之后，毕尔巴鄂仍然是西班牙足球不容忽视的老牌强队。截至 2017—2018 赛季，毕尔巴鄂共获得了 8 次西甲冠军、24 次国王杯冠军和 2 次超级杯冠军，在皇马欧冠五连冠时期他们还从皇马手中抢到过联赛冠军，在西甲的历史总积分榜上仅次于皇马、巴萨和马竞。而且，马竞还是个从他们这儿分离出去的子俱乐部……

除了毕尔巴鄂之外，巴斯克地区还有另一个重要的港口，叫作圣塞巴斯蒂安。

【圣塞巴斯蒂安走出的皇家社会】

作为吉普斯夸省的首府，圣塞巴斯蒂安虽然也是巴斯克地区的重要港口，但这里的标签并不是工商业，而是旅游和艺术。这里有美丽的海滩，有旧城区的夜色酒吧街，还有西班牙最悠久最著名的国际电影节。2016 年，冯小刚导演的中国电影《我不是潘金莲》拿到了圣塞巴斯蒂安电影节的最佳影片“金贝壳奖”，范冰冰荣获最佳女主角“银贝壳奖”。

内德：你好像又沉浸在艺术的海洋了，赶紧回来！

羽则：好的。

如果说毕尔巴鄂的工业化带给了毕尔巴鄂顽强的意志，那么圣塞巴斯蒂安的轻歌曼舞就给这里的足球带来了更多的艺术色彩。

1904 年从英国回来的巴斯克工人和学生一起创立了圣塞巴斯蒂安足球俱乐部，5 年后他们凭借颇具观赏性的技术踢法赢得了国王杯的冠军。这次夺冠打破了毕尔巴鄂和皇马对于国王杯的 6 年垄断，圣塞巴斯蒂安成了第三支赢得全国冠军的球队，甚至比巴萨还早了 1 年。

借着国王杯夺冠这阵东风，圣塞巴斯蒂安于 1909 年 9 月改组成了社会俱乐部。然后第二年，把圣塞巴斯蒂安定为自己夏都的阿方索十三世权杖一挥，赐下皇家头衔。从此，皇家社会俱乐部走上了历史舞台，这比皇马受封还要早了整整 10 年。

其实，社会俱乐部这么早被封皇家头衔，背后也有着一定的政治意味。当时，毕尔巴鄂已经成了巴斯克人精神的象征之一，和巴萨在加泰罗尼亚人心中的地位不分上下。为了应付这两个“很难搞”的地区，阿方索十三世在 1910 年和 1912 年先后赐予了巴斯克的社会俱乐部和加泰罗尼亚的西班牙人皇家头衔，明摆着就是要制造内部矛盾的意思。

然而，这个“搞事情”的如意算盘还是打空了。

毕尔巴鄂和皇家社会虽然一直存在着竞争，但这哥俩在很长一段时间内都保持着“场上拼胜负，场下亲兄弟”的和谐关系。双方之间的“巴斯克德比”成了西班牙著名的和平德比，两队球员踢完球之后还会一起去泡吧撸串，把酒言欢……

没错，巴斯克人虽然内部有着一些争斗，但面对外部的共同敌人时那叫一个团结。只不过，这份团结有时候会过于激烈，甚至给西班牙的普通民众带来过严重的伤害。

【遍布鲜血的独立诉求】

作为欧洲大陆历史最悠久的居民，巴斯克人有两大特点。

其一，他们自打罗马时代以来就被各种政治势力统治来统治去，很少以独立国家的形式存在。

其二，由于他们“很难搞”，所以大部分时间里都被放养着，保持着高度自治的状态。

一般来说，放养长大的娃都不会太抵触原生家庭，所以巴斯克人在很长一段时间内对于独立的欲望并不强烈。但当法国大革命的风潮席卷了整个欧洲大陆时，包括西班牙和法国在内的大部分国家都开始高度强调主权这一概念，巴斯克地区的自治权逐渐被收回，有的地区甚至被完全取消。于是，巴斯克社会里的一些人开始动了独立的念头。

西班牙内战之后，佛朗哥开始了白色恐怖的独裁统治，整个巴斯克地区彻底失去了全部自治权。愤怒的巴斯克人于 1958 年成立了一个地下武装反抗组织，名叫巴斯克祖国与自由，俗称埃塔（ETA）。

埃塔的标志上有两个明显的符号：蛇和斧子。蛇代表着政治，斧子代表着武装斗争。而这把巴斯克人举起的斧子，在接下来的几十年里沾满了无数的鲜血。

一开始，埃塔的目标是暗杀政府官员。1968 年他们第一次得手，枪杀了巴斯克地区的一名秘密警察负责人。5 年之后，他们在马德里暗杀了西班牙首相、佛朗哥的左膀右臂路易斯·布兰科。一时间，西班牙、法国等欧盟全体成员以及美国政府都将埃塔列为最危险的恐怖组织，但少数极端巴斯克主义者却依然被独立情绪冲昏了头脑。

1975 年佛朗哥去世之后，毕尔巴鄂竞技立刻把被迫修改成西班牙语 Atletico 的队名改回了 Athletic。而他们和皇家社会的第一次德比赛前，两队球员共同举着巴斯克旗帜入场，现场的极端球迷甚至唱起了埃塔的宣传歌曲。

4 年之后，巴斯克地区重新获得了自治权，纳瓦拉自治省和巴斯克自治区先后成立。人们以为埃塔会有所收敛，谁知道他们却在追求独立的道路上越走越极端，越来越恐怖。1980 年，埃塔第一次针对普通民众制造了大规模的恐怖袭击，死亡的 118 人中大部分都是平民。后来，他们又先后在马德里和巴塞罗那等地制造了多起血腥事件，至今共造成了 800 多人死亡和数千人受伤。而在这些恐怖袭击中不幸去世的人里，只有不到 500 人是政要或者军警，其他都是普通民众。

甚至，就在 2002 年皇马主场迎战巴萨的欧冠半决赛第二回合前几个小时，埃塔还在马德里进行了两次汽车炸弹袭击，其中的一次就发生在离伯纳乌球场不到 200 米的位置。万幸的是，这次恐怖袭击中没有人丧生。但细想一下，仍然让人不寒而栗。

当独立诉求变成彻头彻尾的恐怖主义，谁还会付出多余的同情？于是，西班牙和法国先后爆发了大规模的集体游行，强烈抗议和谴责埃塔组织的所作所为。国际社会对于巴斯克想要独立的愿望，也基本上全都站到了西班牙政府这一边。

在多个国家的合作之下，700 多名埃塔成员被抓捕并关押进入了监狱。埃塔组织在 2006 年宣称停火却在第二年反悔，然后在 2011 年正式以书面和录像的形式宣布永久放弃武装斗争，并开始和法国、西班牙政府展开对话协商。2017 年 3 月，他们提出了解除武装的完整计划，次月向法国警方通告了他们藏匿武器的所有据点。

早知今日，何必当初。那些无辜被卷入恐怖袭击的普通人，却再也不可能接受埃塔的道歉了。

上面这段关于埃塔的故事可能让你觉得过于沉重，下面让我们转换一下心情，看看巴斯克人对于血统的另一种坚守。而这个平和的方式，就让大多数人都能接受，甚至还有点小敬佩了。

【纯正血统政策】

正如前文所言，巴斯克人对于自己的血统和种族有着一种近乎偏执的重视。而这种感情投注到深受群众喜爱的足球层面上，要怎么体现呢？很简单，俺们巴斯克人的球队，就只能用俺们血统纯正的巴斯克人。

1912 年，也就是建队十几年之后，毕尔巴鄂竞技的某位股东突然想到了一个让球队更加扎根本地社会的好点子：既然我们是巴斯克的骄傲，那么干脆以后所有球员都只用巴斯克人。这个主意立刻在股东大会上得到了通过，并且当即执行。

不过，毕尔巴鄂坚持用巴斯克人的传统仅限于球员，教练不限民族，也不限国籍。至于原因嘛……当时英国足球基本上是吊打欧洲大陆的水平，毕尔巴鄂也和大部分西班牙球队一样离不开英国教练的先进指导。坚持用巴斯克球员，但是可以用英国教练？没错，就是这么现实。

很快，皇家社会也开始效仿这一时髦作派，而且还推陈出新。你们毕尔巴鄂不是只用巴斯克人吗？我们更纯粹，从今天起，皇家社会只用吉普斯夸本省人！就算你是同为巴斯克自治区的比斯开老邻居，也甭想加盟皇家社会，找你们的毕尔巴鄂去！

如此霸气的纯正血统政策让毕尔巴鄂和皇家社会彻底成了巴斯克人民的骄傲。你想想，自己主队里每一个球员都和自己有着同样的远古民族DNA，刚刚冒尖的小妖是隔壁邻居家的孩子，铁血队长是七大姑家的大儿子，门将是三姨的老公的表弟的侄子。

这哪是本地球队，分明就是真正的“自家球队”啊！

尤其到了1980年前后，毕尔巴鄂和皇家社会成为了联赛中轮流坐庄的顶级强队，西甲那几个赛季争夺冠军的德比不再是皇马打巴萨，而是巴斯克德比。身为巴斯克人，民族自豪感爆棚。

不过，历史书告诉我们，凡事往往盛极而衰，巴斯克球队的纯正血统政策也是如此。20世纪80年代中期，欧洲足球逐步进入了商业化时代。当经济基础开始决定上层建筑之后，市场本就不大还在选人上自缚手脚的两支巴斯克球队很快遇到了危机。队内球星被皇马、巴萨高价挖走，而青训营的巴斯克小将难以立刻接班，导致他们的成绩开始逐年下滑。

这，可怎么办呢？

【要生存，就要有变化】

第一个做出改变的，是所在城市规模更小的皇家社会。

1989—1990赛季，皇家社会签入了爱尔兰球员奥尔德里奇，打破了自己长达几十年只用本省人的传统。接下来，他们购买外援的劲头再也停不下来，战绩也重新开始回升。更为可贵的是，他们仍然在青训上下足了功夫。

近些年来，皇家社会青训的最大瑰宝，无疑是哈维·阿隆索。20岁时，阿隆索就成了皇家社会的队长。为母队出场114次打入16球之后，他走出国门加盟了利物浦。无论在利物浦、皇马、拜仁还是西班牙国家队，阿隆索都拿出了世界级的表现，并且和队里的球星频频秀恩爱，成了当地球迷的心头之爱。

此外，舍弃了巴斯克人的选材限制之后，皇家社会的青训营也开始产出其他民族的精英，比如现在红遍欧洲的格列兹曼。小时候因为太矮太轻太瘦太弱，格列兹曼数次在法国各家俱乐部试训都被人拒绝。而在代表巴黎落选者联盟的试训比赛中，他却被火眼金睛的皇家社会队球探一眼相中，从此被“拐”去了西班牙。在皇家社会，格子走过了青年队核心→一线队饮水机→西乙小明星→西甲当红炸子鸡的成长之路，2014 年以 3000 万身价加盟西蒙尼的马竞，成了床单军团的新一代神锋。

解开自我封印的皇家社会固然很爽，但他们和原本相亲相爱的巴斯克兄弟球队之间却出现了嫌隙。

毕尔巴鄂球迷嘲笑皇家社会“抛弃传统、功利、破坏巴斯克足球的纯洁”，认为主队才是巴斯克的正统。皇家社会球迷则反讽毕尔巴鄂“死脑筋、不懂变通”，觉得他们迟早要完。

其实，不仅是皇家社会球迷，甚至有很多毕尔巴鄂球迷也觉得自家主队迟早要完。球员交易越来越多，贫富差距越来越大，有天赋的巴斯克苗子刚刚冒尖就会被皇萨甚至国外球队高薪挖走，原本子又生孙、孙又生子的可持续发展路子到了第三代就可能绝了户，怎么办？

毕尔巴鄂，也必须要改变了。

于是，在延续巴斯克人政策的前提下，毕尔巴鄂对于“纯正”的坚持出现了一些松动，开始着手去寻找一些能打擦边球的巴斯克孩子。

【毕尔巴鄂的妥协】

毕尔巴鄂的妥协方案主要有三点。

第一，毕尔巴鄂开始越过西法边境，从法国南部的巴斯克地区找人。1996 年，他们从波尔多买来了在巴斯克地区出生并成长的利扎拉祖。不过短短的一个赛季之后，这位法国左边卫就被德甲巨人拜仁挖走，后来成了这个位置上顶级的球星之一。当然，虽然利扎拉祖是个法国人，但他的的确确是正统的巴斯克人，这个选择完全说得过去。

第二，毕尔巴鄂接着越过大西洋，跨洲寻找巴斯克后裔。毕竟，全世界大概 1000 万有巴斯克血统的人里，差不多一半都生活在美洲大陆。于是，毕尔巴鄂 1996 年时将阿莫雷别塔招入了青训营。这位后来的委内瑞拉国脚虽然在南美出生，但他父母都是巴斯克人并且他两岁后来到了巴斯克地区生活。嗯，好像也没什么问题。

第三，毕尔巴鄂开始接受在巴斯克地区出生的非巴斯克人，比如略伦特。毕尔巴鄂之所以能招收略伦特加入球队是因为——在略伦特出生的几天之前，他妈妈特地跑到了自己婶婶当护士的医院待产，而这个医院恰巧在巴斯克自治区。虽然略伦特的父母都不是我们巴斯克人，略伦特小朋友也没有在巴斯克地区长大，但他却是在我们屯的医院出生的！于是，略伦特在 12 岁时就被邀请进了毕尔巴鄂的青训营……喂，你们糊弄谁呢?!

后来，略伦特公开表态自我感觉更像一个西班牙人而非巴斯克人，他对巴斯克自始至终就没啥民族归属感，后来甚至付出雪藏一年的代价自由转会去了尤文图斯。唉，请想象一下巴斯克当地球迷的感受。

除了略伦特之外，毕尔巴鄂阵中还有着一位黑人球员，名叫伊尼亚基·威廉姆斯。他的父亲是加纳人，母亲是利比里亚人，但是他出生于毕尔巴鄂，于是他16岁就加入了毕尔巴鄂的青训营。只用巴斯克人的球队里出现了一个黑人球员，总有种跑错了片场的感觉。

此外，毕尔巴鄂在扩大选材面的同时，还把目光看向了其他巴斯克球队的青训营。没办法，巴斯克人就这么多，毕尔巴鄂又是最大最强的那个球队，他们对于巴斯克小朋友的吸引力就和皇马、巴萨对于南美球员的诱惑程度差不多。

一开始，毕尔巴鄂在同城兄弟那儿挖人还是很斯文的。他们和皇家社会之间长期有着互不挖角的默契惯例，毕竟无论是谁培养个土生土长的巴斯克青年才俊都很不容易。但有句话说得好：信任的前提是背叛的筹码不够大。那么，假如这个筹码是埃切贝里亚呢？

未满18岁时，埃切贝里亚就代表皇家社会完成了西甲联赛首秀。还没为皇家社会打几场比赛，整个西班牙足坛就明白这个年轻边锋绝对是天赋异禀。于是，毕尔巴鄂以打破西班牙年轻球员纪录的300万违约金把他撬走了。

这一走，便落地生了根。

埃切贝里亚为毕尔巴鄂整整效力了15年，其中的最后一年还是在合同到期的情况下自愿选择了无偿踢球。他帮助球队拿到了西甲亚军，还代表西班牙国家队参加了一届世界杯和两届欧洲杯。

或许是为了逃避老东家球迷的怒火，埃切贝里亚在来到毕尔巴鄂后的前几年，利用累计黄牌停赛和离奇轻伤的方法躲过了数次巴斯克德比。后来，避无可避的他第一次出战巴斯克德比便打入了两粒球，不出意料地迎来了皇家社会球迷砸出的瓶子和硬币雨。赛后，愤怒的皇家社会球迷甚至打砸了球场，导致俱乐部被罚款了好几百万欧元。自打埃切贝里亚这事儿以后，两支巴斯克球队之间的兄弟情谊越来越薄。

2005年，22岁的祖比亚雷代表皇家社会完成了西甲首秀。然后，毕尔巴鄂故技重施，和这位西班牙国青队主力中卫私下达成了未来转会加盟的协议。有了埃切贝里亚的前车之鉴，早有准备的皇家社会搜集好了私下联系的证据，立刻把毕尔巴鄂告上了法庭。结果，毕尔巴鄂被罚款500万欧元，祖比亚雷则被禁赛了1年半。这位曾经拿到U19欧青赛的潜力新星，后来再也没有达到过人们预想的高度。

而且，毕尔巴鄂得罪的兄弟球队还不只是皇家社会。就在2017年7月，刚刚不幸降级的另一家巴斯克俱乐部奥萨苏纳在官网宣布，球队将终止与毕尔巴鄂竞技的一切合作。原因是，对方花了45万欧元解约金挖走了自己青年队的后卫阿雷索。

唉，巴斯克何苦为难巴斯克……

人才越来越匮乏，和兄弟球队们的关系越来越紧张，毕尔巴鄂坚持巴斯克血统的政策也越来越受到了舆论的质疑。然而，就在前些年的民意调查中，仍然有超过80%的毕尔巴鄂球迷选择了“宁愿降级也要坚持只用巴斯克人”。没错，这就是一身傲骨的巴斯克精神。

嗯，我们越来越愿意相信，这个民族真的是从石头里蹦出来的了。

超级拉科，十年一梦

在西甲的地界上，经历过盛极一时然后家道中落的球队有很多。

比如瓦伦西亚，用了10年时间为世界足坛贡献了拉涅利、贝尼特斯、埃梅里等一众名帅和艾马尔、大卫·席尔瓦、马塔等一堆球星，然而在球队高层的各种骚操作下，蝙蝠军团的成绩却几经沉浮，近些年球队的荣誉簿上建树了了，留下的只有一座世纪烂尾楼。但是，瓦伦西亚绝对不是最惨的一家。比如，2010—2011赛季西甲末轮，瓦伦西亚就在一场比惨大会中2∶0战胜了对手。这一比分不仅使他们的对手降入乙级，而且引发了世界足坛的万人大唏嘘。

因为，这支降级的球队名叫拉科鲁尼亚。从降级那年起算，拉科鲁尼亚10年前还是西甲冠军，8年前还是国王杯冠军，6年前还进了欧冠四强，那时候的他们英姿勃发，与没落、垮塌毫无关系，那时候的他们还是一支能在欧冠与其他任何球队一较高下的劲旅，江湖人称——“超级拉科”。

【漫漫乙级路，崛起靠巴西】

拉科鲁尼亚是加利西亚自治区下辖的一个省，位于西班牙的最西北部。因为这里的人每天早上开门就能看见大西洋，所以渔业就理所当然地成为了当地的支柱产业。不过，远离国家政治经济文化中心并没有耽误拉科鲁尼亚人的足球热情。早在20世纪初，拉科鲁尼亚的水手和码头工人就开始用足球丰富自己的业余生活，然后在1906年，拉科鲁尼亚俱乐部成立了。

像《权力的游戏》中的葛雷乔伊家族一样，拉科鲁尼亚俱乐部的铁杆粉丝们大多都是生在海上，长在船上，虽然早在1908年就被西班牙国王阿方索十三世赐予“皇家”称号，但他们的成绩却像他们的经济基础一样不景气。

1988年，在球队受封“皇家”80周年的大日子里，拉科鲁尼亚高层数了数自己的家当，发现这些年球队还真的挺尴尬。比如，都成立80多年了，无论西甲还是国王杯，拉科鲁尼亚没有获得任何一项全国性的冠军，并且其中一多半时间都厮混在乙级。又比如，在成立80多年后，球队已经沦落到了西乙的降级区，而且负债高达6.64亿比塞塔，约合400万欧元。

要知道，6.64亿比塞塔搁在1988年可是一笔决定球队生死存亡的大数目。为了让这支球队继续成为全省人民的“渔家乐”常备项目而不至于走向破产清算，俱乐部的管理层决定重新改选球队的领导班子。于是在1988年，一个影响拉科鲁尼亚未来20年的主席走上了历史舞台，他的名字叫奥古斯托·塞萨尔·伦多伊罗。

在伦多伊罗上任之后的第一个五年计划中，他办了三件大事。

其一，搞钱。当时拉科还是一家会员制的俱乐部，有球迷才意味着有财源。伦多伊罗把自己手里不多的钱投入基建，重塑俱乐部欣欣向荣的良好形象，让俱乐部的会员增加到17500人，逐步解决了财政危机。

其二，争地位。拉科鲁尼亚在时任主帅伊格莱西亚斯的带领下，连续两年冲进了西甲升级附加赛，并且在1990—1991赛季成功跃过了龙门。

其三，寻人。1992年，手里开始有些余粮的伦多伊罗强行点出了“写轮眼”技能，在遥远的巴西淘到了两块大金子——贝贝托和毛罗·席尔瓦。在加盟拉科的第一个赛季，贝贝托就拿到了西甲的金靴。

事实证明，伦多伊罗是个天生的经营者。虽然他在就任拉科鲁尼亚主席之前，履历上只写着律师、市议会主席等靠嘴皮子吃饭的职业，但他仅仅用了5年时间，就把拉科从一支差点儿退市的股票带成一支西甲大蓝筹，而且成绩是每年打着滚地上台阶。看看他们的成绩单吧：

1990—1991赛季从西乙升上西甲；

1991—1992赛季成功在西甲保级；

1992—1993赛季西甲半程冠军，最终联赛排名第三，球队历史上第一次进入欧战；

1993—1994赛季西甲半程冠军，从12月4日开始一直把持着联赛榜首，直到最后一轮的最后一分钟……

那大概是西甲历史上最戏剧性的一次冠军争夺了。联赛最后一轮，拉科鲁尼亚只要战胜瓦伦西亚，无论当时排名第二的巴萨比赛结果如何，拉科都会拿下他们历史上的首个西甲冠军。半场结束时，拉科0∶0平瓦伦西亚，巴萨2∶1领先塞维利亚。下半场，拉科一直没能打破僵局。这时候上帝一挥手，瓦伦西亚球员一个趔趄在禁区里放倒了拉科后卫南多，一个决定冠军的点球摆在了拉科面前。一分钟后，上帝又一挥手，久基奇罚丢了点球……

就这样，巴萨凭借最后一轮的胜利追平了拉科的积分，凭借净胜球多的优势在赛季最后一分钟抢走了西甲的冠军奖杯。唉，容我为拉科哭一嗓子。

虽然拉科与联赛冠军擦肩而过，但是他们在那个赛季杀皇马灭巴萨的表现却轰动了整个西班牙。从此，“超级拉科”的名号开始叫响。

【“超级拉科”2.0版上线】

在取得了优异成绩的同时，贝贝托和毛罗·席尔瓦等一大批巴西优质“产品”让拉科主席伦多伊罗尝到了甜头。他决定：每年逛两趟巴西市场，保证每次都有新收获。

1996—1997 赛季，伦多伊罗订购了里瓦尔多、孔塞桑和阿尔贝托·席尔瓦，前两个当球员，后一个当教练；1997—1998 赛季，伦多伊罗又去巴西下了两个单，德贾明哈和路易松也先后被派送到拉科。

然而，世界上的逆袭之路总是难以一帆风顺。就在拉科鲁尼亚准备要大干一场的时候，巴萨在夏窗压哨用 2500 万的违约金砸走了里瓦尔多，拉科全队大受打击，最终在那个赛季只名列联赛第 12 名。

坏消息是，拉科又要重新买核心了；好消息是，伦多伊罗为拉科敞开了自己的钱袋子。在接下来的两个赛季里，拉科先后吃进了马凯、保莱塔、巴勃罗、维克托、塞尔吉奥，并且从塞尔塔手中抢下了 1998 年《国家报》和《足球先生》评选的双料年度最佳教练——伊鲁埃塔。

一切一切，都朝着最好的方向发展。

不过，伦多伊罗也没想到惊喜来得如此之快。在 1998—1999 赛季拿到联赛第 6 之后，拉科鲁尼亚带着一群名气不大、作用不小的球员迎来了球队历史上崭新的一页。在赛季开局不顺的情况下，拉科在 10 月之后一波七连胜登上了榜首，虽然之后双线作战的压力让他们一度差点儿崩盘，但是马凯在联赛最后一个月突突突地连进 8 球，让拉科最终举起了球队建队 94 年之后的第一个联赛冠军。

让我们铭记 1999—2000 赛季，那是西甲联赛成立 70 年间争夺最为惨烈的赛季。前三名输球场次都在两位数，塞维利亚、皇家贝蒂斯和马德里竞技三大传统劲旅都降了级，冠军的争夺一直延续到最后一轮，拉科鲁尼亚最终以 69 分的历史最低冠军积分，成了西甲历史上第九支，也是距今最近的一个西甲新王者。

夺冠后，拉科鲁尼亚全省沸腾了。我们是个小渔村啊，我们没钱没地位啊，我们拿到了西甲冠军啊，还等什么？狂欢啊。一般的球队夺冠，也就是包个大巴在街上走一圈嘚瑟一下。而拉科鲁尼亚夺冠之后，有超过 20 万的球迷走上街头，一口气庆祝了 3 天……好吧，让我们一起为拉科鼓掌。

然而，荣耀之后拉科鲁尼亚面临着和 2015—2016 赛季莱斯特城夺冠之后同样的问题，那就是：留不住人。

皇马伸出撬棍，撬走了孔塞桑；法甲抛出橄榄枝，挖走了保莱塔。不过，伦多伊罗表示我当年刚接手球队的时候就是三年自然灾害，苦日子自然有苦过法。于是，他再次点亮了自己的“写轮眼”，这次他扫货的目标瞄准了——降级队。

在之后的几年里，伦多伊罗先后从降级队挖来了莫利纳、卡德维拉和贝莱隆，又杀到葡萄牙、巴西、乌拉圭海淘了杜舍尔、埃默森和潘迪亚尼，再加上加盟皇马不成正在郁闷着的特里斯坦，以及重金从马洛卡砸下的卢克……看，我们依然很强大。

而且，球队除了保持在西甲第一梯队之外，开始有了更高的目标：冲出西班牙，走向欧罗巴。

【江湖上，开始流传着他们的故事】

从2000—2001赛季到2003—2004赛季，拉科鲁尼亚先后4次拿到了欧冠的入场券。除了2002—2003赛季死在小组赛第二阶段之外，剩下3次都至少进入了八强。更重要的是，在这几个赛季中拉科逐渐表现出顶级球队的强势。在欧冠这个世界足球俱乐部的最高舞台上，他们赢过尤文，双杀过曼联，拿下过拜仁，战胜过当时在英超49场不败的阿森纳，虽然也有小组赛3∶8输摩纳哥这样的逗趣神作，但却基本上把当时的欧洲豪门都杀了个遍。

如果要形容当时那支拉科的气质，可以用的词包括：劫富济贫、绿林好汉、谁都能赢、谁都敢输、人来疯。

那段时期，"超级拉科"的名头开始在江湖上广泛传颂，然后他们的辉煌事迹在2003—2004赛季欧冠1/4决赛达到了顶峰。嗯，AC米兰你来一下，《西甲风云》要盘点了。

时间：2004年4月7日

地点：里亚索球场

背景：拉科鲁尼亚首回合1∶4败走圣西罗，欧冠历史上从来没有球队能在淘汰赛首战落后3球的情况下翻盘。以及，AC米兰是那年欧冠的卫冕冠军。

结果：潘迪亚尼、贝莱隆、卢克和弗兰连入4球，书写了一场史诗级别的恢宏大胜。

皮尔洛在回忆那场比赛时说："那是我生命中的第一次也是唯一一次，想知道我的对手是否嗑了药。"虽然内德和羽则均对"唯一一次"的说法产生了怀疑，但皮尔洛的话已经足以证明那场比赛的神奇。赛后，主教练伊鲁埃塔甚至特地步行了35公里去有着"朝圣者之城"之称的圣地亚哥大教堂祈祷，还愿，感谢上苍。

然而，上帝却没有给拉科鲁尼亚更多的运气。在半决赛对阵波尔图的第一回合中，曾效力于波尔图的拉科鲁尼亚后卫安德拉德铲倒了他的前队友德科。鉴于安德拉德和德科以前在波尔图时是好友，所以安德拉德站起来之后又微笑着轻轻踢了德科一脚。

然后，德科就生气了。再然后，主裁判就把安德拉德罚下了……

这大概是足球史上最"塑料"的友情了。

两个星期之后的第二回合，替补安德拉德的塞萨尔在自家主场送给了波尔图一个要命的点球，最终拉科鲁尼亚两回合以0∶1的总比分告负，只能目送穆里尼奥带着波尔图捧起了那年的欧冠冠军。

那是拉科鲁尼亚距离欧洲之巅最近的一次，也是那支“超级拉科”最后一次有机会捧起大耳朵杯。因为，当时球队的境况很像切尔西和国际米兰夺得欧冠冠军时的情形，那批“老男孩”弗兰、毛罗·席尔瓦等球员都已经到了职业生涯的暮年，全靠提着一口气冲到了最后，却不幸倒在了终点线前。

时光，再也不会给他们机会了。

不过，人员更替在足球场上是再寻常不过的事情了。按照通常的剧情，一支球队挥泪告别一整批功勋球员之后，下一个步骤将是重建。但是，他们那位曾经出手还算大方的主席伦多伊罗这时却两手一摊，宣布：没钱。

【钱呢？拉科的钱呢？】

拉科鲁尼亚真的没钱。为什么呢？

其一，拉科鲁尼亚那地方本来就挺穷的。作为以渔业为经济支柱的地区，虽然拉科鲁尼亚省的新鲜鱼类产量居于欧洲第一，但经济基础相对薄弱。2002 年 11 月 19 日，当地又发生了“威望”号漏油事件——载有 7.7 万吨燃料油的希腊油轮“威望”号在拉科鲁尼亚附近海域里断裂，沉船以每天 125 吨的速度往大西洋里漏油，而且一漏就是好几年。这一事件给了整个拉科鲁尼亚省一记闷棍，渔业资源损失惨重，然后那地方就更穷了。

其二，拉科鲁尼亚俱乐部也不富裕。拉科当时已经改组为股份制俱乐部，主席伦多伊罗就是球队最大的股东，其他股东也都来自当地。“威望”号漏油事件极大地打击了渔村的经济，也大大影响了股东们的钱袋子，大家的钱都要省着花。

其三，西甲的收入分配严重不公，拉科虽然踢得赏心悦目，但仍然赚不到钱。在转播权收入分配方面，英超基本走的是“大锅饭”路线，各队分成只是根据球队赛季排名和转播次数有微小的差别。而西甲的转播权分配，走的却是“朱门酒肉臭，路有冻死骨”的路线。以 2005—2006 赛季为例，整个西甲的转播权卖了 4 亿欧元，其中皇马和巴萨拿到了 47%，也就是 1.88 亿欧元；瓦伦西亚和马德里竞技拿走了 14%，差不多 5600 万欧元；剩下的 39% 共计 1.56 亿欧元再按照战绩分给剩下的 16 支球队，平均每队只能拿到 975 万欧元。

总之，拉科鲁尼亚就是这么一支球队，他们村里穷，家里穷，遭受天灾，国家补贴还都分给了土豪……再加上之前连续高投入的引援，拉科鲁尼亚最高负债曾经达到过 1.6 亿欧元。

于是，伦多伊罗只能像刚接手球队的时候一样到处筹钱。只是，这次的手段更加极端。2003—2004 赛季逆转 AC 米兰之后，他便开始“一毛不拔”。“写轮眼”虽然再次开启，但这次的目标，瞄准了免签和租借。

2004—2005 赛季，拉科一个人也没买，甩卖了潘迪亚尼；2005—2006 赛季，弗兰和毛罗·席尔瓦退役，球队卖掉了卢克，进项却只有免签的盖兹曼和胡安马；2006—2007 赛季，1500 万欧元把安德拉德送到瓦伦西亚，然后免签了 3 个，租借了 1 个，又用总计 925 万欧元吃进了 5 个小妖；2007—2008 赛季，杜舍尔说再见，球队从墨西哥淘来了瓜尔达多；2008—2009 赛季，拿科洛奇尼和西斯科换了 2000 万欧元，免签了阿兰苏维亚和米斯塔，租来了泽·卡斯特罗，唯一的花钱项目是买进拉菲塔的 200 万欧元；2009—2010 赛季，拉科终于在转会市场上花钱比赚钱多了，虽然他们只是花 200 万欧元买断了泽·卡斯特罗，而他们也实在是没什么人可卖了……

6 年时间，伦多伊罗在转会市场上赚了一个亿，买人只花了 2000 万。在如此葛朗台的作风之下，球队居然没垮塌，6 个赛季靠着吃老本和练“小妖”在联赛的排名分别为第 8、第 8、第 13、第 9、第 7、第 10，这操作是不是够牛?!

然而，一切也到此为止了。

2010—2011 赛季开始前，伦多伊罗卖掉了球队最后一个值钱的球员菲利佩·路易斯，带着他新免签的 3 个球员和新租来的 5 个球员，开启了令人难忘的一季。

9 个月之后，拉科鲁尼亚以积 43 分、创造西甲降级球队最高积分纪录的成绩，降入了乙级。这艘曾经令欧洲诸强胆寒的“超级拉科”号，就这样轰然沉没了。

【成也伦多伊罗，败也伦多伊罗】

2013 年，伦多伊罗卸任拉科鲁尼亚主席一职。距离他雄心勃勃地坐上这个位子的那一刻，已经过去了 25 年。

在这 25 年间，对于伦多伊罗，拉科鲁尼亚的球迷有着很复杂的感情。

他曾经为球队撒下大把钞票。马凯花了 1000 万，维克托花了 700 万，安德拉德花了 1200 万，从降级的马竞手中打包莫利纳、卡德维拉和贝莱隆花了 2000 万，阿库纳花了 1100 万……这些价码放在 2000 年左右，都算是大手笔。也正是这些球员，铸造了拉科的辉煌。

他有着出色的经营眼光。拉科最强盛的时候不怕卖人，从马凯到特里斯坦到潘迪亚尼再到卢克，拉科给人的感觉就像是马德里竞技的锋线——卖走一个，再买个新的照样很牛。

即便在最后几年搞大甩卖的时候，伦多伊罗做的买卖依然充满着神操作。比如，他把穆尼蒂斯卖给桑坦德竞技的时候，在合同中搞到了卡纳莱斯一半的所有权，然后当皇马买卡纳莱斯的时候，拉科坐地收钱；又比如，他把费利佩·路易斯卖给马竞的时候，顺便弄到了德拉奎瓦斯的限价购买条款，虽然最终由于拉科自己的原因没能启用，但这买卖依然很有眼光。

而他免签和花小钱买的那些人，也为拉科带来了大把收入。比如他免签的阿贝罗阿，因为表现出色被皇马回购转卖利物浦然后再回购；阿里兹门迪，一度入选国家队又转会瓦伦西亚，后来在赫塔菲成为球队进攻支柱；200 万买来的拉菲塔，后来成为萨拉戈萨保级的功臣；免签的贝尔杜（是的，就是青岛黄海队的贝尔杜），在西班牙人成长为中场核心……如果这些球员都还在，拉科鲁尼亚甚至可以组成一支小号的“超级拉科”。

然而，也正是因为伦多伊罗过分相信自己的眼光，所以他抠门，锱铢必较，毫不在意地卖掉优秀球员，舍不得出工资或者给不起工资，这一切最终使拉科陷入一个无限买卖人口的怪圈，连基本流程都是同一套路。

第一步：买个“小妖”，3 年“出栏”。

第二步：“小妖”打出身价，要求加薪。

第三步：不给加薪，扔到市场换成钱。

第四步：再买个“小妖”，等待“出栏”。

这种经营策略，让所有好的球员和主帅都不乐意来和拉科玩儿。西班牙队前主帅塞斯和当时赋闲在家的博斯克拒绝了拉科的邀请；为塞维利亚打造出两届联盟杯冠军班底的青训专家卡帕罗斯只在拉科待了两年就闪身去了更具雄心的毕尔巴鄂竞技；连当时已经年过而立的迪瓦约都不愿来拉科养老，宁愿以租借的方式加盟摩纳哥……

终于，转会市场再无千里马可寻。从最低的积分夺冠到最高的积分降级，拉科鲁尼亚用了 10 年诠释了运气守恒的定律，最终从天堂滑落到人间。

【尾声】

拉科鲁尼亚的崛起是个偶然，因为伦多伊罗用太精明的眼光恰好凑齐了一帮好球员。但拉科鲁尼亚的衰落却是必然，地方保护主义让球队扩充股本的计划因为得不到当地老板的支持宣告失败，而西甲联赛那显失公平的分配政策，也让所有期待崛起的西甲中小球队举步维艰。

马洛卡、贝蒂斯、萨拉戈萨，甚至塞维利亚、瓦伦西亚、比利亚雷亚尔，这些球队都有着共同的特点：根基不稳，负债经营，即便高投入能换取几年的好成绩，欧冠资格也会变成他们的生命线。这一切都使得球队的容错率很低，一旦在过激的买卖之后失去欧冠，他们就只能卖球星忙保级，一不留神就会万劫不复。

2009 年，伦多伊罗曾在接受采访时说：“我的严重失误不在于卖掉球员，而在于只是幻想的冠军梦，然后只能面对由渴望夺冠而引发的问题。”

所以，让我们再去追忆一下那支曾怀着冠军梦的“超级拉科”吧。主力阵容：门将莫利纳；中后卫是葡萄牙国脚安德拉德和摩洛哥国脚奈贝特；边后卫是入选过西班牙队的罗梅罗、光头巴勃罗以及阿根廷人斯卡罗尼；中场有老油子毛罗·席尔瓦和弗兰、曾经铲伤万人迷贝克汉姆的杜舍尔、阿马维斯卡、维克托、卢克、塞尔吉奥；前腰是天才的德贾明哈和同样天才的贝莱隆；前锋特里斯坦和马凯曾经轮流坐庄拿金靴，后面还跟着个“来复枪”潘迪亚尼；主帅是伊鲁埃塔，巴斯克奇迹，毕尔巴鄂传奇……

虽然奇迹已经远去，但里亚索球场内如今依然会不时响起球迷的歌声：“如果获得冠军是我这辈子遇见的最美好的事，我又怎能忘记那支拉科?”

瓦伦西亚的辉煌与癫狂

在2000年到2004年之间，瓦伦西亚曾经拿到了两次西甲冠军、一次欧洲联盟杯冠军和两次欧冠亚军，那几年绝对是和巴萨、皇马旗鼓相当的存在，甚至在冠军的争夺中还能压过他俩一头。那么，这样一支在世纪之交红透半边天的球队是如何崛起又如何沉沦的呢?

这一切，还要从意大利人拉涅利说起。

【“专业奠基者”拉涅利】

时间回到1997年，拉涅利还是一个刚刚在意大利国内闯出点儿名声的少壮派教练。不过，那时候的拉涅利还不知道自己未来将走向“补锅”的轮回，他抱着“世界这么大我想去看看”的雄心壮志丢下了佛罗伦萨的帅印，决定出国闯荡闯荡，试试自己的斤两。既然挑战自我，那就从地狱难度开始，于是拉涅利接下了瓦伦西亚的教鞭：一家在两年之内炒掉了5位教练和两个主席的神奇俱乐部。

事实证明，这个难度对于当时的拉涅利来说还是太高了些。不过，他在任两年期间还是为瓦伦西亚做出了下列三大贡献，也打响了自己成为“奠基派”掌门人的第一枪。

第一，拉涅利拿下了1998—1999赛季的西班牙国王杯冠军。在那次冠军征程里，蝙蝠军团先后战胜了巴萨、皇马和马竞，不仅实现了对如今“西超军团”的团灭，甚至还有6∶0赢下皇马的碾压式胜利。要知道，瓦伦西亚俱乐部上一次拿到国内赛事的冠军，还要追溯到20年以前的1978—1979赛季。因此，这次夺冠的意义不仅是球队博物馆内多了个金杯收藏，更是极大地鼓舞了俱乐部上下的士气。

第二，拉涅利带来了意大利式防守。当年的西班牙赛场还是浪漫主义的兴盛之地，大部分球员举手投足都带着“转个圈遛个弯”的艺术气息，没有哪支球队愿意选择防守反击这种“低声下气”的战术。而对于瓦伦西亚这种浪漫有余、铁血不足、混乱不堪的球队来说，钢铁般的防守态度正是重整旗鼓的一剂猛药。

第三，拉涅利开发了门迭塔。希丁克执教时将门迭塔买到了瓦伦西亚，并给了他一个左后卫的位置。努涅斯时代门迭塔被移到自己最喜欢的中场，却很快在主帅不断更迭中沦为替补。拉涅利上任之后，给了门迭塔随意前插参与进攻的自由，让其他中场球员专心负责保护他的身后。三位名帅变着花样的调教终于把门迭塔刷出了进攻核心的“觉醒技”，在拉涅利执教期间，门迭塔单赛季进球上双、助攻不断，全世界都看到了他的无穷潜力。

紧接着，接替拉涅利的阿根廷人库珀为前任播下的种子继续浇水施肥，之前只是在黑夜里默默发育的蝙蝠军团开始亮出了自己的獠牙。

【看，那是蝙蝠军团的荣光】

1999—2000 赛季，这支由门迭塔、卡尼萨雷斯、安古洛、基利·冈萨雷斯、“小虫”洛佩斯等人率领的球队在欧洲冠军杯里一路击败了拉齐奥、巴萨等众星云集的强队，历史性地第一次杀入了这项赛事的决赛，他们和皇马的相遇也是欧冠历史上第一次在决赛中上演同国内战。

虽然瓦伦西亚在冠军争夺中被老道的皇马以 3∶0 的比分“教做人”，但从此欧洲列强都不敢再小看这个朝气蓬勃的挑战者。

2000—2001 赛季的欧冠，瓦伦西亚再接再厉一路蹚过了阿森纳和利兹联等英超诸强，连续第二年站上了决赛的舞台。这一次，他们的对手是德甲巨人拜仁慕尼黑。决赛结束之后，当时的拜仁主帅希斯菲尔德将那场比赛的赢球因素总结为三句话：“运气好，卡恩牛，还有运气真的好。”

之所以这么说，是因为这场比赛实在是神奇。开场前 5 分钟双方各被判罚一粒点球，可能是足坛近 20 年点球最强者的门迭塔稳稳罚进，邵尔的射门却被卡尼萨雷斯扑出。下半场拜仁再度获得点球机会，埃芬博格帮助球队扳平了比分，两队最终战平进入了点球大战。7 轮点球鏖战结束，卡恩扛着拜仁举起冠军奖杯。

后来，希斯菲尔德还将本场比赛运气爆棚的原因归结为“两年前欧冠决赛我们已经倒霉过了”，毕竟他们曾经攒了个大大的人品——在欧冠决赛被曼联补时扳平加绝杀。球场上就是有这样的人品守恒定律，除了拜仁之外，利物浦在伊斯坦布尔之夜和 AC 米兰两年后的复仇也算是有借有还。

但是这定律似乎对瓦伦西亚格外苛刻，他们连续两年屈居欧冠亚军，错失了队史至今触摸大耳朵杯的最佳机会，个中苦楚谁人知？尤文图斯一声叹息，马德里竞技相拥而泣。

足球就是如此残酷，短短的几秒钟之间也可能是一念天堂与一念地狱，如果瓦伦西亚赢下了那两场决赛，可能整个俱乐部和西甲 21 世纪的历史都要彻底改写。而现实是输掉了那两场关键的比赛之后，没拿到下赛季欧冠资格的库珀和连续两年被官方评为欧冠最佳中场的门迭塔双双前往了意甲。

不过，当时的瓦伦西亚并没有因此倒下。没有了库珀，他们从西乙找来了初出茅庐的贝尼特斯。失去了门迭塔，他们收获了另一个伟大的中场球星——艾马尔。

嗯，好日子还在。

【贝尼特斯发迹的地方】

贝尼特斯执教的那3年，梅斯塔利亚的球迷是幸福的。虽然贝大师此前从来没带过大俱乐部，但是他却在瓦伦西亚展现了极高的战术天赋。比如将西甲流行也是球队惯用的菱形4－4－2改成了当时还不多见的4－2－3－1，然后用强大的控制力让这个阵型在整个欧洲全面走红。

当时的瓦伦西亚控制力有多强？我们拿最会赢下“1∶0”比赛的穆里尼奥来做个对比。2009—2010赛季，穆帅的国米成就了三冠王霸业，他们在意甲只丢了34球；2014—2015赛季，穆帅在切尔西二进宫之后拿下了英超冠军，他们只丢了32球。而2001—2002赛季，贝尼特斯的瓦伦西亚在西甲联赛里只丢了27球，这一最少丢球数直到十几年后才被西蒙尼的马竞超越。

不仅如此，贝尼特斯还点亮了自己的球探特技，为瓦伦西亚淘到和发掘了一大批好宝贝。

首先，他从本菲卡引进了马切纳，后者和阿亚拉一起组成了牢固的中卫搭档。他让阿尔贝尔达和巴拉哈组成了风格互补又都能防守的双后腰，甚至连前场每一位球员都在贝帅的要求下开始积极参与回防，全队的防守强度简直就是登峰造极。

其次，艾马尔在前腰位置上打出了统治级的表现。作为4－2－3－1阵型里至关重要的前腰，他既可以利用盘带和控球技巧过人如麻，也可以送出手术刀一般精准的直塞，甚至可以加入到中场的围抢和拦截之中。在这里，他开始被誉为“马拉多纳接班人”。在全世界，他成了无数孩子的偶像。在他的死忠粉里，还包括一个名叫梅西的阿根廷小青年。

再加上在边锋位置上几乎独步西甲的维森特，以及贝尼特斯带来的嫡系中锋米斯塔，瓦伦西亚同时打出了坚固的防守和犀利的反击。2001—2002赛季他们拿到了阔别31年的西甲冠军，2003—2004赛季更是拿下了西甲和欧洲联盟杯的双冠王。

那时的瓦伦西亚势如破竹，风头无双，甚至也得到了游戏世界的充分认可。我们两个上大学那会儿，正是《实况8》风靡全国宿舍的巅峰时刻。在这款游戏里有许多好用的球队，瓦伦西亚就是其中一个。毕竟，当年游戏里的瓦伦西亚拥有阿亚拉、阿尔贝尔达、巴拉哈、维森特、安古洛、艾马尔等如雷贯耳的球星，如果再打上后来的转会补丁，那么阵容里还会多出比利亚和华金……啧啧，简直是一支好感度爆棚的球队。

然而，现实中瓦伦西亚的发展轨迹却不像游戏中那么美好。《实况 8》发行于 2004 年，也正是那一年，瓦伦西亚开始与自己的辉煌告别。是的，就当大家都以为瓦伦西亚会继皇马、巴萨之后成为西甲第三支闪瞎全世界的豪门时，他们自己搞了出肥皂连续剧。

这出戏的结局是：内斗来了，贝尼特斯走了，财政危机爆发。

【越斗越穷，越穷越斗】

问：贝尼特斯为什么会离开瓦伦西亚？

答：他是被气走的。

尽管在瓦伦西亚走上了第一次人生巅峰，但贝尼特斯始终不怎么受管理层待见。制服组始终认为，蝙蝠军团的成功是拉涅利种下的树苗，库珀浇的水施的肥，名不见经传的贝尼特斯只不过是大树长成之后来乘凉的幸运儿。

于是，俱乐部里不断上演着这样的对话。

贝尼特斯：我要加薪！

瓦伦高层：对不起，俱乐部没有足够的预算。

贝尼特斯：我要更多的转会费！

瓦伦高层：对不起，俱乐部没有足够的预算。

贝尼特斯：你们这样肯定会被竞争者远远抛在身后，这是最后通牒！不同意我就辞职！

瓦伦高层：好的，感谢你为俱乐部曾经做出的贡献，祝你未来好运。

贝尼特斯：……

就这样，贝大师一气之下去了利物浦。而瓦伦西亚也没含糊，他们转身就请回了拉涅利。似乎是为了进一步恶心贝大师，瓦伦西亚重新签下拉涅利之后，马上把贝大师苦苦追求的薪水和转会大权都送给了“补锅匠”。

拉涅利回来之后马上引进了迪瓦约和莫雷蒂，因为要和拉齐奥清算门迭塔的旧账，菲奥雷和科拉迪也先后来投。但再加上原来就在队中的老将卡博尼，拉涅利二进宫放出的第一把火，就是先囤了 5 个意大利老乡。

得不到的总是在骚动，被偏爱的却有恃无恐。拉涅利的这番操作无疑是为了增强球队的实力，但也很明显是想刻上自己的印记。遗憾的是，这群意大利老乡并不适应西班牙的足球环境，在他们的“努力”之下，拉涅利只坚持到了次年的 2 月就黯然下课了。

接任教练的是西班牙教头弗洛伦斯，他上任之后的第一件事是——继续清理前朝遗迹。这一次，清洗的目标变成了意大利帮。然而，弗洛伦斯的大清洗却没那么顺利。虽然拉涅利已走，功勋老臣卡博尼却在退役之后成了体育总监，继续站在了意大利老乡这边。于是弗洛伦斯和卡博尼在训练场和媒体上开始了明争暗斗互相嘲讽，最终一个主动辞职，另一个很快就被炒了鱿鱼。

眼瞅着再这么折腾下去就“国将不国”了，在2007年解雇了弗洛伦斯之后，瓦伦西亚主席索莱尔声称要找一个“配得上球队”的顶级主帅。于是，在他亲口说出肯定是里皮或者穆里尼奥这一级别大咖的几天之后，找来了罗纳德·科曼……

这档次，下降得有点儿快啊！

更麻烦的是，新官上任的科曼点起的火和前任们并没有什么不同。为了立威，也为了复制自己在荷兰打造的青年近卫军，科曼不惜彻底冷藏安古洛等老将，甚至搞得阿尔贝尔达和卡尼萨雷斯在新闻发布会上掩面而泣。就这样，科曼延续了之前两任主帅的优良传统，推着瓦伦西亚在内斗的道路上更进一步。体格强壮的蝙蝠再也经不住这样的折腾，在人人自危、军心不稳的环境下一路跌到了保级区。

在此期间，那位心气过高、眼光过远的主席索莱尔再次站了出来，提出了“新梅斯塔利亚计划”，把瓦伦西亚又往深渊里拽了拽……

【理想很丰满，现实很骨感】

当时瓦伦西亚的主场梅斯塔利亚球场最大容量已经达到了55000人，按理说完全能够满足俱乐部需要。但蝙蝠军团高层却认为：那啥，咱们坐拥西班牙第三大城市啊，球队实力即将赶皇超萨啊，所以现有的座位数和老旧设施远远不够啊！于是，2006年俱乐部官方宣布即将新建一座全新的顶级球场，名字暂定为“新梅斯塔利亚球场”。

而且，新球场在设计上一律要走“奢侈品路线”。

第一，球场要有75000个座位，每个座位的长、宽、高都是全欧洲第一，要的就是敞亮；第二，所有的座位都会被顶棚覆盖，下雨下雪下冰雹都不怕；第三，主队更衣室面积达到450平方米，保证每个球员都可坐可躺可满地打滚；第四，球场附带隐藏式跑道，踢球时降到地下，跑步时升上地面。

这么奢华，“新梅斯塔利亚”当然不能只满足于当个球场，还得力争成为城市的标志。所以，瓦伦西亚城市的每一个区和主要河流都将通过艺术加工的形式出现在“新梅斯塔利亚”的外墙之上，让整个球场浓缩当地的精华。为了让更多的人欣赏精华，市政府还准备专门为这座球场开通一条新的地铁专线，偏远和拥挤都不再是看球或者参观城市地标的阻碍……

以上，是美好的愿景。

然而，目标远大的“新梅斯塔利亚”不仅没有成为球队高层想象中的样子，反而成了过去十来年整个瓦伦西亚甚至全西班牙最大的烂尾工程，没有之一。最初计划2009年投用的这座球场直到2018年还没有完工，因为资金问题更是修修停停，三年打鱼七年晒网。

造成这一现象的原因是多方面的。比如索莱尔原本打算把旧梅斯塔利亚那块地出售，所得款项基本上就能补上新球场一半的成本，结果次贷危机爆发，那块地从此无人问津；比如瓦伦西亚以为自己可以阿森纳附体边修球场边进欧冠，用越来越高的收入流水来解决球场后续的资金需求，结果战绩逐渐下滑；又比如他们认为卖掉门迭塔、培养出艾马尔的成功经验可以复制刷钱，却不知这种事纯粹是行了大运的巧合；再比如2008年施工工地发生了严重的意外导致4人死亡，工地的安全问题引起了政府和舆论的高度重视，安全和质量方面的预算成倍增长……

天灾加人祸，新梅斯塔利亚球场就这样在俱乐部几度易主的过程中彻底变成了甩不掉、填不满的大窟窿。而瓦伦西亚坐拥的两座球场，一个没地卖，另一个没钱修。嗯，这种窘境可以归结为——东墙没法拆，西墙没法补。

在这种状况下，球场停工只能解决掉后续资金的问题，但之前大批资金已经投入，接下来怎么偿还银行的贷款呢?

答案很简单：西班牙第三大俱乐部瓦伦西亚倒闭了！体育场欠下好几亿，我们没有办法，拿着球员还贷款！原价都是4000万、5000万的顶级球员通通打4折！全部打4折！

【短暂复兴和继续折腾】

多年之后，大巴黎主帅埃梅里徜徉在钞票的海洋中，总会想起他在瓦伦西亚度过的穷苦日子。说起来，那真的是一段越穷越卖、越卖越穷的辛酸时光……

当时，职业生涯混迹于低级别联赛的埃梅里在退役之后刚刚走入教练生涯。把阿尔梅里亚历史性地首次带入西甲并成功保级之后，他于2008年接过了瓦伦西亚抛来的橄榄枝。像前辈拉涅利、库珀和贝尼特斯一样，埃梅里也靠着这家俱乐部迈上了事业新的台阶。

在蝙蝠军团执教的那4年，埃梅里的工作无疑是相当成功的。除了第一年的磨合适应之外，他带队在后面三个赛季全部拿到了西甲的第三名，并且曾经打入过欧联杯的四强。更重要的是，他为瓦伦西亚带来了许久未见的稳定。在立足防守的基础上，埃梅里的球队拥有着令人胆寒的进攻组合：巴内加策动反击，马塔和席尔瓦负责组织，边路还有速度极快的阿尔巴与华金，中锋是效率极高的比利亚。梅斯塔利亚重新出现了经典的防守反击，而席尔瓦等人凭借着套边传中、直传斜插等赏心悦目的配合吸引来了各大豪门的注意。

看着这一个个优秀的球员，急于弥补亏空的瓦伦西亚高层眼睛里闪烁出了金钱的光芒。2010 年，比利亚加盟巴萨，席尔瓦出走曼城。2011 年，马塔同样踏上了闯荡英超的道路。

埃梅里不得不过上了“缝缝补补又一年”的苦日子，只能不断地内部挖潜力外部刮彩票，勉强拉扯出索尔达多、若纳斯、费古利等人凑了一套进攻组合，守住了西甲以上西超未满的联赛第三。

平心而论，在皇马和巴萨的巨大压力之下，这已经是莫大的成功。但是埃梅里很清楚，这已经是自己能够做到的极限了。在俱乐部始终砸锅卖铁填补烂尾楼亏空的大环境之下，这么缝补总有一天会不剩下一针一线的。因此，2012 年，他头也不回地逃离了这条眼看就要沉没的船，瓦伦西亚也从此过上了每个赛季两名主帅起步的日子。

2014 年，实际上拥有着瓦伦西亚的银行终于厌倦了永无止境的球队托管，公开表示“如果这残队没人想要，我们就把它破产清算了”，这条船离撞上冰山只剩下了肉眼可见的距离……

然后，林荣福来了。

【天使还是恶魔，这是个问题】

对瓦伦西亚的球迷来说，林荣福的收购自带着救世主的光环，他和门德斯的合作又带来了穆斯塔菲、奥塔门迪、安德烈·戈麦斯等强力新援，简直就是到处挥洒钞票的东方天使。于是，梅斯塔利亚球场上高挂起了这样的标语：“林老板，我们爱你！”

然而，3 年之后梅斯塔利亚的标语就变成了“林，你就是个骗子”“吸血鬼，从我们的球队滚开”“把我们的瓦伦西亚还回来”。甚至，球迷们还在球场外和瓦伦西亚市区里组织了好几次的大规模抗议游行。

咦咦咦，到底发生了什么？

首先，瓦伦球迷惊讶地发现，无论是林荣福还是门德斯都想在俱乐部的关键职位上安排自己的亲信。比如，林荣福接手之后很快就解雇了表现并不差的主帅皮齐（就是后来带智利拿到美洲杯的那位），找来了门德斯的心腹爱将努诺。又比如，在困难时期回来加入管理层拼命救主的球队名宿一个个不是被架空就是主动辞职，不到两年的时间全都换成了新人，这让老球迷很是糟心。

其次，瓦伦球迷又惊讶地发现，门德斯把那些旗下的好球员带到球队，表面是为了蝙蝠军团着想，实际是想在这里打出名气之后迅速套现，从而把手中的第三方所有权套成现金。说穿了，瓦伦西亚在他眼里也就是个二手车交易平台。最佳的例子是奥塔门迪踢了一年好球之后立刻就去了曼城，穆斯塔菲和戈麦斯等人一个都没有留下来。

最后，林老板虽然一直标榜自己是个球迷，但其实他只是一个忠诚的曼联球迷……

没错，曼联。林荣福从来没有隐藏过自己的曼联球迷身份，他资助 92 班成员在曼彻斯特建起了足球酒店，还跟他们各自出资一半共同买下了英格兰第八联赛球队萨尔福德。然后，在努诺因为第二年带队战绩不佳下课之后，他力排众议把选帅范围扩大到了电视台，请来了自己的好友、优秀足球解说员、职业喷子键盘侠、曼联名宿加里·内维尔。

内文豪带队的战绩之惨、场面之渣，这里就不过多批判了。反正，瓦伦西亚过去 15 年的经历就是一个标准的堕落曲线：从世纪之交的西甲争冠球队变成了稳居第三，又下滑为力争前四，再跌落到不上不下打打酱油。内维尔执教期间，正是这个曲线的最低点。

而那支 6 年内拿到 2 座西甲冠军、1 次联盟杯冠军、1 次国王杯冠军、1 次西班牙超级杯冠军、1 次欧洲超级杯冠军、2 次打入欧冠决赛的蝙蝠军团，已经变成了越来越遥远的回忆。

不过，辉煌可以折腾到落寞，触底自然也可以反弹。

2017—2018 赛季的瓦伦西亚在马塞利诺的率领下，重新杀回了积分榜的前列。意大利舞王扎扎在前半程的进球数比前几年加起来还要多，被豪门球迷吐槽了很久的孔多比亚、穆里略和加布里埃尔撑起了防守的硬度，在大巴黎看了一年饮水机的格德斯的盘带、视野、传射技术全方位爆发，甚至让皇马、巴萨这样的球队都动起了心思。

在这群铆足了劲要证明自己的“豪门失意者联盟”的带动下，帕雷霍、米纳、罗德里戈等人都仿佛找到了自己的最佳状态，梅斯塔利亚球场终于再现了曾经水银泻地般的进攻，球队甚至很长一段时间内的联赛进球数都只少于巴塞罗那一家。

但是，即使如今有了复兴的种种迹象，瓦伦西亚背后却依然笼罩着阴云。虽然球队最终杀入了欧冠区，但目前这套单薄的阵容和队内的大批租借球员，以及那个第 N 次据说“即将”修好的新球场，都需要更多的资金支持。

而这一次，林老板真的会付出真心吗?

格拉纳达的奇葩传说

在西甲联赛的历史上曾经有过不少足以与皇马、巴萨抗衡的第三势力，从当年的毕巴、瓦伦、拉科到现在的马竞，都有过盛极一时的辉煌。但是即使在他们最闪耀的时期，财政困难始终都是悬在头顶上的宝剑，一步走错就有可能前功尽弃。

而在西班牙，除了大部分时间都很稳定的双雄和偶尔闪光的中游势力之外，更多的是频繁在温饱线上挣扎的小球队。像英超保级队那样的小康生活，对于他们来说是遥不可及的梦想。

其中，就有这么一个比较特殊却颇有代表性的俱乐部：格拉纳达。

【穆斯林的最后堡垒】

在我们两个（加起来）去过的所有西班牙城市中，格拉纳达无疑是最特殊的那个。这里的最热门景点叫作阿尔罕布拉宫，是个古代清真寺和伊斯兰教圣地。这里的人们热爱点熏香、抽水烟和吃阿拉伯菜肴，出了市区不小心就能走到一大片穆斯林聚落。

很多游客走着看着，都要拿出手机发个朋友圈看一下定位，才能确定自己没有来错地方。是的，这里真的不是北非或者中东，这里真的是西班牙。

怎么会这样？咳咳，西甲（经常跑偏到历史）小课堂开课啦！

公元 7 世纪，阿拉伯世界席卷欧亚非，摩尔人（来自北非的穆斯林）跨过了地中海在伊比利亚半岛登陆，以风卷残云之势迅速占领了大量基督徒的土地，史称“摩尔人入侵”。最鼎盛的时期，他们的版图基本上覆盖了伊比利亚半岛全境，只有北部那帮倔强的巴斯克人实在是搞不定。我们现在熟悉的什么马德里（前身 Majerit）、巴塞罗那、塞维利亚甚至整个葡萄牙，都曾经在阿拉伯人的统治之下。

对于高傲的欧洲人来说，这简直就是奇耻大辱。于是，残存的基督教势力在各种兄弟国家的支持之下开始了长达 700 多年的收复失地运动。从伊比利亚半岛的北方开始，一个个基督教王国成立、出征、内斗、联姻、分裂，虽然内耗的各种故事说起来比收复失地本身还要精彩，但好歹是慢慢夺回了不少领土。

直到 1469 年卡斯蒂利亚公主伊莎贝拉拒绝了中年肥胖的葡萄牙国王阿方索

五世，和阿拉贡王子斐迪南私奔并成婚，才强行促成了“西班牙”这个国家的成立。于是，我们开了个清奇的脑洞：如果当年那个被拒婚的国王长得跟罗总裁一样帅，说不定现在整个伊比利亚半岛都叫作葡萄牙了。哈白布（哈维、伊涅斯塔、布斯克茨）在俱乐部和梅西组队之后，来到国家队就跟C罗成为队友，想想都刺激。

后来，新生的西班牙王国终于完成了自己的收复失地运动。1492年1月6日，西班牙军队在围攻两年之后攻陷了摩尔人的首都——阿拉伯世界在伊比利亚半岛的最后一个堡垒。这个首都，正是格拉纳达。

虽然摩尔人只是统治了巴塞罗那几十年、马德里（包括前身）100年、萨拉戈萨300年，但却占据了格拉纳达差不多750年的时间。也正因为如此，这里到现在都保留着大量阿拉伯世界的风土人情，成了西班牙文化中极其特殊的存在。

而格拉纳达这家足球俱乐部，也跟这座城市一样有着非常特殊却很有代表性的地位。特殊，是因为他们做过很多奇葩的事情。很有代表性，是因为他们和其他西班牙小俱乐部有着一样的特点——穷。

【三个马拉多纳的故事】

1931年4月6日，格拉纳达俱乐部正式成立。1931—1932赛季，他们加入了西班牙联赛系统，从西乙开始了自己的足球轨迹。

然后，在成立的几十年里，他们一直坚持草根地位不动摇，大部分时间都在乙级联赛挣扎。也有烧高香的时候能杀入西甲混个好几年，然后很快就一脚踩空跌入第三甚至第四级别联赛之中。格拉纳达在西甲取得的最高排名，是1971—1972和1973—1974这两个赛季的第6名。而他们最接近冠军荣誉的机会，是1958—1959赛季先后淘汰了埃尔切、加的斯、皇马B队和瓦伦西亚，杀入了国王杯决赛，但是在距离冠军只差一步时被巴萨4∶1击败。

好了，格拉纳达作为一家足球俱乐部的历史和荣誉，上面这段话已经基本都讲完了。接下来，为您带来格拉纳达的那些奇葩故事。比如，听说过同时拥有3个马拉多纳的球队吗？

什么，球王马拉多纳？还是3个？嗯，没错，格拉纳达就是世界上唯一一支曾经拥有过3个马拉多纳的俱乐部，虽然时间只是短短的一场比赛。

1986年世界杯上，马拉多纳率领着阿根廷一路击败了各路豪强，最终捧起了冠军奖杯，对阵英格兰时的“上帝之手”和连过5人成了世界足坛的经典瞬间。一年之后，他为那不勒斯带来了队史第一座意甲冠军奖杯，还同时赢下了意大利杯成为双冠王。

当时的世界足坛，只有这一个球王。

无数的赞助商和广告金主蜂拥而至，各个国家都出现了马拉多纳代言的广告。其中，咖啡品牌 Nova 别出心裁地请来了马拉多纳和他的两位弟弟，以“3 个马拉多纳”为宣传噱头形成了轰动效应。很多厂家跟风而上，把三兄弟捧成了一个覆盖全球的营销明星组合。听到这个消息之后，远在西班牙的格拉纳达俱乐部燃起了一个大胆的想法。

就像俱乐部历史中的大部分时候一样，当时的格拉纳达是一支西乙和西乙 B 联赛之间的升降机。1986—1987 赛季，他们在西乙 B 中拿下了联赛第三，从而升入了下个赛季的西乙联赛。问题在于，西乙 B 是个就近比赛的分组联赛，而西乙却是一个全国范围内的职业联赛。从省内漫游到全国漫游，再加上出门打尖儿住店和过桥过路费，俱乐部的运营成本要翻上好几倍。这对于格拉纳达是个大麻烦，所以他们那一年的穷，比以往时候都来得更猛一些。

这时候的格拉纳达要想回西乙打天下，首要问题就是筹钱。那么，钱从哪儿来呢?

俱乐部高层商讨了几天几夜，掰着手指头想了又想，终于在一个鱼肚白的清晨眼前一亮：他们决定签下马拉多纳。更确切地说，是签下迭戈·马拉多纳的弟弟劳尔·马拉多纳（你看人家这家族多会起名字）。

劳尔·马拉多纳当年只有 21 岁，司职前锋，在博卡青年有过 3 次出场经历，并没有表现出任何突出的天赋和潜力。但他毫无疑问有着另一方面的优势，那就是自己的血缘关系。而格拉纳达看上的正是这一点，于是他们与劳尔·马拉多纳签约的同时，也提出了另一个要求：“把你哥喊来踢一场呗。”

于是，1987 年 11 月 18 日，一场神奇的比赛上演了。比赛性质是友谊赛，比赛地点是市中心的老卡梅内斯球场，对阵双方是格拉达纳和瑞典劲旅马尔默。没错，就是伊布出生和出道的那个马尔默，而且他们当时的主教练还是英格兰球迷的老熟人霍奇森。

这场比赛吸引了全城球迷的疯狂涌入，得到了西班牙全国范围内的电视直播，甚至有几个外国电视台进行了转播或录播。要知道，伊布那时候只不过是个 6 岁的孩子，霍奇森又压根带不起什么流量，舆论关注的重点只有“3 个马拉多纳”。

是的，刚刚签约的劳尔·马拉多纳喊来了自己的哥哥迭戈，顺便叫来了刚刚与意甲球队阿斯科利签约的弟弟乌戈·马拉多纳，三兄弟一起穿上了主队的红白球衣。格拉纳达，就这样成了拥有“3 个马拉多纳”的球队。棒不棒？简直是营销史上的经典案例！

在那场比赛中，马尔默先拔头筹，马拉多纳助攻弟弟劳尔扳平了比分。下半场，马尔默再度获得领先，马拉多纳利用任意球第二次扳平，身穿 8、9、10 连号的三兄弟疯狂庆祝。后来，他们的队友再入一球，帮助格拉纳达最终完成了

3∶2的逆转。赛后，当地媒体的新闻标题叫作《马拉多纳带我们赢得了一切》，而格拉纳达俱乐部数着2000万比塞塔的各项收入露出了满足的微笑："未来几年的吃穿用度都齐活儿了。"

然而他们没有想到的是，这次精妙但奇葩的圈钱招数，却几乎败光了他们所有的人品。

【听说下跪就能遇到救世主】

那场比赛之后，马拉多纳回到了意甲，而他的弟弟劳尔在格拉纳达踢完了整个西乙赛季，打进了多达……3个进球。

1988年的夏天，劳尔·马拉多纳离开了西班牙，踏上了在南美和北美、十一人制和五人制之间不停往复的圈钱之路。而格拉纳达在西乙排名倒数第二，重新降回了西乙B。

等到他们再度回到西乙时，已经是整整22年之后的事了。在这22年里，他们不仅在西乙B稳定地打着酱油，还曾经不小心跌落到过西丙联赛，出现了3次差点解散的财政危机，还闹出了西班牙足坛至今依然不断被人提及的另一大奇葩事件。

"可能有的观众朋友刚刚打开电视机，现在是2009年1月25日，目前为您带来的是西乙B联赛格拉纳达主场迎战梅利拉的一场比赛。好的，随着裁判员的一声哨响，主队所有球员都给您跪下了！"

……

事情其实是这样的：在本场比赛之前，资金困难的格拉纳达已经拖欠了所有球员4个月的工资。于是，格拉纳达的球员们选择了在比赛中面朝主席台下跪，在球衣胸前用签字笔写上："主席，请给我们发工钱！"

一脸不解的对手很快就明白了同行们的苦，梅利拉球员开球之后在本方半场玩起了传球游戏，用实际行动支持着对面的这群上访户。几分钟之后，格拉纳达球员站起身来示意可以正常比赛，甚至最终还以1∶0的比分拿下了胜利。

这，这叫什么事啊?!

眼看着这样下去不仅队不成队，还要变成足坛第一大笑柄，格拉纳达的管理层终于迈出了历史性的一步：将俱乐部改组成股份有限公司，推举新主席来进行债务重组，引入外资来走出泥潭！以上用最通俗的一句话来概括就是：把俱乐部卖了！

2009年7月，当过球员也当过经纪人的恩里克·皮纳成了格拉纳达的新主席。2009—2010赛季，他们在西乙B拿下小组第一昂首升级。2010—2011赛季，他们在西乙联赛里排名第五，通过附加赛赢得了通往西甲的宝贵门票。而他们上一次出现在顶级联赛的舞台，还要追溯到遥远的35年以前。

在这段两连跳的过程中，皮纳为俱乐部找来了两家新的主赞助商，以极小的代价招来了接近20位新球员，几乎把球队从里到外整个翻新了一遍。难道球员下跪真的能召唤救世主？难道足球世界里还有这种撒豆成兵的妖术？

答案当然是“不”。

西乙升级附加赛的第一轮，从乌迪内斯租借的丹尼·贝尼特斯在90分钟内罚丢了两个点球，却在点球大战最后一个出场绝杀了塞尔塔。他并不孤单，因为附加赛第二轮打入关键球淘汰埃尔切的伊哈洛，也是租借自乌迪内斯。他俩都不孤单，因为从乌迪内斯租借加盟的球员，格拉纳达队内还有其他10个，加起来正好一打。

哦，对了，格拉纳达的主席皮纳，其实也来自乌迪内斯……

【卫星队是幸福还是不幸】

格拉纳达的主席皮纳本身并不是什么富商，他只不过是吉诺·波佐的合伙人。甚至合伙人都只是为了方便收购的官方说法，谁都知道皮纳其实就是乌迪内斯拥有者波佐家族的下属员工。在收购格拉纳达的过程中，据说所有的债务都是由意大利方面来负责偿还的。

因此，由波佐家族的员工当掌门，由波佐家的俱乐部提供租借球员，格拉纳达其实已经完全变成了乌迪内斯的一家卫星俱乐部，而且，还不是唯一一家。

在波佐家族实际控制的俱乐部中，除了乌迪内斯和格拉纳达之外，还包括保加利亚的索菲亚中央陆军以及智利的奥达克斯意大利人。此外，他们还和西班牙的特内里费、荷兰的格罗宁根发表过“深度合作”公告。

而在2012年，波佐家族又从著名歌手埃尔顿·约翰手里收购了当时还在英冠的沃特福德，英超大黄蜂正式加入了乌迪内斯战队。还记得刚才提到的租借球员伊哈洛吗？他都没回归乌迪内斯就直接转道去了沃特福德，英超生涯最辉煌时取得了单赛季17球3助攻的数据，后来开开心心转会到了长春亚泰……

拥有这么一个庞大的卫星队阵容，自然有些得天独厚的优势。

第一，遍布全球的球探网络。从西欧到东欧，从北欧到南欧，直到大洋彼岸的拉丁美洲，都有着波佐家族控制或者合作的俱乐部，这简直就是个足球版的“天网系统”。在十几年前，波佐家族就已经愿意每年在球探系统中砸下千万欧元，在世界各地寻找“物美价廉”的高潜力球员。从智利直接签下桑切斯和伊斯拉，就是这个系统的成果之一。

我们玩FM还要开个球探工具，人家乌迪内斯系统自带，挖人、养人、卖人一条龙。从2005年到2015年这10年间，欧洲俱乐部出售球员累计转会费最多的是波尔图，其次就是乌迪内斯。

第二，优秀资源的充分利用。很多俱乐部在囤积球员时都会遇到一个问题，那就是如何划分上场时间。最终的结论，无非是把打不上比赛的小妖卖掉或者租出去。而一般的租借，会面临给不给上场、要不要买断等一大堆问题。但在乌迪内斯系球队内部，都是自家人呀！多大点事啊！

前面刚刚提到的，格拉纳达在西甲升级过程中租借了母队 12 名球员。2010—2011 赛季，这些球员一半回归一半留下，还有新鲜血液补充，来自乌迪内斯的租借球员不降反升到了 13 名。正是依靠着这些球员的卖力表现，格拉纳达成功保级，而且一保就是 5 年。

租借这些球员，都不花钱。经济危机，再没出现。如此卫星，岂不美哉？

格拉纳达球迷微微一笑，露出了掩盖不住的苦涩。

首先，卫星队虽然衣食无忧，但随时要为了团队的利益牺牲自己。在波佐家族的世界观里，对于格拉纳达的定义无非是下面两个：西甲保级提供练级平台，球探资源挖掘西班牙小妖，然后，没了。因此，假如有球员踢得好，一定是送到乌迪内斯去帮忙争取欧战资格或者去沃特福德支援冲超。而格拉纳达在保级之余还想要有更大的发展，是完全不可能的。从 2011 年到 2016 年之间的五个赛季，他们的西甲排名分别是 17、15、15、17、16。你看，波佐家族的精算师没有浪费任何一个铜板。

在这 5 年间，格拉纳达几乎没有给其他球迷留下过什么太深刻的印象。最风光的一次，也不过是 2013 年 C 罗在做客这里时，不慎在角球防守中顶进了职业生涯的第一个乌龙进球，帮助格拉纳达完成了绝杀。此后每逢两支球队相遇，这件事都会被格拉纳达的球员和球迷再念叨一遍。不怪他们，真的也就这点骄傲了……

其次，2015 年有个对于格拉纳达来说非常不利的坏消息：沃特福德升入英超了。

为什么说远在英格兰的沃特福德升级，对于西甲的格拉纳达来说是个巨大的噩耗呢？因为，英超有钱。升入英超，在当时就意味着每年可以拿到至少 6000 万英镑的转播分成，这个数字不仅能够秒杀西甲的马竞和塞维利亚等中上游球队，甚至几乎能达到德甲霸主拜仁的两倍。而格拉纳达每年能分到多少转播费呢？1500 万，还是欧元。

没过多久，英超转播费开始逐年攀升，沃特福德后来每年的转播分成直逼 1 亿英镑而去。波佐家族突然发现，这比买卖球员更加赚钱，风险还小了很多。就这样，沃特福德成为波佐家族的新任香饽饽，其他“波佐球队”的地位也随之有了变化。

比如，乌迪内斯突然发现，自己从众星捧月的唯一太阳，变成了只要保级就行的二当家。而格拉纳达更是满脸疑问："沃特福德挣钱，乌迪内斯练人，我干什么？"

波佐家族的回答是："爸爸不要你了，卖了吧。"

【中国资本的到来】

2016 年，来自中国的双刃剑体育花费 3700 万欧元收购了格拉纳达 98.3% 的股份（也有说法是成交价远低于这个数字）。加上蒋立章以个人名义收购的 NBA 森林狼队 5% 的股份，以及双刃剑体育母公司当代明诚拿下了重庆力帆，双刃剑体育由此形成了一个新的体育产业布局。

一个赛季之后，格拉纳达降级了。

其实，双刃剑体育为了格拉纳达也利用了不少人脉。他们一开始就找来了资深经纪人佩雷·瓜迪奥拉进行转会事务的全面合作，瓜帅的弟弟安排自己曾经合作过的托拉尔波来到俱乐部成为了体育总监。稍早之前，双刃剑体育还牵头与佩雷·瓜迪奥拉的 MBS 经纪公司、格拉纳达的前东家波佐家族以及一些中国品牌商共同成立了世界足球产业联盟（DEFA）。拥有了这些充足的人脉之后，换了新东家的格拉纳达换了个活法……才怪。

他们在 2016—2017 赛季共计离队了 28 名球员，收获了 3160 万欧元。引进了 24 名球员，花费了 1158 万欧元，其中的 17 名球员是租借。租借球员中既有奥乔亚和阿德里安·拉莫斯这样球迷们熟悉的名字，也有曼联、切尔西等豪门送过来练级的小将。

然而，离开了经验丰富的波佐家族，这样的租借大法却没能继续创造奇迹。球队整个赛季都在失利的旋涡中痛苦挣扎，换了三次主帅和一次体育总监，战绩却始终没有任何的起色——4 胜 8 平 26 负，进 30 球丢 82 球，联赛垫底降入西乙。留给格拉纳达球迷的，只有一系列尴尬的纪录。

其一，在 2017 年 2 月与皇家贝蒂斯的比赛中，时任主帅阿尔卡拉斯排出了一套 11 名球员分别来自 11 个不同国家的首发阵容，这在西甲联赛的历史上还是首次出现。两个月之后，新主帅托尼·亚当斯更进一步，在与塞尔塔的比赛中排出了一套 11 名球员分别来自 11 个不同国家，并且不包括西班牙本土球员的首发阵容。

其二，这位阿森纳名宿托尼·亚当斯接手球队之后，球队在联赛最后 7 轮全部失利，再加上前任的最后一场输球，格拉纳达以八连败垫底降级，同时创下了西甲历史上的最长连败纪录。

尴尬的还不只是纪录。在亚当斯带领球队与皇马的比赛中，这位心急的英国主帅脱下了外套在场边指挥，对方替补席上的伊斯科发现他的着装与另一种职业颇为相似，于是向他喊了一声："嘿，服务员！来杯可乐！"身旁的克罗斯和莫德里奇等人笑得乐不可支，然而无论是亚当斯还是格拉纳达的球迷，心里却只有失败者的苦涩。

在那个赛季结束之后，蒋立章直言："对于西甲球队的运作，第一次嘛，所有东西都不知道。通过这一个赛季，我们才知道原来事情是这个样子的。"在西乙锤炼和攒满经验之后，但愿这支中国资本的球队能早日重回我们的视线。

当然，那些历史上的奇葩传说，还是不要再回来的好。

火爆德比，不止于皇萨之间

在足球世界里，有一种比赛天生就带有激情、火爆、拼了老命的固定标签，每次出现都恨不得把好端端的裁判员逼成卡牌大师，那就是：德比。

那么在西班牙，你最熟悉的德比有哪些？国家德比、马德里德比、加泰罗尼亚德比……这就没了？当然不，作为一本信息量极高的书，我们不拿出点“旧国家德比”“最火爆的同城德比不在马德里也不在巴塞罗那”之类的干货，怎么对得起现场观众呢？

所以，最后我们就带领大家来走进西班牙足球的深层世界，去看看那些火爆的各种德比。

【最猛不过塞维德比，没有之一】

如果你跑到西班牙问“哪个同城德比最重要”，不同地区的球迷多半会给出完全不同的答案。但要是问“哪个德比伤害最大、流血最多、仇恨最深”，那么答案多半只有一个：塞维利亚与皇家贝蒂斯之间的塞维利亚德比。

为啥这么说？先来看看下面这 5 个理由。

第一，关于这两家俱乐部谁先成立，直到今天都还有争议。我们在本书的开篇里已经介绍过塞维利亚创立于 1890 年，是西班牙历史第二悠久的足球俱乐部——这也是塞维利亚以及大部分媒体都认同的说法。但在贝蒂斯球迷那里，故事却不是这样的。

贝蒂斯球迷主张，早先的那支塞维利亚俱乐部其实已经消失在了历史的车轮之下。在贝蒂斯 1907 年建队之后，另外一些当地球迷才借名重新组建了塞维利亚俱乐部。所以，贝蒂斯才是这座城市留下来的最古老的俱乐部。

为了反驳这一观点，塞维利亚球迷又提出贝蒂斯的创始人来自于老塞维利亚俱乐部，所以“你们家压根就是从我们家分裂出去的”！总之，一本糊涂账。

或许有人会问，这么简单的事情，查一下历史文件不就行了？可问题是，目前最早留存的官方注册文件里，两支球队是 1909 年手牵着手一起注册的……

个中原因，有人说这是因为塞维利亚市在 20 世纪早期发生过好几次大规模的火灾，导致两家俱乐部只能重新注册。也有人说这是因为足协一开始并没有注册这项制度，从 1909 年才开始执行。但不管怎么说，反正这两家俱乐部到底谁先谁后彻底成了一桩悬案。双方球迷至今还时不时在网络上针对这一问题翻史料、找证据，然后开撕，火药味儿有时候比皇马和巴萨球迷之间还浓。

第二，早在100多年前，这两家俱乐部球迷就开始互相骂蔑称了。1914年，贝蒂斯俱乐部从阿方索十三世那里接过了“皇家头衔”，并且和当地的另一家老牌俱乐部Balompié（足球俱乐部）合并成了现在的皇家贝蒂斯（Real Betis Balompié）。这座城市开始二分天下，并且在每个德比日针对对方的球衣颜色“开骂”。

为什么要加引号呢？因为那个时候贝蒂斯球迷喊的是“你们这群蛋白甜饼”，而塞维利亚回敬的是“你们通通都是黄瓜”……你们确定这真的是蔑称，而不是在商量晚饭吃什么吗?!

第三，随着对抗情绪逐渐加剧，塞维利亚德比出现了很多奇葩的故事。1918年，两支球队在安达卢西亚锦标赛里相遇，贝蒂斯两名主力球员在赛前几天被征兵入伍，并且部队还不给假，俱乐部一怒之下派上了一群小孩……然后，贝蒂斯在这次塞维利亚德比里输了个0∶22。

1931年，塞维利亚从贝蒂斯买来了一名前锋。这哥们儿改换门庭之后过得很不开心，与新队友之间爆发了好几次矛盾，还经常流露出怀念旧主的想法。到了塞维利亚德比那天，首发出场的他在哨响之后一路带球往自家大门而去，在队友的集体蒙圈中劲射得分，帮助球队0∶1落后。这位足球版“刘建明”（电影《无间道》中的人物）破门之后，甚至还冲到贝蒂斯球迷面前完成了全套庆祝动作。当然，说完“我想做个好人”之后，他就被塞维利亚开除了。

第四，降级也要拉对方垫背。正所谓敌人的敌人就是朋友，1996—1997赛季，贝蒂斯在高居联赛第四和杀入国王杯决赛的情况下，明目张胆地放水输给了塞维利亚的保级对手希洪竞技，直接导致同城死敌提前降级。3年之后，塞维利亚在已经提前降级的情况下同样故意放水输给了奥维耶多，把贝蒂斯一起拖入了降级区。联赛末轮，塞维利亚的球迷在主场没有责怪自己的球员和管理层，反而齐声欢呼贝蒂斯跟他们一起降级，不知道的人还以为他们在庆祝夺冠……这种不管我多惨只要你也惨的同城死敌，除了这里，大概也就只有英超的北伦敦了。

第五，暴力斗殴事件层出不穷。早在20世纪20年代，每次塞维利亚德比之前都少不了球迷冲突，甚至先后出现过3次中断比赛的极端情况。伴随着时间的流逝，冲突非但没有减少，反而愈演愈烈。

——2007年2月，两支球队在国王杯相遇，双方高层在主席包厢里大打出手。一个月之后，塞维利亚德比在联赛继续上演，这次闹事的变成了球迷。球迷们拆座位扔进球场，点燃烟火互相投掷，并且在球场外组织了大范围互殴活动。当时的塞维利亚主帅胡安德·拉莫斯被贝蒂斯球迷扔来的玻璃瓶砸中脑袋，当场晕倒并被送去了医院。

——2018 年 1 月，塞维利亚德比前夜和当天，滋事球迷连续引发了 3 起恶性斗殴事件，这些足球流氓甚至动用了刀和斧头等凶器。最终，多人受伤送医，23 人被警察逮捕。

至于其他什么暴力犯规和红牌满天飞，跟上面这些比起来甚至都是小事情。这就是塞维利亚德比，别名“西班牙最凶险德比”。

与之相比，巴塞罗那德比和马德里德比都可以算“相对温和”了。

【真的有巴塞罗那德比】

看到这个小标题，估计立刻就会有球迷冒出这样的吐槽：还巴塞罗那德比，连加泰罗尼亚德比都不知道？你们俩就这水平还出书呢？

可是，在巴塞罗那自己的官网上，真的会出现“巴塞罗那德比”的字样。而且，在巴塞罗那这座城市的政府官方网站上，介绍这个德比用的西班牙语名字也确实是叫作“Derbi barcelonés”啊……

这是怎么一回事？难道球迷们又叫错了？

不不不，其实“巴塞罗那德比”和“加泰罗尼亚德比”这两个名字都没错。

首先，巴塞罗那和西班牙人这两家俱乐部都坐落在巴塞罗那市，因此他们两家之间的比赛最早就叫作巴塞罗那德比。其次，除了他俩之外，加泰罗尼亚地区还有一支 1930 年成立的老牌球队叫作赫罗纳。所以，当地人们最早把这三家俱乐部之间的对话，叫作加泰罗尼亚德比。

然而问题在于，赫罗纳真的太弱了……自打 1930 年成立以来，他们长期都是西乙和西丙（后来改叫西乙 B）之间的升降机，一度还跌落到第 5 级别的地区联赛里。直到 2017—2018 赛季，他们才历史性地第一次冲入了西甲。

想想看，巴塞罗那和西班牙人在西甲拼杀的时候，赫罗纳始终在低级别联赛孜孜不倦地打酱油，怎么可能守得住加泰第三极的地位？因此，“加泰罗尼亚德比”很快就变成了巴塞罗那和西班牙人俱乐部之间的专属名词，逐渐覆盖了“巴塞罗那德比”的含义。直到今天，后者已经在除了正式场合外的大部分地方都退出了历史舞台。

不过，赫罗纳在升入西甲之后终于获得了资本的青睐。曼城所属的城市足球集团和“瓜弟奥拉”，哦，不对，是瓜帅的弟弟佩雷·瓜迪奥拉拥有的赫罗纳足球集团分别收购了这家俱乐部 44.3% 的股份，他们实质上已经变成了曼城的卫星俱乐部之一。离巴萨太远，但超越西班牙人回到加泰德比的象限之内，并非没有可能。

不过在今天，加泰德比的名号无疑还属于巴萨和西班牙人这两家俱乐部，他俩每次相遇动不动就变成“活着走出球场就是胜利”的战争。而造成这一现象的根源，又是在球场之外。

两支球队最初的重大分歧来自1918年。当时，加泰罗尼亚政府发起了一项运动，要求西班牙颁布自治条例，将加泰的自治权彻底写入法律。然后，他们向很多有威望的社会团体发出了集结令，结果就连巴萨和西班牙人之间都没有达成统一。

巴萨说，我们不只是一家俱乐部，还代表着广大加泰人民的自由和权利，我们加入。

西班牙人说，我们只是一家俱乐部，我们啥也不代表，我们不加入。

梁子，就这么结下了。巴萨球迷指责对方不顾民族大义，在6年之前接下了阿方索十三世赐予的“皇家”头衔；西班牙人球迷则表示我们单纯一个俱乐部，好好踢球难道不可以吗?

1924年，两队球迷之间的争吵终于从口头变成了行动。在加泰罗尼亚锦标赛的两次碰面里，双方球迷大打出手连续制造了暴力事件，其中的一场比赛还因此中断并被移到了外地进行。后来，尽管两支球队之间的实力差距越拉越大，但敌对情绪并没有因此减少。

如今，每当加泰德比出现时，西班牙人上演的都是“输球也要让你脱层皮”的野兽级身体对抗。而巴萨球员在赢球之后，也少不了语言上再出点恶气。比如，吐槽技能早已点满的皮克。

2018年1月的加泰德比之后，皮克在接受采访时将对手的名字说成“科尔内亚的西班牙人”(把俱乐部官方名称后面的de Barcelona改成了de Cornellà，讽刺主场搬到了市区之外)，还特地放慢语速强调了两次。其中的含义，让愤怒的西班牙人球迷跑到他的社交媒体下面刷了满屏脏话。

写到这里我们突然灵机一动，这或许也是巴萨球迷越来越喜欢叫加泰德比而不是巴塞罗那德比的原因之一。当然，西班牙人球迷是绝对不会承认这一点的。

说完了巴塞罗那德比，下面来说说目前西甲联赛里竞技水平最高的同城德比，而且没有之一。那就是，马德里德比。

【马德里不可思议】

皇家马德里和马德里竞技这两支球队，在建队早期还是比较和谐的。虽然有过1916年马德里锦标赛里马竞球迷怀疑主队遇到黑哨，然后组队冲入球场把裁判暴打一顿的插曲，但大部分时间可以算是相安无事。

不过，无数同城对手的故事都是起源于岁月静好，然后随着岁月的流逝就变得越来越不好了。

这两支球队的矛盾扩大，又是因为政治的影响。在佛朗哥独裁期间，马竞是第一支与军方达成合作的俱乐部，名字甚至都改成了马德里航空竞技。但到了20世纪50年代，佛朗哥政府的重心开始转为利用皇马在欧冠里获得的成功与知名度，甚至有一位部长公开表示："皇马简直就是西班牙外交里最完美的大使。"

关于皇马是否得到了政府的幕后支持，本来就有很多争议。政府官员还说这话，你让其他球队做何感想？于是，马竞球迷针对同城对手发明了"政府的球队、国家的耻辱"（el equipo del gobierno，la vergüenza del país）这一口号，并且直到今天仍会在部分场合出现。

政治带来的矛盾与冲突很快就带到了球场之内，并且把两支球队逐渐变成了同城死敌。后来，乌戈·桑切斯、索拉里这样的核心球员从床单军团直接加盟同城死敌，全都引起了球迷的疯狂抗议甚至暴力冲突，进一步把两支球队的对立推向了顶峰。从此以后，每一位马竞球员想要加盟皇马，都要在心里好好掂量一下得失，还得做好转个几次机的准备。

现在，知道为什么托雷斯说出"我永远不会加盟皇马"让马竞球迷感动到落泪，而特奥2017年转投同城对手会让马竞球迷集体高喊"叛徒"了吗？

当然，伴随着西蒙尼养成了一支铁血军团，如今的马德里德比已经足以代表西班牙同城德比顶级的竞技水平。在收视人数和舆论热度方面，这组较量也已经仅次于国家德比，稳定在了整个西班牙足坛的第二位。两次在欧冠决赛上演同城德比，这种前无古人的荣耀，马德里人还想要更多。

那么，你知道在马德里德比崛起之前，西班牙第二热门的德比大战是哪个吗？答案可能会让你感觉有点陌生："旧国家德比"。

【旧国家德比，了解一下？】

很多西甲球迷都知道，国家德比在西班牙叫作"El Clásico"。然而在国家德比概念出现和普及的同时，西班牙人也相应创造出了"El Viejo Clásico"，按照中文语境下的翻译就是"旧国家德比"。

没错，国家德比还真的有新旧之分。这个旧国家德比，其实指的就是皇家马德里和毕尔巴鄂竞技之间的较量。

为什么是他俩？首先，有实力。

作为西班牙足坛资历最老的俱乐部之一，毕巴在国王杯初期简直是可以吊打皇马和巴萨的存在。而毕巴和皇马在西甲联赛前8年加起来获得了6个冠军和6个亚军，是早期毫无疑问的最巅峰对决。时至今日，毕巴依然和皇马、巴萨并列，成了西甲三家从来没有降级过，并且继续保持着会员制的俱乐部。他们之间的较量长期保持着西班牙俱乐部单组对决最多的纪录，直到2011年12月才被皇马和巴萨之间的国家德比超越。

其次，有故事。

比如1929年的国王杯半决赛里，皇马首回合坐镇主场赢了个3∶1。次回合，回到圣马梅斯球场的巴斯克人打起了场外因素的小算盘。一家当地公司在球场内投放了大量的可发声青蛙玩具，企图用“呱呱”的声音干扰客队的注意力。然而，毕巴最终在主场输了个1∶4，总比分2∶7惨痛出局。喂喂喂，这究竟是buff（增益魔法）还是debuff（减益魔法）啊，怎么比第一回合输得还要惨呢……

不过，现在的毕巴早已不是西甲顶级球队了。他们上一个西甲冠军和国王杯冠军都要追溯到遥远的1983—1984赛季。在那个双冠王赛季之后的这30多年里，他们唯一收获的冠军头衔只有2015年的西班牙超级杯。

与此同时，旧国家德比的较量一直都只局限于西甲联赛和国王杯的赛场，双方从来都没有在欧战或者哪一个超级杯上有过碰面。无论是激烈程度还是竞技水平，旧国家德比都已经完全和国家德比不在一个等级上了。

长此以往，估计连西班牙本地球迷都会忘记这个“旧国家德比”的名号了。

【国家德比的复仇螺旋】

论西班牙德比里的吸睛之王和吸金之王，那肯定还数国家德比。

皇家马德里和巴塞罗那，两支球队之间的恩怨情仇我们已经在此前的章节里介绍了太多太多。从两家俱乐部共有迪斯蒂法诺甚至差点把他卖到尤文，到内马尔报名皇马青年队最终却成为巴萨MSN的一员；从佛朗哥时代的政治纠葛，到菲戈的叛逃和诺坎普的猪头……①

那么，他们之间的第一次交火是什么时候呢？

这事儿，其实还挺有争议的。

从时间上来说，两支球队的第一次相遇是在1902年加冕杯（国王杯前身）的半决赛上，呱呱坠地没多久的马德里足球俱乐部1∶3输给了已经两岁半的巴塞罗那足球俱乐部。不过，虽然自己还没断奶，但马德里人对于这个比赛结果还是很不服气的。他们认为对手阵中有着更多的英国人，这在现代足球的启蒙阶段简直就是一群大腿级的存在。

不过，加冕杯没有被后来才成立的马德里及西班牙足协认定为正式比赛。所以，皇马和巴萨被载入史册的第一次正式交锋，整整迟到了14年。

1916年的国王杯半决赛上，两支球队终于迎来了命中注定的因缘际会。然后，各自在主场赢下一城。由于当年还没有诞生净胜球这玩意，所以他们只能在

---

① 菲戈转会皇马后作为对手重返巴萨主场诺坎普参加比赛，主罚角球时，有愤怒的主场球迷向他的身边投掷了烤熟的猪头。

10 天之后的马德里进行重赛。

第一场重赛，双方上演进球大战打成了 6∶6，继续。第二场重赛，皇马终于以 4∶2 击败了对手，如愿晋级决赛。可问题是，在皇马打入第四粒进球的同时，巴萨门将正在跑向裁判抗议此前的判罚，所以皮球直接滚入了空门……巴萨全队抗议未果，于是选择了中途退赛。

怎么样，第一次正式交锋是不是就闻到了火星撞地球的味道？

等到毕巴衰落之后，皇马和巴萨作为西班牙足坛两家无可撼动的扛把子球队，冲突、对峙、争议就再也停不下来。11∶1 的疑云和“上古时代”的交锋我们已经在前面的章节具体介绍过了，接下来简单介绍几个其他的经典画面。

1973—1974 赛季，克鲁伊夫带领巴萨客场 5∶0 完胜皇马。一年之后，首次参加国家德比的卡马乔（没错，就是你们熟悉的那个）全场冻结了飞翔的荷兰人，还用一次颇有争议的凶狠铲球差点把克鲁伊夫直接送出了球场，最终帮助球队成功复仇。赛后，当时的皇马队友博斯克给卡马乔留下了一句经典评语：“世界上唯一能防住克鲁伊夫的人。”

1993—1994 赛季的国家德比里，巴萨在诺坎普 5∶0 大胜皇马，“独狼”罗马里奥上演了帽子戏法，大劳德鲁普是他的队友。一年之后，皇马在伯纳乌同样回敬了一个 5∶0，“恐怖伊万”萨莫拉诺上演了大四喜，大劳德鲁普这次变成了智利人的队友。

更神奇的是，你知道那场比赛里除了萨莫拉诺之外，另一个球是谁打进的吗？是当时还效力于皇马的路易斯·恩里克。

2004—2005 赛季，巴萨在伯纳乌输了个 2∶4，6 个进球分别属于齐达内、罗纳尔多、埃托奥、劳尔、欧文和罗纳尔迪尼奥，光听名字是不是就有种全明星赛的感觉？半年之后同样在这座球场，小罗数次戏耍皇马防线并且梅开二度，收获了来自死敌球迷的全场掌声。

接下来的故事现在的球迷就更加耳熟能详了。

2010—2011 赛季，瓜迪奥拉的巴萨 5∶0 击败皇马，送给了穆里尼奥执教生涯最惨痛的失利。一年之后，穆里尼奥的皇马 2∶1 击败巴萨，百分夺冠的同时把瓜迪奥拉送别了西甲。

2016—2017 赛季，梅西在伯纳乌读秒绝杀，晾球衣的庆祝动作被巴萨球迷奉为经典。不到半年时间，C 罗在诺坎普的超级杯里秀起了晾球衣的恩爱，顺便也晒了下全身的肌肉。

这就是国家德比，你方唱罢我登场，留下了永不停歇的复仇和反复仇螺旋。截止于 2018 年 4 月的 236 场正式较量中，皇马赢了 95 场，巴萨赢了 92 场，双方战平 49 场，寸土不让，激烈无比。

正因为如此，西班牙足球界给这两支球队之间的较量取名为 El Clásico，英文意思为“The Classic”，直译为中文就一个词：经典。

【经典，其实还有很多】

当然，西班牙足坛还有很多其他的经典德比。虽然没有国家德比那么精彩纷呈，但在当地人心目中的地位却一点都不逊色。

毕尔巴鄂竞技和皇家社会之间的巴斯克德比此前已经有过介绍，他们几乎因为挖墙脚断绝了关系，却随时可能为了民族大义抱成一团；拉科鲁尼亚和塞尔塔之间的加利西亚德比，在当地还有个美丽的名字叫“我们的德比”（O nosoderbi），含义是不管别的德比多热闹，我们只在乎自己的这个；奥维耶多和希洪竞技的阿斯图里亚斯德比这些年逐渐淡出了人们的视线，却在2017年成为了西班牙德比界最暖心的存在。

由于皇家奥维耶多近些年浪迹于西乙和西乙B等低级别联赛，双方此前的最后一次碰面还要追溯到2007年。而他们阔别十年的“相遇”，竟然发生在遥远的非洲大陆上。

其实，这并不是一场真正的西班牙同城德比，而是慈善组织和两家俱乐部共同在冈比亚北部农村举行的公益活动。比赛的双方分别来自当地的两个村庄，所有的足球装备则都由两家俱乐部负责提供。胜负没人关心，到场的500名观众和电视台记者更像是来参加一场欢快的庆典。

比赛结束之后，两家俱乐部还为慈善机构在此建立的幼儿园提供了经济上的援助。孩子们集体喊起了这样的口号：“我爱德比，我爱足球！”

这就是德比，有血有泪有仇恨，但也有情有爱有温暖。

这就是西班牙足球，不仅有皇马与巴萨的世纪恩怨，还有更多数不清的精彩。

后 记

当印刷版的《西甲风云》摆在面前时，距离我们第一次提笔写《英超风云》已经过去了4年。

在这4年间，我们写了两本书，码了300万字的球评，一起迈过了而立之年，中国队依然没出线。按道理说，这一路走下来总会有那么点儿厌倦，但此书成稿之时，我们的第一个念头却是："是时候把《意甲风云》提上日程了。"

把这个系列继续写下去，似乎已经成为我们本能的需要。这种感觉大概类似于绿谷出久说的"身体先于大脑动了起来"或者三井寿说的"教练，我想打篮球"。本能比理念更持久，是人类无法抗拒的事实。也正因为如此，日渐忙碌的生活和日益成型的肩周炎都难以让我们放弃写作。因为一旦触及"热爱"二字，身体就会很诚实。

说起来，《西甲风云》大概是这个系列最艰难的一本。西班牙语不是我们的母语、第一外语、第二外语、第N外语，英语翻译的西语资料总带着些偏颇和傲娇，而母语版的西甲资料更是漏洞百出……

我们不是巧妇，还为着无米之炊。所以，在写作过程中出现了很多次的自我怀疑：这写得对吗？写得好吗？我们发现的梗对于西甲球迷来说是不是常识？于是，更多的校对、更多的查阅、更多的追根溯源、更多的辛勤和汗水，终于换来了本书出版的这一天。

虽然《西甲风云》还有许多不足之处，比如它的故事性多于科普性，比如皇马和巴萨占据了太多的篇幅，比如西甲联盟那白开水般的成立过程根本无法发挥我们写宫斗剧的特长……但是，当我们在校对全书时，仍充满了一股自豪感，那是种不足为外人道却能令自己暗自欣喜的"父爱如山"，看着她一点点长大成人披上华美的嫁衣，让人恨不能马上挖出18年前埋下的女儿红。

人本主义心理学奠基人亚伯拉罕－马斯洛曾经说过："知道自己想要什么，并不是一件稀松平常的事。那是一种罕见的、难以达成的心理成就。"

在这一点上，我们俩真的很幸运。身在小城市，节奏缓慢，自然发育，物质和精神都松松垮垮，却因为足球和写作知道了自己想要什么。梦想高悬在空中闪闪发光，让我们的心态、想法、目标、理财方案甚至养老计划都在随之改变着。

20年前，提起对未来的向往，脑子里出现的影像都是"马在山中，船在海上，心在翱翔，身在世间闯荡"。20年后，想到未来，反而觉得北岛描绘的意境更加有趣。

——“一位本地英雄，在废弃的停车场上，唱歌，玻璃晴朗，桔子辉煌。”而现在，本地，非英雄，有两个。

挺好。

感谢懂球帝，感谢北京出版集团，感谢毛宇楠老师和雷杰深老师为此书出版的奔走，更感谢一直支持我们的球迷。

我们会继续写下去。

羽则　内德

2019 年 7 月